伊予が生んだ実業界の巨人

八木龜三郎

— 北洋漁業に名を刻む蟹工船の先駆者 —

大成経凡著

藤高興産株式会社
創風社出版

八木一族と八木本店重役陣（會田金吾『漁り工る北洋』より）

〔前列中央が八木亀三郎。その左隣に矢野通保（矢野本家）・八木通重（八木分家）、
右隣に八木ヨシヱと千菊が座る。千菊が嫁ぐ昭和４年頃に今治某所で撮影か。
２列目左端から３人目の蝶ネクタイが亀三郎の盟友・島田元太郎（島田商会）、
３列目右端が八木明（升屋新宅）、右から５人目が三浦玄三（取締役）、
最後列で一番背丈のある和装が八木實通で、その右隣が池山光蔵（取締役）。〕

☆本文中の掲載写真・資料は、特に断り書きがなければ
筆者か八木商店本店資料館の所蔵とする

八木　亀三郎

八木　實通

（八木明旧蔵、會田金吾『漁り工る北洋』より）

「蟹工船　樺太丸」（『漁り工る北洋』より）
昭和工船漁業の社船だった昭和３年頃の撮影

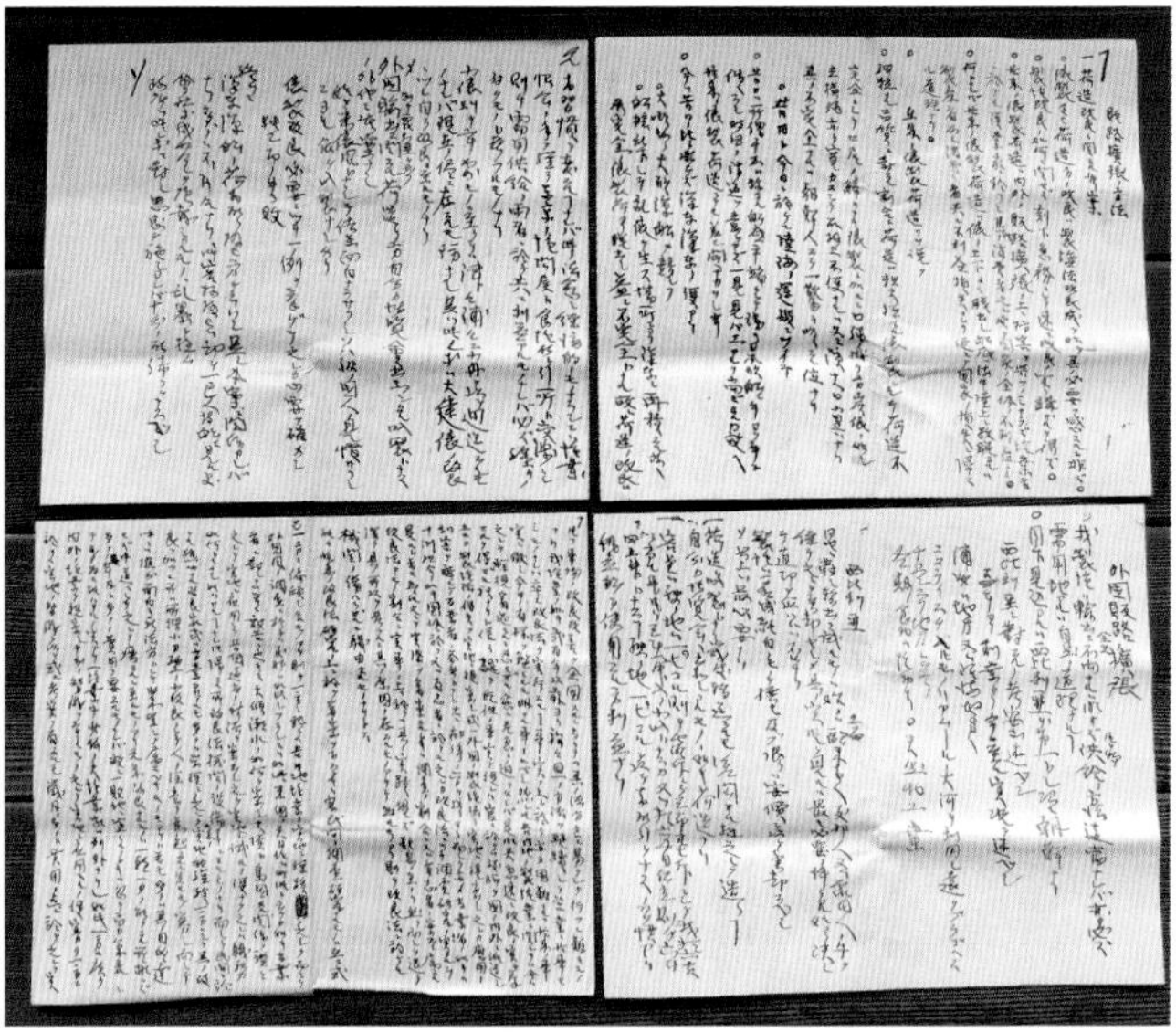

「農商務省水産諮問会発表原稿」（明治30年、亀三郎自筆）

八木本店「蟹缶詰工船絵葉書」表紙
（藤高豊文氏所蔵）

升八木の屋号をあしらった
八木本店のロゴマーク

「三菱商事のカニ缶詰ラベル〈見本〉」

「八木亀三郎旧宅／八木商店本店資料館」（正面玄関）

「八木亀三郎旧宅の中庭」

旧宅内「大広間の大智勝観襖絵（紅白梅）」

旧宅内「店舗棟から奥の居宅へ通じる廊下」

梅

桜

松

菊

八木亀三郎旧宅内の襖紙（布）の絵柄

「来島海峡と波止浜湾」（2007年８月撮影）

「塩田と波止浜湾」（昭和初年、絵葉書より）

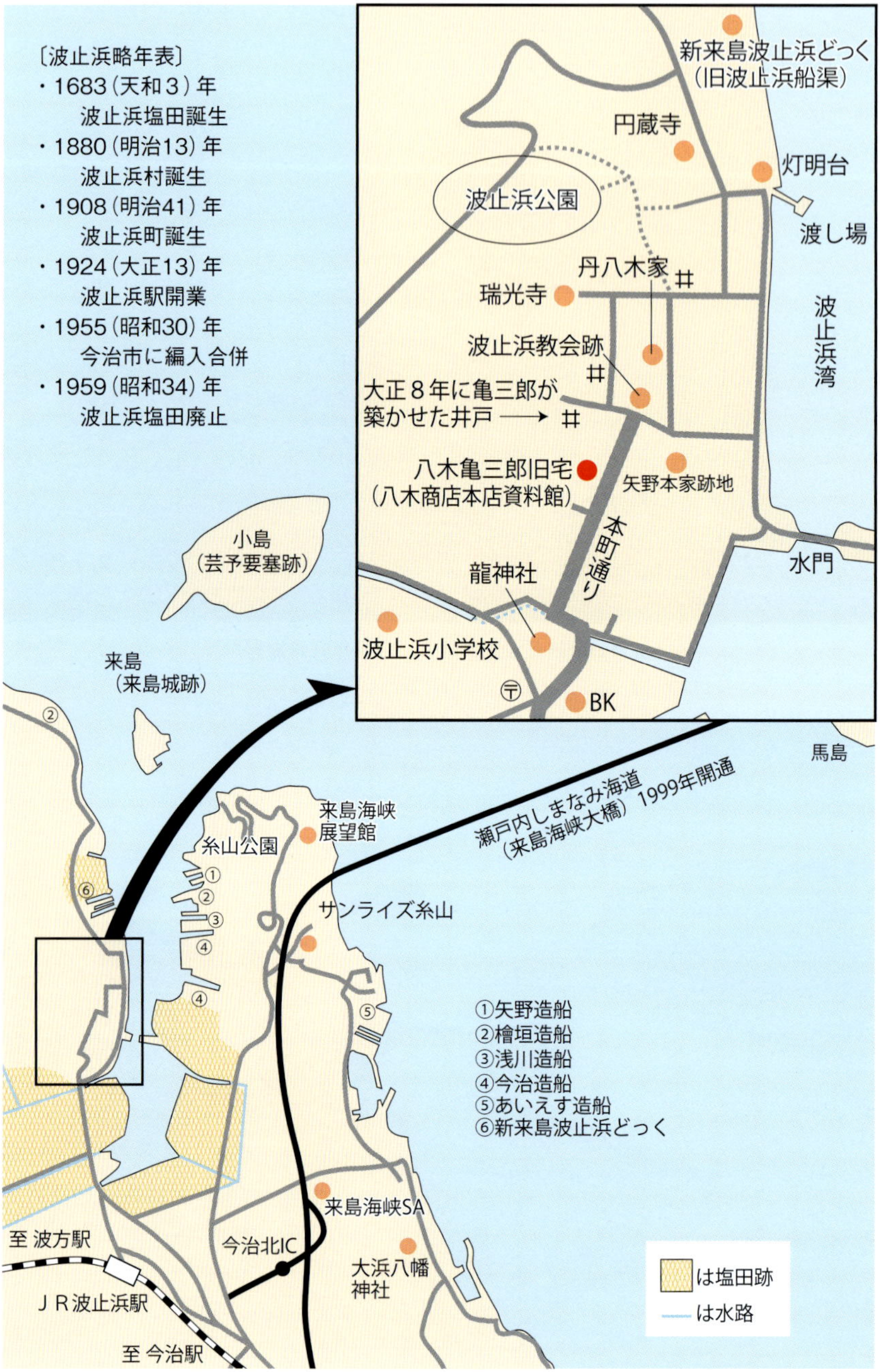
〔波止浜略年表〕
・1683（天和３）年
波止浜塩田誕生
・1880（明治13）年
波止浜村誕生
・1908（明治41）年
波止浜町誕生
・1924（大正13）年
波止浜駅開業
・1955（昭和30）年
今治市に編入合併
・1959（昭和34）年
波止浜塩田廃止
新来島波止浜どっく
（旧波止浜船渠）
円蔵寺
灯明台
波止浜公園
渡し場
丹八木家
瑞光寺
波止浜湾
波止浜教会跡
大正８年に亀三郎が
築かせた井戸
八木亀三郎旧宅
（八木商店本店資料館）
矢野本家跡地
本町通り
水門
龍神社
波止浜小学校
BK
小島
（芸予要塞跡）
来島
（来島城跡）
馬島
来島海峡
展望館
糸山公園
瀬戸内しまなみ海道
（来島海峡大橋）1999年開通
サンライズ糸山
①矢野造船
②檜垣造船
③浅川造船
④今治造船
⑤あいえす造船
⑥新来島波止浜どっく
来島海峡SA
今治北IC
大浜八幡
神社
至 波方駅
ＪＲ波止浜駅
至 今治駅
は塩田跡
は水路
今治市波止浜周辺地図

八木亀三郎翁の評伝に寄せて

愛媛県今治市の波止浜に一名「蟹御殿《かにごてん》」と言われる豪壮な邸宅がある。敷地面積一二七〇坪、建物だけでも二三〇坪の広さを誇る。ここは、今から約一〇〇年前の大正七（一九一八）年に完成をみた八木亀三郎翁の旧宅であり、その事業を担う株式会社八木本店（当初は八木商店）の本店でもあった。

翁が生まれた八木家の屋号は「升屋《ますや》」（升八木）と呼ばれた。波止浜では江戸時代中期から続く商家の家柄で、廻船だけでなく塩浜を所有する「浜旦那」でもあった。明治時代後期以降、亀三郎翁は海運・造船・金融・ガス事業などで地場産業の振興に大きく貢献している。そして大正時代半ばには愛媛県一の高額納税者にもなり、邸宅の新築にいたった。

全国的に亀三郎とその子・實通《まさやす》の名を業界史に刻むのは、やはり北洋漁業である。大正時代末から昭和初年にかけて、母船式カニ漁業やサケ・マス沖取漁業の先駆者にもなった。その過程で、昭和四（一九二九）年以降に父子は東京へ移り、波止浜の邸宅は支店の扱いとなった。北洋漁業にも浮き沈みがあったようで、昭和九（一九三四）年に後継者・實通が亡くなると、八木商店は北洋漁業から撤退し、その四年後の同十三（一九三八）年に翁も没している。

翁の遺言に従って八木本店は解散し、所有財産の整理がされるなかで、昭和十四（一九三九）年に「蟹御殿」は私の祖父・藤高豊作が経営する藤高興産株式会社の手に渡った。ただ屋敷があまりに大き過ぎるため、転売を試みたこともあったが、転売は成立しなかった。給仕・掃除など、下働きの男女を前提に建てられているため、実用に供したことは私の知る限り数回しかない。

太平洋戦争の終戦間際、今治市街地は大規模な空襲に遭い、藤高家の本宅も焼失の憂き目にあった。このとき、一族の何人かが戦後しばらく「蟹御殿」で生活を営んだことがあるが、昭和三十年代以降は住人を失った屋敷は雨戸を閉ざし、庭や裏山丘陵も荒れるにまかせたままであった。

そうした中、成り行きで管理責任者になった私も還暦を過ぎ、この屋敷の行く末を案じるようになった。わが社の資力では維持管理が難しいため、翁ゆかりの企業数社に購入を呼びかけたが、実現にはいたらなかった。最後は今治市に寄贈を申し出たが、こちらも断られ、仕方なく私の代だけでも維持をはかろうと決心した。当然、保存するだけでは意味がないため、八木亀三郎翁の事績顕彰を兼ねた資料館活用に供しようとしたが、屋敷に残された翁ゆかりの品は大智勝観の襖絵くらいしかなかった。

ところが偶然にも、平成二十九年春に古書店のホームページで「八木亀三郎資料一式」の売り立てを見つけ、不安を抱きながらも購入にいたった。この資料整理を地元郷土史家の大成経凡氏に依頼し、目録の作成に半年余りを費やした。資料数二〇〇〇点におよび、これらの資料は実に八〇年ぶりに里帰りを果たしたことになる。こうして、翌三十年四月に「八木商店本店資料館」は開館の運びとなる。

この度、大成氏の筆により、翁の評伝を上梓できるのは望外の喜びである。まさに天の配剤というべき偶然が重なり、郷土の偉人・資料・歴史的建造物に光が当たろうとしている。今年は、わが社・㈱藤高の創業一〇〇周年にもあたる年で、その記念事業の一環としてこの評伝を世に送り出したい。

令和元年五月一日

藤高興産株式会社　代表取締役社長　藤高　豊文

序章

愛媛県越智郡波方《なみかた》町波方（現、今治市波方町）で生まれ育った私は、幼い頃に今治市中心市街地へ買い物に出掛ける際は、決まって路線バスを利用しました。その沿線上に波止浜《はしはま》湾の造船所群や古い町並みがあり、狭い街路を苦労して走る運転士の光景が印象に残っています。その町並みの古民家で、ひときわ異彩を放っていたのが八木亀三郎の旧宅でした。人の住む気配はなく、子ども心にも誰の住まいかずっと気になっていたのです。中学生の頃だったか、父親にそのことを訊ねると、「升八木《ますやぎ》」や「蟹御殿《かにごてん》」の答えが返ってきたように記憶しています。「升八木」は屋号（升屋八木家の略）で、蟹工船で儲《もう》けた財で建てた店舗・住宅だから「蟹御殿」というのだと。ただ、それから先は部活動や受験勉強で忙しく、身近な地域の歴史に関心を持つ機会は減りました。

大学生になって、教職課程を専攻するようになってから、私は地域史に興味を持つようになりました。波止浜塩田や村上海賊の歴史をレポートにまとめて提出したこともありました。再び八木亀三郎と向き合うのは、愛媛県が平成十三・十四年度に実施した近代化遺産調査の時で、初めて〝蟹御殿〟を調査訪問し、少年時代の謎と向き合うことになります。そして調査を重ねる中でわかったことは、升八木の当主・八木亀三郎（一八六三～一九三八）は、この建物を新築した大正初期に蟹工船を所有しておらず、むしろロシア沿海州のサケ漁業や海運業で財をなしたということでした。正確には〝鮭御殿〟と呼ぶのがふさわしいようで、彼が代表取締役を務める株式会社八木本店の本社と自宅を兼ねていました。本町通りに面した厨子《つし》二階建てと、この奥に接続する平屋建て一棟が店舗棟で、それより先の二階建てと平屋建てが居住区となっていました。広さは山林を含む敷地面積が一二七六坪、建物面積が二三八坪という広大なもので、裏山の丘陵に回遊式庭園まで備えていました。その特徴・価値は、犬伏武彦氏が調査・実測した『愛媛県の近代和風建築』（愛媛県教育委員会／平成十八年）によって明らかとなり、同氏は地元紙の取材で〝国指定重要文化財級〟とコメントしています。

また、亀三郎の略歴を紹介すると、幕末の文久三（一八六三）年に松山藩の港町・波止浜の商家・升屋友蔵の長男に生まれ、同家は塩田経営や塩廻船を生業としていました。実業家としてのデビューは、明治二十四（一八九一）年に地元の有志と図り、波止浜塩の輸出などを目的に朝鮮・ロシア沿海州との貿易事業を手がけたことでした。そして富を築くきっかけが、明治二十六年からロシア沿海州ニコライエフスク（現、ニコライエフスク・ナ・アムーレ）で始めた鮭鱒《さけます》漁業と塩蔵《えんぞう》鮭の輸入で、大正六（一九一七）年には愛媛県一の高額納税者にのぼりつめます。その過程で、波止浜村長や愛媛県会議員、今治瓦斯《がす》株式会社（現、四国ガス株式会社）初代社長や今治商業銀行（伊予銀行の前身の一つ）頭取を務めるなど、今治地方政財界の要職に就いています。

その後、大正十三（一九二四）年からカムチャッカ半島沿岸で始めた母船式蟹漁業は、その年から昭和二（一九二七）年までわが国の蟹缶詰製造で八木の工船が日本一の生産量を誇り、息子・實通《まさやす》とともに北洋漁業の先駆者として業界に君臨します。『蟹工船興亡史』（凱風社／二〇一三）の著者・宇佐美昇三氏も、八木父子の功績を高く評価しています。ただ、資源の枯渇や企業合同、浜口雄幸《おさち》内閣の金解禁など、八木本店の水産事業を取り巻く環境は昭和二年以降で大きく変化します。八木本店の稼ぎ頭であった樺太丸と美福丸は、他社との合併で昭和二年末に昭和工船漁業株式会社に継承されます（最終的に日本水産に継承)。しかし、八木本店はその後も独自で蟹工船・八郎丸を所有し、鮭鱒の沖取漁業(鮭鱒工船)にも挑戦するなど、實通が病没する昭和九(一九三四)年まで水産事業にかかわり続けました。昭和五年末には沖取漁業の失敗や金解禁の影響で八木本店の整理が行われますが(為替相場が円高に振れ、輸出産業に打撃)、三菱商事を筆頭とする債権者らが八木漁業株式会社を創設することで窮地を脱することができました。この件については、第五章⑤で詳しく述べたいと思います。八木本店の缶詰商品(蟹・鮭)は、三菱商事を通じて米国や英国へ輸出されました。

また、昭和二年という年は、今治商業銀行が約七か月間の休業に陥ったことでも、頭取の亀三郎には特別な意味をもちました。当時の今治市が〝四国のマンチェスター〟とも言われただけあって、綿糸相場の暴落がその大きな引き金となりました。今治綿業界の不振は深刻で、亀三郎ら重役は私財を投げだして日銀に誠意を見せることで、特別融資を得ることに成功します。ただ、休業中の亀三郎の心労は大きく、高熱にうなされて重篤に陥ったようです。このときの返済は、昭和九年の頭取辞任後も続くことになります。

一方、水産事業への傾倒などから、亀三郎父子は昭和四(一九二九)年に東京へ自宅を移し、八木本店本社も同六年に東京へ移転しています。亀三郎にとって唯一の孫・千菊も、古河財閥エリートの楢原良一郎に嫁ぐため、時期を同じくして東京へ移っています。この結果、波止浜の店舗・住宅は支店の扱いとなって活躍の場を失います。

昭和十三(一九三八)年に亀三郎が亡くなると、その遺言に従って八木本店は解散となります。そして翌十四年には、今治市でタオル製造業を営む藤高豊作(当時、藤高商店代表)が、旧店舗・住宅を購入します。現在は株式会社藤高の子会社・藤高興産株式会社が所有し、藤高グループが長く維持管理に努めてきました。驚くのは、柱の接合部に今でも狂いがなく、内観は購入した当時の姿をとどめていることです。離れの隠居所以外は、昭和三十年代以降は無住で、雨戸で閉ざされた状態でした。平成二十八（二〇一六）年頃、今治市への寄贈話も持ち上がりましたが、修繕・維持費等の関係でこれを断られます。取り壊しも検討されましたが、豊作の孫にあたる藤高豊文社長は、「このような貴重な建物を自分の代で壊したとはいわせない」として、博物館として保存活用する道を選ぶことになったのです。豊文氏は、今治タオルのブランドを立ち上げた際の地元タオル組合理事長で知られますが、郷土出身の画家・書家の作品を蒐集するなど古物への愛着には強いこだわりも持ち合わせていました。氏から活用法の相談を受けた私は、亀三郎の評伝執筆でこれを支援することになるのです。

ちょうどそのとき、これを後押しするかのように、八木亀三郎関係資料（以下、八木本店旧蔵資料）が東京の古書店で売りに出されます。それは平成二十九（二〇一七）年四月のことで、二〇〇万円を超える高額でしたが、氏は迷わず購入します（最終的に一七〇万円で購入）。ただ、リンゴ箱七個分の資料は、ただの紙くずかも知れないという不安もありました。この資料目録を、私は半年余りかけて作成することになりますが、感謝状・書簡・帳簿類など一九〇〇を超える点数と分かり、これまでよく分からなかった亀三郎の事績や八木一族の略歴が浮かび上がってきたのです。例えば、息子・實通が大正五（一九一六）年から数年間、自社船を使って南洋貿易を行っていたことや、経営難に陥った八木本店を救うため、債権者らが昭和五（一九三〇）年末に設立した八木漁業株式会社の経緯は、私が本来書こうとしていた評伝の項目にはないものでした。亀三郎が亡くなったとき、地元紙の一つ「伊予新報」（昭和十三年十一月二十一日付）は、〝伊予《いよ》が生んだ実業界の巨人〟のリード文でこれを大きく取り上げますが、それにうなずけるだけの情報を得ることができたのです。

購入資料で残念だったのは、八木家の家族写真が一点もなかったことです。人柄も含めたプライベートな情報は、『八木家過去帳』や交わされた手紙などから補うしかありませんでした。長男・實通は子がいないまま、亀三郎よりも早く昭和九（一九三四）年に病気で亡くなっています。このため、長女・房廼《ふさの》の子・千菊を亀三郎は自らの養女とし、千菊が嫁いだ楢原家にその後継を託すこととなります。八木本店解散後、資料もいったんは楢原家が管理していたようです。昭和六十一（一九八六）年に、旧八木邸を千菊の子供家族が訪ねてきたことがあったようで、豊文氏の母が案内をしています。その礼状が、千菊から後日送られてくるのですが、そこには同家の略系図が記されていて、難読名の實通にはルビもふられていました。亀三郎の父・友蔵以前の墓は波止浜の瑞光寺にありますが、亀三郎夫妻と實通夫妻の墓は、東京の青山霊園に設けられました。

豊富な資料の甲斐もあって、平成三十（二〇一八）年四月から〝八木商店本店資料館〟が藤高グループによって一般公開されることになります。私は、亀三郎の評伝執筆を再開し、館内ガイドを行うようにもなりました。亀三郎の事績を追究しながら、資料館運営にもたずさわるのは研究者冥利に尽きました。愛媛県で〝亀三郎〟といえば、どうしても同時代を生きた〝日本三大船成金〟の山下亀三郎（宇和島市吉田町出身）が有名です。その山下と肩を並べる実業家であり、今治地方の産業・社会事業に多大な功績を残した八木亀三郎の業績をまとめることは、今治に暮らす者として彼への恩返しにもつながると思います。終章でどのような心境にいたるのか期待を寄せながら、筆を進めたいと思います。

平成三十年四月

大成　経凡

【目次】

第一章　塩田で栄えた港町　波止浜

①伊予国最初の入浜塩田

八木亀三郎が生まれた商家は、屋号を「升屋《ますや》」（舛屋）と称します。『八木家過去帳』（大正七年、矢野克太郎作成）によれば、初代・升屋銀兵衛の没年が正徳六（一七一六）年五月ということから、少なくとも江戸時代の中頃には波止浜に拠点を設けていたことがうかがえます。当時の波止浜は、今治藩境に位置する松山藩新興の港町で、隣接する波方《はがた》村や高部《たかべ》村とは区別され、塩浜と商家が立ち並ぶ町とが併設していました。その町は〝波止町《はしまち》〟と呼ばれ、有力商家の町年寄らが自治を行っていました。升屋以外にも八木を称する商家「丹波屋《たんばや》」がいたことで、〝升八木《ますやぎ》〟〝丹八木《たんやぎ》〟という呼称で両家は区別されたようです。亀三郎が、升屋六代目・八木友蔵の長子として誕生するのは、幕末の文久三（一八六三）年十二月二十九日のことでした。(注1)友蔵の代は、塩田経営と塩廻船を行っていたようですが、升八木が波止浜に根を下ろすきっかけとなった塩田開発について、以下詳しく見ていきたいと思います。

かつて全国有数の塩田産地の一つにも数えられた波止浜ですが、ここに伊予国最初の本格的な入浜《いりはま》塩田が築造されるのは天和三（一六八三）年のことでした。それ以前は、今日同様、来島海峡に臨む海上交通の要衝だったと考えられ、その航路をにらむように村上海賊の拠点の一つ、来島城跡が所在しています。村上海賊が活躍した時代には、現在の造船所群のある湾口から陸地部（現、今治市高部・杣田《そまだ》・樋口《ひのくち》）にかけて、遠浅の海浜が広がっていたようです。その名残として、内陸の樋口地区には釣りを楽しんだ〝メバル岩〟遺跡や潮汐《ちょうせき》の様子が地名となった〝潮早《しおはや》神社〟などがあり、〝門樋《もんぴ》〟と呼ばれる水門などで海水と淡水の出入りを調整していました。この奥まった入江は〝筥潟《ばこがた》湾〟と称され、その発音が詰まってハガタとなり、波方《はがた》村（現、今治市波方《なみかた》町）の地名の誕生につながったと伝わります。

筥潟湾が入浜塩田の好適地であると松山藩（久松松平氏）に進言したのは、波方村浦手役《うらてやく》の長谷部九兵衛でした。彼は、松山藩野間郡代官の園田藤太夫との連携で開発を成功に導いたようですが、同湾を取り囲む波方・樋口・高部・杣田村は同藩の行政区に属していました。波止浜の地名は、この塩田開発で最も難工事とされた汐留《しおどめ》堤防の「波止《はと》」と塩浜の「浜」に由来するものと考えられ、それ以前には存在しない地名でした（新居浜市の多喜浜《たきはま》も、塩田開発にちなんだ地名）。この工事に従事したのは、野間・越智・風早・桑村郡など領内一円から集められた

「波止浜湾と町並み」（絵葉書より）

一〇八三人の農民だったようで、殖産興業にかける藩の意気込みが感じられます。塩田と同時に港町も整備され、その後背地には新田も生まれるなど、松山藩にとっても財政を潤す一大プロジェクトだったのです。町には、しだいに領内から移り住んだ商人たちが居を構え、それぞれのルーツを示す屋号を称するようになります。例えば〝菊間屋〟が現在の今治市菊間町出身を意味するのに対して、〝升屋〟は秤《はかり》の升を意味し、升八木はもともと醸造業を手がけていたのかも知れません。現存する波止浜地区の氏神〝龍神社〟については、関係者が近江勢田《せた》（現、滋賀県大津市）の竜大神を勧請し、町と塩浜の両方の繁栄を願って塩田開発とともに誕生させたものです。

　では、当時珍しかった入浜塩田の特徴を見ていきます。入浜塩田は遠浅の海浜（干潟）を堤防で取り囲み、その内側の低地で採鹹《さいかん》・煎熬《せんごう》活動を行う製塩法です。採鹹とは、広い砂地で濃い塩水の鹹水《かんすい》を採取することをいい、煎熬は鹹水を釜屋で加熱・蒸発して粉末状の食塩にすることをいいます。採鹹が晴れの日に行われたことや煎熬の燃料に松の薪《たきぎ》（後に石炭）を用いたことなどで、干満差が大きく、温暖少雨で白砂青松の瀬戸内海沿岸が好条件を備えていたのです。水辺に堤防石垣を築く技術は、〝慶長の築城ラッシュ〟などで江戸時代初期に成熟を見せ、瀬戸内海沿岸には石材調達の花崗岩《かこうがん》産地も多く見られたことも好条件となりました（採鹹用の撒砂も、花崗岩が風化した白砂が適していた）。その技術は、江戸時代初期に播州地方の赤穂（現、兵庫県赤穂市）などでプロトタイプ（原型）が形成され、藩侯の浅野家つながりで赤穂から安芸竹原（現、広島県竹原市）に伝播《でんぱ》したことが、しまなみ海道沿線の伊予・安芸・備後で入浜塩田が誕生するきっかけとなりました（長谷部九兵衛は竹原で製塩業の知識を習得）。竹原が慶安三（一六五〇）年、備後松永（現、福山市）が寛文二（一六六二）年、安芸生口《いくち》島（現、尾道市）が寛文十（一六七〇）年と、しだいに伊予へと南下し、波止浜で伊予国最初の本格的な入浜塩田が誕生すると、元禄十三（一七〇〇）年に今治藩領大島の津倉浜（現、今治市吉海町《よしうみ》）、享保九（一七二四）年西条藩領の多喜浜（新居浜市）などへ伝播します。伊予国では中予（松山市の三津浜・興居島《ごごしま》、伊予市の郡中《ぐんちゅう》など）・南予（宇和島市の津島町近家《ちかいえ》など）にも入浜塩田が築かれますが、面積規模では東予（波止浜・多喜浜・越智郡島嶼部《とうしょ》）におよびませんでした。

入浜塩田の導入で、製塩業はそれまでの農閑期を利用した自給的な小規模経営から、春から秋までの長期にわたる専業的な大規模経営へと移行し、諸藩もこれを自ら経営または支援することになります。元禄年間以降その動きは活発となり、江戸時代後期には瀬戸内海沿岸の十州諸国（周防《すおう》・長門・安芸・備後・伊予・讃岐・阿波・備中・備前・播磨《はりま》）で国内生産の約九割を生産するまでになります。その中で、波止浜は伊予松山を代表する入浜塩田として知られるようになり、升八木家も塩業とかかわりを持つようになったのでしょう。

（注1）八木亀三郎の生年を文久二年とする文献も見られるが、明治四十四（一九一一）年の『人事興信録（下）』（人事興信所）と大正七（一九一八）年の「貴族院多額納税者議員互選名簿」（愛媛県）は文久三年十二月二十九日を生年月日としている。また、新しく見つかった八木本店旧蔵資料の明治期作成の戸籍も同様である。

②波止浜の賑わいと升八木家

入浜塩田の経営単位は〝一軒前《いっけんまえ》〟とも称し、一軒の規模は時代によって異なりますが、一㌶から二㌶

余りの砂地の採鹹《さいかん》スペースに、煎熬《せんごう》を行う一軒の釜屋《かまや》が付属します。波止浜では最初の築造で三三軒の入浜が誕生し、その後も四度の増築と一度の区画整理（初期の塩浜の一軒サイズを拡大）を行って、幕末期には四二軒・約六三ヘクタールの規模となりました。生産された塩は、地元の船主が売りに行く場合もあったようですが、一般には瀬戸内海を航行する商船が買積《かいづみ》方式で仕入れにやってきます。この方式は、どこで何を買い・積み、どこへ運んで売るのかは船頭の商才に委ねられた運送形態で、塩田産地へ寄港する船は〝塩買船《しおかいぶね》〟とも称されました。また、煎熬燃料の松の薪・松葉・石炭を売りにやってくる商船もいて、面積規模の大きい塩田産地ともなれば、これらの寄港で港町は賑わいました。藩政時代の波止浜塩の購入は、富田屋（古川家）と小松屋（今井家）の二つの塩問屋が、藩の許可を得て窓口業務を担っていたようです（明治初期は徳島屋と丹波屋）。富田屋はもともと松山城下の商人で、波止浜庄屋の長野家は野間郡菊間の出身でした。

　波止浜は、主要航路（西廻り航路）沿いにある関係で、〝塩田で栄える港町〟として藩や商人の期待も大きかったようです。最初の塩田開発から七〇年余りが経過した宝暦十（一七六〇）年には、家数二七九軒、人口一〇三八人を数えました。この港町は波止町と呼ばれ、村ではなく町方《まちかた》支配となっていました。町は商船の寄港をうながそうと、享保十八（一七三三）年に藩へ風呂屋（湯女《ゆな》）の設置許可などを求めています。間もなく許可はおり、風呂屋の設置だけでなく芝居・相撲などの興行許可もおりました。これは、待合茶屋の花街で賑わう安芸大崎下島・御手洗《みたらい》（現、広島県呉市）への対抗措置でもあったようです。そうした港町の様子は、龍神社所蔵の「町方覚書《おぼえがき》帳」「波止浜町諸用日記」や、円蔵寺旧蔵の「町覚書」「町方諸用覚日記」などの〝町方覚日記〟に記されています。（注1）龍神社分は正徳四年から安永六年（一七一四〜一七七七）頃にかけて、円蔵寺分は正徳元年から天明四（一七一一〜一七八四）

「波止浜港の石造灯明台」（全景）

「嘉永の寄進者銘」

年頃にかけての記録となります。その円蔵寺分の享保五年から同八（一七二〇〜二三）年にかけての記録に、波止浜へ入港した廻船二九六隻の足取りが残されています。これを分析した『海道をゆく―江戸時代の瀬戸内海―』（愛媛県歴史文化博物館／一九九九）の論稿によれば、江戸時代の伊予国主要港でまとまった廻船データが得られるのは、波止浜以外では松山藩の三津浜・堀江（現、松山市）と宇和島藩大浦（現、宇和島市）の四港だけです。これを寄港する船の船籍別で見ると、三津浜・堀江が自領の伊予廻船の比率が約八割、大浦が約半分というのに対して、波止浜の約八割は他領船でした。近畿・中国・四国・九州など広範囲にわたり、わずかですが越後・越前・能登の北前船も見られます。食料品・雑貨の販売も見られますが、多くは塩の購入と松葉・松の薪（大束《だいそく》）の販売が占めています。[注2] まさに、波止浜は外貨を稼ぐ〝ドル箱〟のような印象を受けますが、享保元（一七一六）年の塩の領外売りは一四万八五〇〇俵余り・代銀一四〇〇貫余りでした。

　最初三三軒だった塩田は、貞享四（一六八七）年に四

「波止浜塩田の採鹹風景」（昭和初年、絵葉書より）

軒、元禄四（一六九一）年に六軒を増築し、宝永二（一七〇五）年に区画整理を行って三六軒としています。さらに化政期に四軒、天保期にも二軒増築して四二軒の規模となり、瀬戸内有数の産地の一つに数えられました。『慶蔵《けいぞう》むかし噺《ばなし》』（明治初期成立）収録の「波止浜　盆踊り唄」（24頁参照）の歌詞には、塩田が四〇軒だった頃の町の賑わいが投影されています。波止浜塩が江戸や北国にも廻送され、〝江戸で一番〟の評価だったというお国自慢も記されます。(注3) また、浜主（塩田地主）の屋号も記され、二十五番浜に「舛屋《ますや》」があることで、唄が成立したであろう文政年間（一八一八～三〇）頃、すでに亀三郎の父や祖父が浜主であったこともうかがえるのです（享和三〈一八〇三〉年の浜主名に舛屋は確認できない）。同著はそれ以外にも、弘化四（一八四七）年二月より北国船（北前船）の塩買船が約四〇隻寄港したことや、万延元（一八六〇）年七月に阿波撫養《むや》（現、徳島県鳴門市）の塩田二〇〇軒ほどが津波被害を受け、波止浜塩を買い求める船の寄港が増えたことなども記されています。

その波止浜に石造灯明台《とうみょうだい》が築かれるのは、幕末に近づいた嘉永二（一八四九）年十月のことでした。高さが約六メートル《メートル》あり、花崗岩の切り石を組み合わせて造られています。今でいう、港入口の灯台の役目を果たしたのでしょう。これには設置年以外に、「海上安全」と「金毘羅大権現《こんぴらだいごんげん》」の銘が、また〝嘉永《かえい》の寄進者〟五名と〝明治の移築者〟二名の名前も刻まれています。まず、金毘羅大権現は航海の安全を祈願する神様で、嘉永の寄進者「村山権次郎」「長野助二郎」「大澤常右衛門」「舛屋友蔵」「濱田屋長七」は当時の浜庄屋や町年寄と思われます。『慶蔵むかし噺』によると、嘉永年間は波止浜塩の生産性と品質向上のため、大澤常右衛門らを中心に塩浜の諸改革が進められたことで知られます。これに尽力したのが五名の寄進者たちで、舛屋友蔵は八木亀三郎の父でした。この灯明台は、龍神社の奉納絵馬「遷宮《せんぐう》の図」〈慶応三（一八六七）年作成〉／市指定有形文化財〉にも描かれていて、港のランドマークタワーだったことがうかがえます。しかし、明治三十五（一九〇二）年八月に現在地へ移設されることになり、当時の有力者であった八木亀三郎と矢野嘉太郎がその費用を負担したのでしょう。嘉太郎は、嘉永の世話人・濱田屋長七の孫にあたります。濱田屋は〝矢野本家〟という呼称が後に一般的となり、波止浜一の浜旦那でも知られ、明治・大正期は愛媛県多額納税者の一人に数えられました。

（注1）波止浜の「町方覚日記」については、『今治郷土史　波止浜町方覚日記　大浜村柳原家文書』資料編　近世3（今治市／一九八八）に活字版が掲載されている。円蔵寺の資料は焼失しているが、渡辺則文・広島大学名誉教授（今治市出身）が昭和四十四（一九六九）年に撮影したフィルムをもとに、今治郷土史編さん委員会が解読を行った。

（注2）東昇氏の論稿【「客船帳」、「入船帳」にみる伊予の廻船】を参照。

（注3）『慶蔵むかし噺』は、前掲の『今治郷土史　波止浜町方覚日記　大浜村柳原家文書』資料編　近世3に掲載されている。明治十三年二月以降間もない頃の成立と考えられ、編者は波止浜在住の松岡三左衛門である。波止浜塩田の成立から発展、天保期までの塩田経営の様子がコンパクトにまとめられている。波止浜の町年寄役・古川家（後に西条市へ転住）の記録が要約整理され、本書は森光繁『波止浜塩業史』（波止浜興産／一九六八）の中核をなす。

③ 塩田不況と波止浜塩田騒動

瀬戸内海沿岸に入浜塩田が増えると、生産過剰が塩価の下落を招き、塩田経営を圧迫するようになっていきます。波止浜も例外ではなく、特に生産性の高い十州の塩田産地でこの問題が深刻でした。これを解決しようと、宝暦九（一七五九）年に安芸生口島・瀬戸田浜の三原屋貞右衛門が提唱したのが「二九《にく》法」と呼ばれる〝休浜《やすみはま》〟です。これは、製塩活動の期間を二月から九月として、採鹹効率の悪い冬期中を休業するというもので、安芸・備後の諸塩田が協定に応じるも、十州地域全体には広がらず瓦解していきます。明和八（一七七一）年には周防三田尻《みたじり》・鶴浜（現、山口県防府市）の田中藤六が「三八《さんぱち》法」を提唱し、休浜の実施が塩田の不況対策に有効である点を遊説しながら訴えました。さらに藤六は、休浜による生産調整以外に、塩田労働者〝浜子《はまこ》〟の数を減らすため、塩浜を二分して一日に半分ずつ採鹹作業をする「替持法《かえもちほう》」も提案。これによって、一軒前の面積がそれまでの一町歩前後から一町五反～二町歩に変わる転機ともなりました（一町歩は約一ヘクタール、一反は約一〇アール）。

藤六の「三八法」に賛同するのは周防・長門・安芸・備後・伊予の瀬戸内西部五か国の諸塩田だったようで、明和九（一七七二）年に開始されます。そして、さらなる合理化は生産コストの半分を占める燃料の削減にもおよび、一九世紀初めには備後・芸予諸島でも石炭の導入が図られています。波止浜の石炭焚きは、文化元（一八〇四）年頃に最初の導入が見られたようです。これによって、それまでの薪・松葉焚きによる燃料費の約四〇～五〇％の

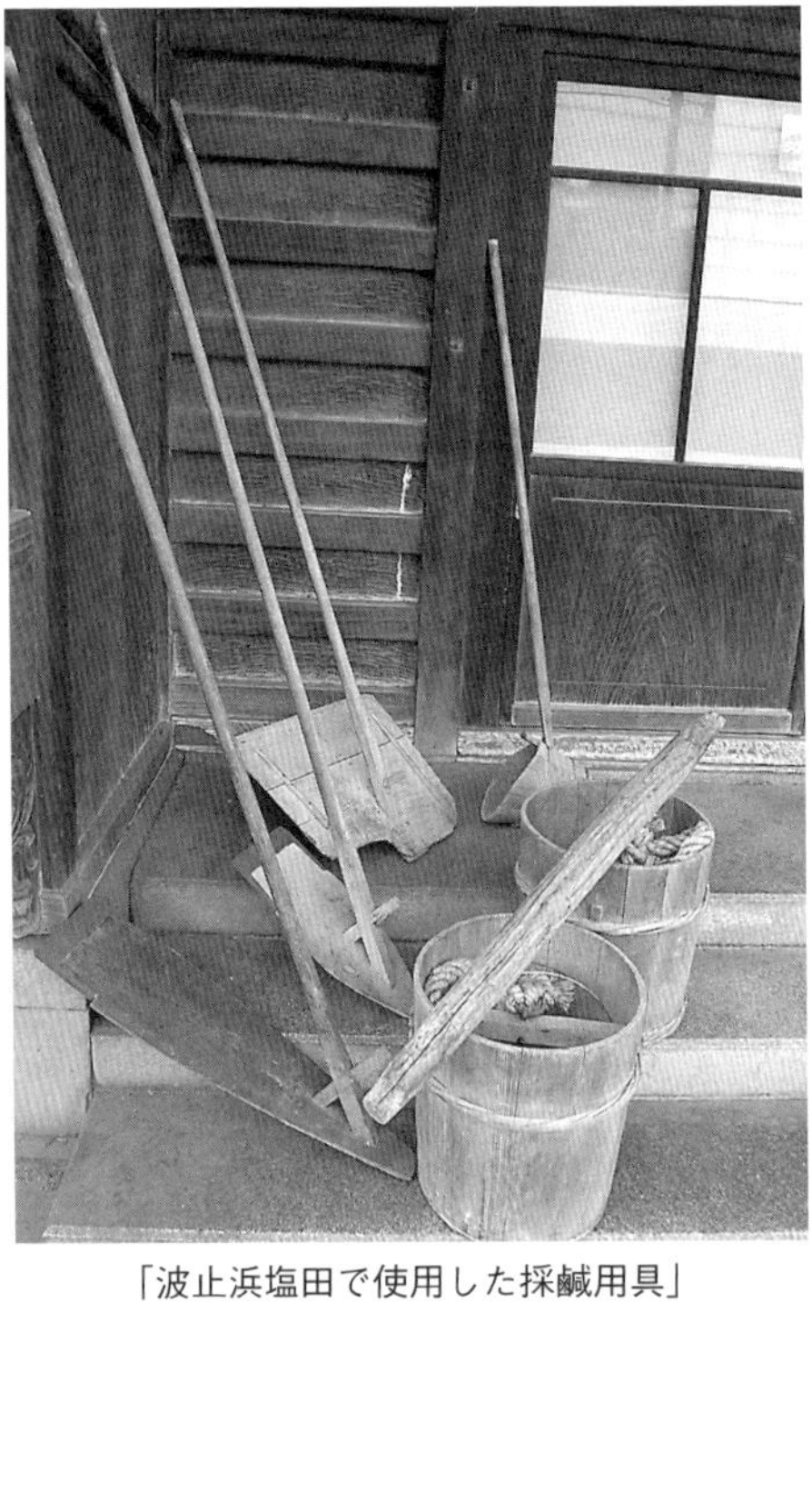

「波止浜塩田で使用した採鹹用具」

節約が可能となりました。しだいに播磨・阿波といった瀬戸内東部の諸塩田も休浜に参加し、十州塩田同盟は明治九（一八七六）年に成立を見ることになります。前述（注3）の『慶蔵むかし噺』によると、赤穂で開催された休浜の集会（安政元年？）に、波止浜からは大澤常右衛門が代表として参加したが、休浜を強く主張したことで、反対派の襲撃を恐れて逃げ帰ったと記されます（常右衛門は、波止浜塩田中興の祖として、波止浜龍神社の境内に頌徳碑が建つ）。幕藩体制の時代に、幕府の号令に関係なく、藩の領域を超えたネットワークの形成が図られたことに驚かされます。

一方、塩田産地では〝浜子一揆〟とも称される塩田争議が藩政時代にもしばしば起きました。これは、塩田労働者が地主から労賃（給銀と飯米）を受け取っていたことに関係する賃金闘争で、農村における年貢減免の〝百姓一揆〟とは性質が異なりました。各産地に残された浜子唄には、「浜子・浜子と小馬鹿にするな　浜子は大名じゃ　扶持《ふち》をとる」（安芸瀬戸田浜）や「色は黒うても　浜子は武士じゃ　一日九合の扶持をとる」（備前野崎浜）などがあり、浜子のプライドを感じさせます。労使交渉が決裂すれば、採鹹効率の高い夏場のサボタージュ（罷業）や、地主宅を襲う〝打ちこわし〟に発展することもありました。『慶蔵むかし噺』と『菊間賀茂神社資料』などによると、波止浜でも文政年間に塩田争議があり、後著には文政三（一八二〇）年の出来事だったと記されます。要約すると、事の発端は、浜主が賃銀の支出を減らそうと、浜子ら製塩従事者に対して今治藩札を支給したことでした。当時、今治藩札の価値は松山藩の三分の二近くまで下落していたのです。浜主の言い分としては、浜子の多くは今治領大島の津倉出身者なので、今治藩札で支給しても差し支えないだろうとのことでした。これに対して不満をつのらせた人々は、漁師町の武右衛門（武平とも）、女郎町の与吉、新町の和平治らを中心に浜主宅を襲います。この時の浜主代表が森野屋伴蔵と高部村庄屋の渡部源吾だったようで、町の商家を襲った人々は数百人の行列に膨れ上がり、高部の渡部宅まですき間なく続いたそうです。一方、これを鎮圧するために藩は、千数百人の農兵で陸と海から波止浜を包囲して三五二人を逮捕し、野間郡の代官所があった大井村（現、今治市大西町）へと連行。取り調べによって、首謀者の武右衛門らは三津浜（松山市）で一〇〇〇日の入牢、森野屋と源吾は郡追放の刑に処せられました。この騒動のため、藩が費やした経費は米二〇〇七八俵だったようで、波止浜始まって以来の一大事となりました。

事件後、武右衛門家族を心配する関係者は、町に残された幼い長子を石炭日雇の頭とし、生活の支援を行っています。石炭日雇とは、石炭船が寄港する際、これを各浜まで小舟に積み替えて搬送する荷役の仕事です。すでにその頃には、波止浜でも石炭焚きが普及していたようです。一方、浜主の経営も大変で、塩田不況や高潮被害に遭って持ち浜を手放すこともありました。浜ごとの所有者一覧は、江戸時代は元禄期のもの〈野間郡郷帖〉と享和三（一八〇三）年のもの〈慶蔵むかし噺〉が知られていて、これらと浜主屋号の記された「盆踊り唄」とを比較すると、その変遷がみてとれます。

舛屋は十九世紀前半に初めて一軒を取得したものと思われます。『八木家過去帳』によると、その当時の当主は四代目菊右衛門（文化八／一八一一年没）と五代目惣兵衛（天保十一／一八四〇年没）が該当します。「町方覚日記」（円蔵寺分）には、寛政五（一七九三）年に升屋菊右衛門の名が記され、同年の波止浜入津出船に関する浦手形の内容に〝升屋〟が記されることから、升屋は廻船業で財を築くなかで、塩田を一軒取得したと考えられます。

【元禄年間の浜主（34軒）】『野間郡郷帖』参照

浜数	所有者	住所	浜数	所有者	住所
1	新四郎	波止浜	1	甚太夫	波止浜
1	彦左衛門	野間郡神宮村	1	桑村郡	野間郡神宮村
1	善兵衛	松山南松前町古川	1	太郎左衛門	松山南松前町古川
1	助次郎	波止浜天野屋	1	周布郡	波止浜天野屋
1	与兵衛	波止浜	1	風早郡	波止浜
1	吉右衛門	松山本町三丁目油屋	1	小右衛門	松山本町三丁目油屋
1	半左衛門	野間郡菊間村浜	1	彦左衛門	野間郡菊間村浜
1	清右衛門	野間郡大井新町村	1	彦兵衛	野間郡大井新町村
1	治兵衛	野間郡菊間浜町	1	周布郡	野間郡菊間浜町
1	浮穴郡	浮穴郡浜	1	野間郡	浮穴郡浜
1	宗暦	松山南松前町古川	1	宗閑	松山南松前町古川
1	和気郡	和気郡浜	1	八郎右衛門	和気郡浜
1	越智郡	越智郡浜	1	武平衛	越智郡浜
1	久左衛門	波止浜町	1	金兵衛	波止浜町
1	次右衛門	風早郡北条町三津屋	1	源次郎	風早郡北条町三津屋
1	乙右衛門	風早郡北条町布屋	1	三郎右衛門	風早郡北条町布屋
1	藤兵衛	風早郡北条町布屋	1	十郎右衛門	風早郡北条町布屋

【享和三年の浜主（36軒）】『慶蔵むかし噺』参照

浜番	所　有　者	浜番	所　有　者
1	米屋軍平	19	村山永蔵
2	米屋軍平	20	河内屋源五兵衛
3	河内屋源五兵衛	21	河内屋源五兵衛
4	渡部政右衛門	22	田川屋茂右衛門
5	来島屋忠右衛門支配	23	筥屋喜惣兵衛
6	来島屋忠右衛門	24	村山永蔵
7	茶屋五郎兵衛	25	高松屋喜治郎
8	茶屋五郎兵衛	26	古川善兵衛
9	村山永蔵	27	富田屋七三郎
10	渡部政右衛門	28	渡部政右衛門支配
11	村山永蔵	29	森野屋作十郎
12	渡部政右衛門	30	村山永蔵
13	河内屋源五兵衛	31	田野屋祥助
14	河内屋源五兵衛	32	渡部政右衛門
15	高松屋喜治郎	33	高部村源吾
16	渡部政右衛門	34	森野屋作十郎
17	渡部政右衛門	35	河内屋源五兵衛
18	村山永蔵	36	高部村源吾

【浜主の屋号を記した盆踊り唄（40軒）】

『慶蔵むかし噺』など参照　※一部、大成が加筆訂正を行う

さても名高き松山様の
領地波止浜塩屋の数が
およそ三十六浜ござる
今は世がよて四十浜でござる
それをいちいち数えて見れば
太鼓手拍子それ足拍子
三つの拍子が一度にそろえば
口説きますぞへよく聞きたまへ
一と言われし米屋のもとよ
二番古川それ水がよい
オクリ江戸行きや北行きや
俵数々志摩屋の浜よ
幾代つきせぬ米田屋の浜
金は脇屋に名は菊間屋に
七と呼ばれし亀田屋の浜
塩は濃い濃い八番の
橋を渡ればあじ浜という

米屋は一番浜
二番浜を最初は古川といった。古川は二十六番浜

志摩屋は三番浜
米田屋は四番浜
脇屋は五番、菊間屋は六番浜
亀田屋は七番浜

安治浜は九番浜

塩の実もよしソレ味もよし
西よ東よ南よ北よ
ちょいとここらが波方屋あたり
塩の仕切を書く紙屋浜
紙屋浜から地盤見渡せば
地盤も見事や塩つくら浜
むこうに見ゆるは汐留の松
よりて塩釜見物なされ
次に見ゆるが中浜あたり
船が来た来た江戸行船が
塩の仕入は問屋の浜よ
元のいき直が五匁五分
今が世がよて九匁五分
江戸で一番　波止浜の塩
買うてお帰りノウお客さん
サッサ打ちます両手をあげて
二つ三津屋の書院のかまえ
御成御門を早や打ち過ぎて
上の浜より見る山形屋

西浜は十番、東浜は二十四番、北浜十一番浜
波方屋は十二番浜
紙屋浜は十三番浜
津倉浜は十四番浜
汐留の祈念に植えられた松（現、汐留明神）
中浜は十五番浜
問屋浜は十六番浜
塩相場のこと。直は、値のことか
三津浜は十八番浜。三津屋は村山家
上浜は十九番、山形屋（後にカド浜）は二十番浜

秋の田野屋に穂に穂が咲いて
枝は高浜　根は元の浜
金は和泉や　壱分や小判
からりからりと掛け戸を掛けて
はかる外屋やみな福甚の
トントおさまる富田屋の浜
橋を渡りて左にきれて
坪の内には金魚や鮒や
松の小枝に壱分や小判
身の上積もる金子の元よ
浜の小松屋　新浜はじめ

栄え栄えて　古田浜という
橋を渡れば今井屋の浜
久米といわれて地盤見渡せば
地盤も見事やすみからすみへ
塩のつき様も相変わらずや
塩は高新　名は高松屋
末は鶴亀　松よ竹

田野屋は二十一番浜
高浜（高松屋本家の浜。元浜とも）は二十二番浜
和泉屋は二十三番浜

外屋は二十五番、福甚（後に古川）は二十六番浜
富田屋は二十七番浜。略して富浜とも
橋を渡る

金子浜は二十八番浜
小松屋（紀伊国屋とも）は二十九番、新浜（三津浜、村浜とも）は三十番浜
古田浜は三十一番浜
今井屋は三十二番浜。銚子堀に架かる橋
久米浜は三十六番浜
すみ浜は三十五番浜
河原津屋は三十四番浜
高新（高松屋新宅）は三十三番浜
鶴は三十七番、亀は三十八番、松は三十九番、竹は四十番浜

④ 八木友蔵の廻船活動

升屋八木家の足取りについては、文献では「町方覚日記」(円蔵寺分)の享保五(一七二〇)年に増屋平右衛門、享保六年に舛屋市右衛門、寛政五(一七九三)年に升屋菊右衛門の名が記され、寛政五年の波止浜入津出船に関する浦手形の内容にも升屋が記されます。八木本店旧蔵資料で最も古いものは、亀三郎の父・友蔵が備忘録として記した安政四(一八五七)年四月吉日の『枡屋友蔵 道中日記』で、大坂方面を旅した際の勘定や宿の記録が記されています。また、元治元(一八六四)年十一月に友蔵が松山影流開祖四代・田那部半弥より取得した「直心影流 切紙免許」もありましたが、江戸期のものはこの二点だけとなります。

では、これ以外に分かっている友蔵の幕末・明治初期の事績を、波止浜の出来事と合わせて見ていくことにします。友蔵は明治十七(一八八四)年十月二十八日に亡くなり、波止浜の瑞光寺に葬られました。墓碑に享年六二歳と刻まれることから、生年は文政四(一八二一)年頃となります。升屋が塩浜を一軒所有するのは、友蔵の父・惣兵衛の代と思われ、友蔵が家政をとる頃には石造灯明台(嘉永二年築)の寄進者に見合う財力と信用を有していたことになります。寄進者の一人・村山権次郎は、波止浜を代表する浜主であっただけでなく、千石船を有する船主でもありました。ただ、文久二(一八六二)年に経営難に陥り、船齢六年の一四〇〇石積船を松山藩御用達の廻船問屋・石崎庄兵衛(石崎汽船の創始者)へ売却しています。この船は、波止浜の濱田屋で建造されたもので、時価一四〇〇両のものを、石崎家は藩の融資を得て一〇〇〇両ほどで購入したようです。(注1) 濱田屋とは、世話人の一人・濱田屋長七の矢野本家をさし、同家は長七の代から製塩業以外に造船業も生業としていました。村山家は、明治初期に塩浜を有しておらず（塩廻船を所有）、これに代わって台頭する商家が濱田屋や升屋だったと思われます。

　慶応二（一八六六）年十二月、この石造灯明台の対岸・大浜村小浦に、今治藩の商人・柳瀬屋が焚場《たでば》（木造船の船底を修理する施設）を設けることが決まりました。当時の柳瀬屋の店主は柳瀬義富といい、木綿商で財をなすとともに、廻船も多く所有して藩の廻船御用商人となっていました。小浦は今治藩にとっても重要な港で、藩主が参勤交代の入出港で使用することもありました。しかし、かねてから波止浜湾の境界線が曖昧で、漁業権や港湾の利権をめぐる争いが絶えませんでした。そこで翌年二月、この焚場の件で波止浜から大浜村庄屋・柳原惣次宛てに意見書が送られます。波止浜側の差出人は長野恒太郎・八木友蔵・矢野嘉吉の三名で、長野は波止浜庄屋、友蔵と嘉吉は町年寄でした。小浦側に築かれた石波止が騒動の発端となり、両藩の郡役人を巻き込んだ境目協議に発展しています。示談が成立するのは明治二（一八六九）年三月頃のようで、友蔵と嘉吉は幕末・明治初年の波止浜の町政に深くかかわることになります。(注2) そうした縁からか、友蔵の嫡子・亀三郎は、嘉吉の次女ヨシヱ（慶応三年生まれ）を妻に娶《めと》るなど、升屋と濱田屋は深い絆で結ばれることになっていきます。

　亀三郎が誕生する文久三（一八六三）年当時、升屋は廻船を所有していたようです。安芸忠海（広島県竹原市）の浜胡屋の客船帳に、万延元（一八六〇）年頃に波止浜船籍の升屋が二度、寄港したことが記されます。明治十三（一八八〇）年当時、波止浜には日本型帆船の千石船が六隻あって、このうち神社丸と第二神社丸を所有するのが八木友蔵でした。この神社丸については、八木本店旧蔵資料にも、明治十一年に山口県下関（防州平生水揚の菊屋清兵衛）と東京日本橋（江戸北新堀町の喜多村富之助）の廻船問屋との取引を示す書状や契約証が確認できます。また、同十二年の『神社丸　萬《よろず》日記覚帳』には、東京への航程（寄港地）や旅費（宿代）などが記され、東京日本橋の廻船商人が十三年二月に神社丸常吉に宛てた「塩売買の支払いを為替にて行う内容」の書状も確認することできます。神社丸は日本型帆船の弁財船のようですが、愛媛県内では時代を先取りした蒸気船や西洋型帆船を所有するものが現れ始めていました。

一方、松山藩有数の港町であった波止浜は、明治四（一八七一）年七月の廃藩置県で藩の庇護《ひご》を失います。藩政時代の波止浜は、浜庄屋と町方支配による経済特区のような存在でした。松山県から石鉄《いしづち》県へと移行し、現在の愛媛県が誕生するのが明治六年二月のことです。同五年六月に石鉄《いしづち》県出張所が友蔵に宛てた書状には、〝坂府活登米用達〟（大阪府への御用米廻送か）を申し付ける内容が記されていますので、升屋はこれまでと変わらぬ御贔屓《ごひいき》を役所から受けていたのでしょう。しかし、明治八（一八七五）年七月に波止町の守田鶴吉らが計画した新たな塩田開発は、地元の戸長・区長の副申を添えて愛媛県へ許可を願い出るも、実現には至らなかったようです。これは、波止浜湾の干潟に五町五反・四軒分の新浜を開発するというものでした。政府が掲げる殖産興業のスローガンに沿ったものでありましたが、波止浜において新たな塩田増築は以後実現することはありませんでした。

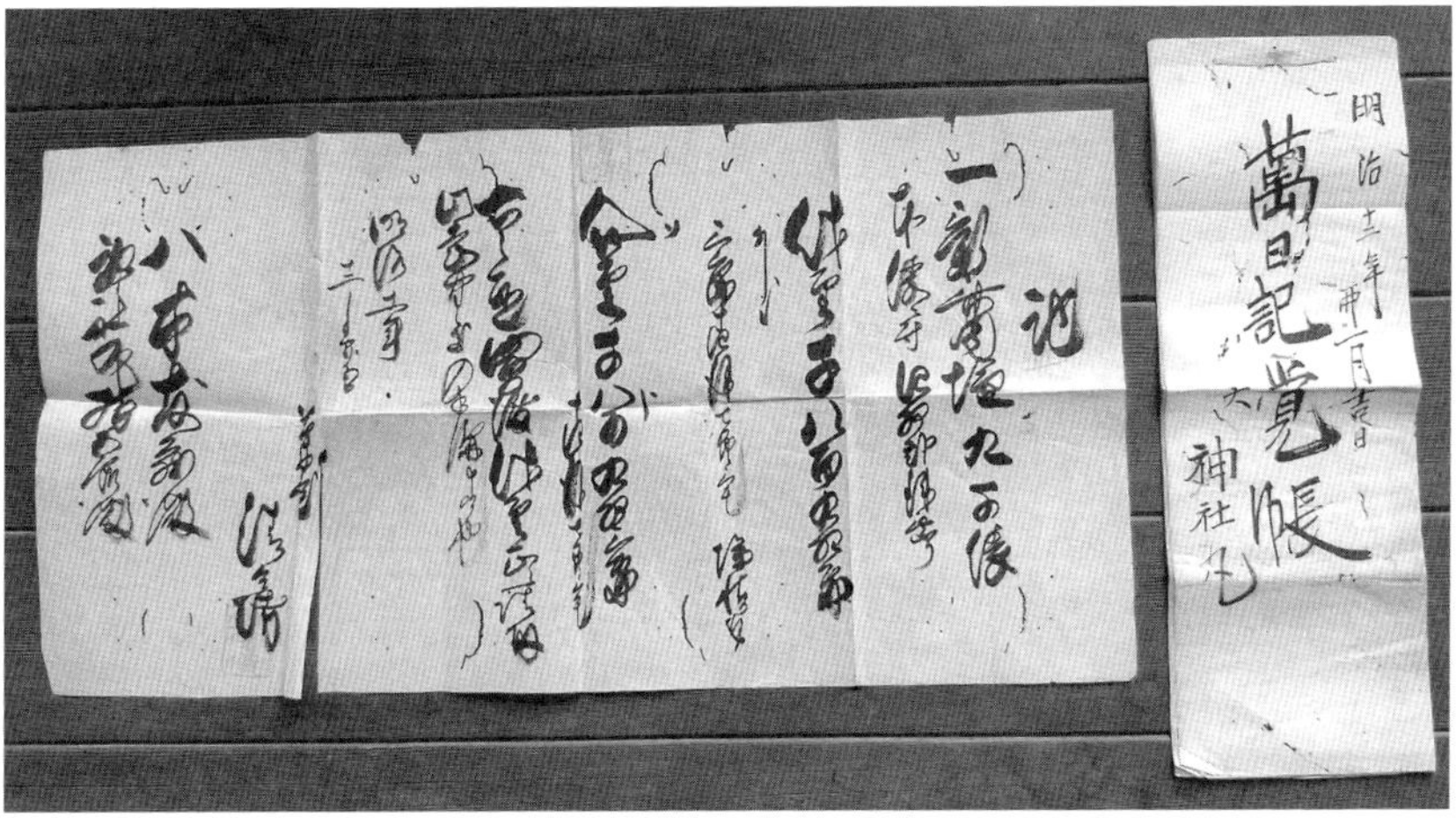

「神社丸関係資料」（明治12年）

そうした中、明治十二（一八七九）年に県の指摘で〝波止町と塩浜の帰属問題〟が持ち上がり、翌十三年に波方《はがた》村から分村する形で、波止浜村が誕生することになります。もともと波止浜が干潟に誕生したことで、隣村の飛び地がモザイク状に見られ、明治以降の行政組織になじまないものがありました。港町と塩浜を一体とすることで、名実ともに塩田で栄える港町の自治体が誕生したことになります。明治十四年三月、友蔵は愛媛県から銀盃の下賜《かし》を受けていますが、これは波止浜村十駕学校の学資金一〇〇円を寄付したことへの功労によるものでした。村の基幹産業となる製塩業については、浜主の浜旦那らが塩田組（塩商社）をつくり、塩問屋の徳島屋（原家）・丹波屋（八木家）らと連携して塩の販売や石炭の購入に努めることになりました。その活動を示す回章（書状）のいくつかに、波止浜塩を積み出す塩船の記載があり、柳瀬屋（柳瀬義富）の寿福丸と並んで升屋の屋号印の入った照栄丸が見られます。（注3）

その波止浜塩業界に激震が走るのが、明治十七（一八八四）年八月の台風による高潮被害でした。堤防

「波止浜塩田の採鹹風景」（昭和初年、絵葉書より）※左後方の丘陵が近見山

決壊で多くの浜の地盤が水浸しとなり、復旧には多額の工費を必要としました。これを契機に、波止浜最大の浜旦那であった大澤家がすべての浜を手放すことになり、高部の木原本家（菊屋／木原直三郎）・新宅（木原元三郎）も復旧に至らなかったようです。波止浜の人々は「近見山《ちかみやま》は崩れても大澤家は崩れない」と囁《ささや》いていただけに、波止浜塩田中興の祖・大澤常右衛門の子孫が塩田を失うことに大きな衝撃を隠せませんでした。この影響で、塩田組は一致協

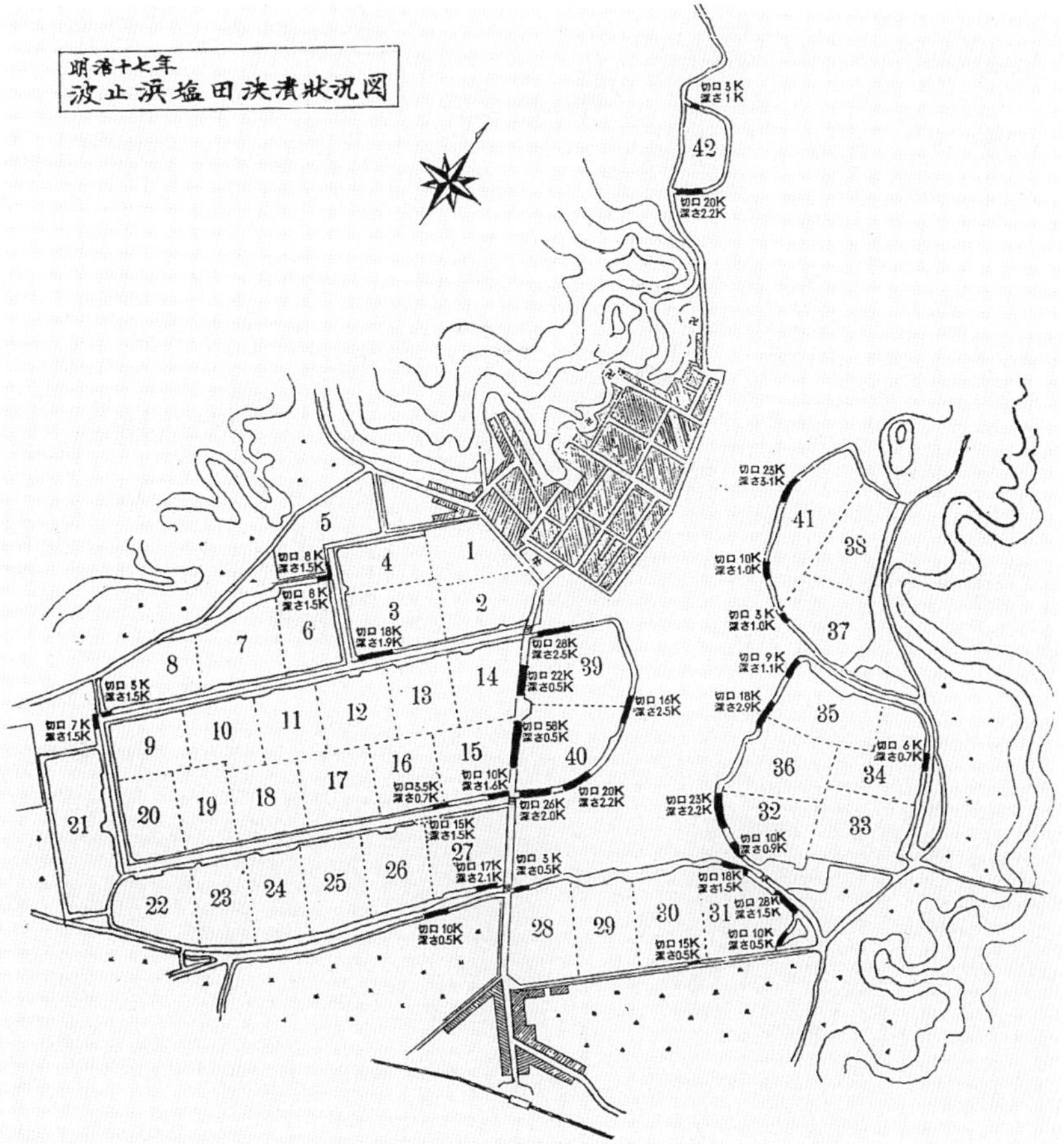

「明治17年 波止浜塩田決潰状況図」（『波止浜塩業史』より／算用数字は浜番）

力して塩田地租の免除を県へ願う一方、二つあった塩問屋を同年十二月に統合し、資材の購入や商品の発送、技術の改良などで合理化を図ることになります。友蔵が亡くなるのは、水害の復旧ままならない同年十月末のことで、升屋と波止浜塩業の未来を二〇歳の亀三郎に託しての旅立ちとなりました。

（注1）『石崎汽船史　海に生きる』（愛媛新聞社／一九九五）八四頁を参照。なお、幕末期の愛媛の地誌『愛媛面影』（半井梧庵著）の「波止浜」に造船所が描かれており、これが濱田屋のもとと思われる。

（注2）この騒動は、『今治郷土史　波止浜町方覚日記　大浜村柳原家文書』資料編　近世3（今治市／一九八八）所収の「波止浜支所文書」と「大浜村年々記録」の中に記される。

（注3）前掲『波止浜塩業史』一六九頁を参照。

〈コラム1〉『八木家過去帳』は語る

升屋の初代は誰で、いつごろ波止浜に居を構え、商業活動を始めたのか。八木亀三郎や八木友蔵は升屋の何代目なのか…。この答えは、八木本店旧蔵資料が見つかったことで明らかとなりました。

升屋八木家の墓所は波止浜瑞光寺の境内にあり、友蔵の墓石には〝酢漿草《かたばみ》〟の家紋が刻まれます。その墓所で最も古い没年銘は正徳六（一七一六）年を刻み、その両隣に升屋弥一郎・菊右衛門の名を刻む天保年間（同六・八年／一八三五・三七）の墓が二基見られます。『八木家過去帳』と照合すれば、この正徳六年銘が初代・銀兵衛の墓石となり、銀兵衛はコンニャクヤ九郎右衛門の兄と記されています。この過去帳が作成されたのは大正七（一九一八）年で、八木亀三郎の店舗・住宅が新築された年にあたります。この新築を契機に八木商店は株式会社八木本店に改組されます。作成にあたったのは、八木商店社員の矢野克太郎《かつたろう》（明治二十三年、波止浜生まれ）で、彼は後に八木本店の取締役にもなり、同社解散の手続きと八木家相続の処理を行った人物です。克太郎は、瑞光寺境内に点在する升八木一族の墓石を調査して、その見取り図まで残しています。亀三郎指示のもと、当時わかる範囲内で寺や一族から聞き取り調査を行ったのでしょう。

そのことで友蔵が六代目と分かり、升屋の分家として〝新宅〟があったことも分かりました。友蔵の代は、八木平七が新宅の当主で、その長男が常吉（實寿）、次男が弥十郎でした。この新宅から、八木本店に書生として入社するのが八木弥十郎の次男・八木明（明治三十一年生まれ）で、波止浜には二軒の升屋が存在したことになります。友蔵の前妻には子がなく、友蔵は文久二（一八六二）年に川之江町・村地延晴の次女・米子《よね》を後妻で迎えます。そして翌年に米子の産んだ子が亀三郎で、友蔵はこのとき四〇歳でした。このため、これより先に新宅から迎えた養子の常吉（嘉永二年生まれ）が七代目後継者となり、亀三郎は新たに一家を立てることになりました（新宅は弥十郎が継承）。ただし、屋敷・塩田といった友蔵の財産については、友蔵が亡くなる二年前の明治十五（一八八二）年に亀三郎が相続をしています。一方、系図には常吉のところに〝本家相続〟の記入が見られ、しばらくは八木常吉が升八木本家を名乗ったようです。この点について『愛媛県紳士列伝』（奥村次郎編／一九〇〇）には、亀三郎は数え一四歳の若さで、明治十（一八六七）年十月に独立をしたことが記されています。

明治十二年に龍神社の神殿・拝殿・石垣が新築された際、亀三郎は三〇円の寄付をしています。これは、四〇〇名近い寄付者で上位一四番目の金額で、首位は矢野嘉吉の一二〇円で二番が大澤宣之の

升屋八木家　略系図

『八木家過去帳』（大正7年、矢野克太郎調査）参照

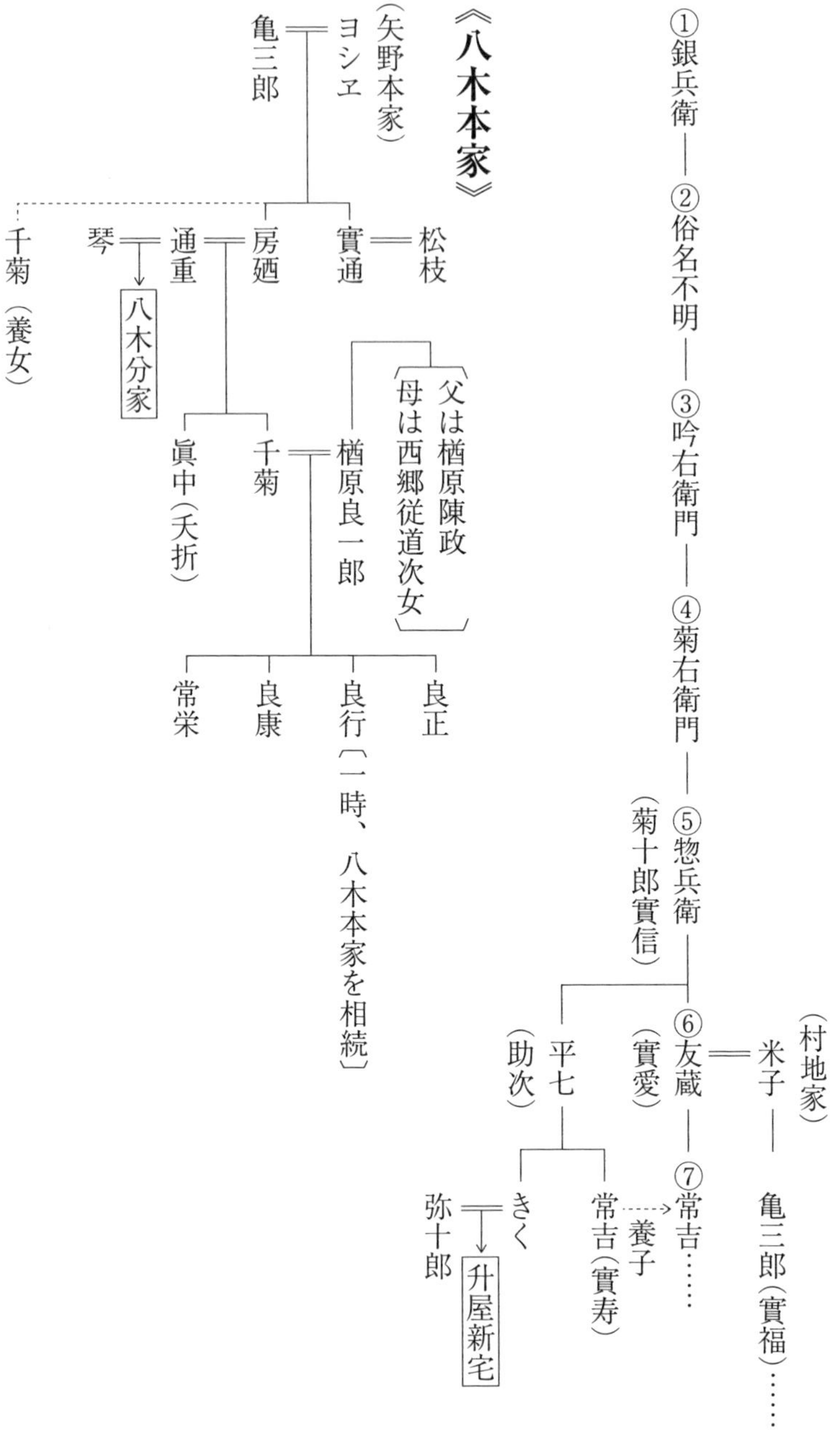

六〇円でした。友蔵は五八円の寄付（上位五番）と併せて、境内に手洗石を寄進しています。八木平七・常吉については八〇銭以下の少額の寄付（三七〇名）であったためか、寄付石に名前は刻まれていません。第二章②でも触れますが、八木常吉は「明治十年代の神社丸の廻船活動」や「明治二十年代の朝鮮貿易」のところで、船主としてその名前を確認することができます。しかし、亀三郎が若手実業家として頭角を現すなかで、常吉の名前は八木本店旧蔵資料からは姿を消していきます。常吉が亡くなるのは大正八年四月のことですから（享年七一歳）、事業経営の失敗でもあったのでしょうか。実際、亀三郎直筆と思われる『備忘録』（昭和二年作成）によれば、亀三郎は明治二十四（一八九一）年九月に常吉から波止浜本町の宅地・建物を買い入れ、さらに同二十七年四月にも波止浜蓬莱《ほうらい》町の宅地・建物に加え、六三五石積みの日本型帆船「太陽丸」を買い入れしています。

その一方、常吉の次男・安一郎（明治十四年生まれ）は亀三郎を叔父として慕い、日露戦争に従軍した際は戦地から何通もの手紙を亀三郎へ送っています（第二章コラム2参照）。また、安一郎は明治四十二年に新宅から分家し、後年に亀三郎へ事業資金の援助を依頼するなど、亀三郎を宗家として頼りにしていたことが分かります。大正七年に新築された居宅は〝八木本家〟と称され、八木明の子孫が記した「八木家新宅系図」でも、途中から亀三郎家が〝本家〟を称するようになっています。明は、『漁り工る北洋』（会田金吾／一九八八）という北洋漁業関係の著作に、亀三郎一族の写真や樺太丸の写真を提供し、八木本店の北洋漁業に深くかかわった人物です。升八木家新宅の墓所は波止浜瑞光寺にあって、そこには明の父・弥十郎と兄・薫明が眠りますが、明は函館が生活の舞台となったため、函館に墓所を有することになります。

第二章　多角事業で財をなした浜旦那

① キリスト教への入信

亀三郎の墓碑（東京青山霊園）には、幼いころの家業に海運業は記されず、製塩と酒の醸造で資産を増やしたと刻まれます。八木本店旧蔵資料からは、醸造に関係する資料は見つかっておらず、升屋の屋号を〝量り売り〟に由来するものと連想してそう記したのかも知れません。最初は郷塾へ通うも、後は家庭教師を雇って学を積んだように墓碑には刻まれ、『愛媛県紳士列伝』（奥村次郎編／一九〇〇）には幼時に岡山県の閑谷《しずたに》塾で学んだとも記されます。亀三郎は明治十年に独立をし、数え一八歳の同十四（一八八一）年七月に矢野嘉吉次女のヨシヱ（芳枝／慶応三年十一月生）と結婚します。嘉吉は波止浜・矢野本家の当主で、愛媛県内有数の資産家でありました。八木本店旧蔵資料によると、翌十五年一月には友蔵より波止浜村四〇五番地（本町）の宅地一畝一二歩（土蔵一個・部屋一個・本屋一個）・中堀の塩田一町五反三畝などの相続を受け、実業家としての一歩を踏み出す基盤を得ることになります。

明治十五（一八八二）年九月には長女・房廼《ふさの》が誕生するも、父・友蔵を同十七年十月に亡くし、これと入れ替わるように同十八年十月に長男・實通《まさやす》が誕生しています。また、明治十七年には波止浜を騒がす塩田水害がありましたが、同十八年九月に備前児島で開催の十州塩田同業会へ提出された「明治九

（一八七六）年改正　塩田台帳」（波止浜興産所蔵）によれば、波止浜塩田（四二軒）の地主は一七名いて、亀三郎は一軒の所有となっています。[注1] 友蔵から相続を受けた塩田を手放すことなく維持し続け、明治十八年以降（大正八年まで）、波止浜周辺の田畑・塩田・宅地・建物を積極的に買い入れしていった様子が、八木本店旧蔵資料の『備忘録』に記されています。早速、翌十九年一月には大澤宣之が所有していた旧塩田の荒地一町八反八畝一二歩を大澤家から買い入れしているのです。その後、波止浜の「塩田組」は組織を拡充し、明治十九年二月に「波止浜塩産商社」として生まれ変わります。亀三郎は二軒の浜旦那として、塩の海上運送にもたずさわる立場から、その経営に積極的に参画したと思われます。

明治二十（一八八七）年頃の波止浜の様子については、同年十二月二日付の海南新聞記事に概況が記されています。要約すると、「製塩業が盛んで商業活動は活発だが、政治思想への関心はあまりない。だが、キリスト教への関心が高く、市街の中央に講義所があり、毎週説教があって信者は男女合わせて四〇余名ほどいる。会社は、塩産商社・洪盛社・永保社・明運社・三友社・被傭社・懇親社・均全社などがあり、自治体としては県内屈指の豊かさを誇るが、これという事業家や商法家はいない。ただ、金満家として矢野嘉吉氏の存在が知られ、氏は私立の英和学校を設けるほどである。同校は英語教師を神戸から、漢学教師は今治から招聘《しょうへい》して、その生徒は約九〇名を数える。氏以外にも、書籍館を当地に設けようと奔走するものもある…」というものでした。まだ、亀三郎は実業家としては頭角を現すにはいたっておらず、義父・嘉吉や升八木本家の支援を受けながら家業の隆盛に日夜励んだことでしょう。

そんな当時の亀三郎にとって、心の拠り所は何だったのでしょう。彼は、波止浜でにわかに信者を増やしつつあったキリスト教に関心を示し、明治二十（一八八七）年三月に二宮牧師より洗礼を受けています。妻ヨシヱも同年六月に洗礼を受け、やがて子どもたち房廼・實通も入信しています。四国初のキリスト教会が今治に誕生したのが明治十二（一八七九）年のことで、商家を中心に周辺地域で信者が増えつつありました。そして亀三郎が中心となって牧師を招聘し、用地を購入・寄贈することで、同二十一年七月一日に波止浜教会（プロテスタント系）が設立されたのです。(注2) 明治二十五年には、ここに今治の請負業・吉田伊平による洋風建築の教会堂が建てられることになりました。この教会堂は、平成六（一九九四）年まで波止浜本町通りの突き当りに現存し、そのすぐ目と鼻の先に升八木邸はありました。設計図と鐘はロシア人の寄贈であったと伝えられますが、真偽のほどはわかりません。伊平は今治教会の信徒で、すでに今治教会堂を建築した大工棟梁として名を馳せ、天城教会堂（岡山市）や高梁教会堂（高梁市）など数多くの教会堂やミッションスクールを手がけたことでも知られます。息子の猪之助・吉之助もまた、吉田組として全国各地に教会堂等などの洋風建築を手がけています。(注3)

亀三郎は、明治二十二（一八八九）年十二月に日本赤十字社から締盟状を送られ、その正社員となっています。家族も漸次、これに続いています。父・友蔵がそうであったように、要請があれば社会事業への寄付活動を惜しみませんでした。明治二十二年十二月に愛媛県下で町村制の実施が勧奨されると、翌二十三年に波止浜・高部・杣田・来島の四か村が合併して波止浜村が誕生します。すると、同年八月に亀三郎は波

「ありし日の波止浜教会」（渡部宝氏所蔵）

止浜村村会議員、同年九月に波止浜村区会議員にそれぞれ当選しています。そしてこの前年九月には、波止浜有志が結束して日本米穀輸出会社波止浜代理店を設立するにあたり、兵庫同社へ出張し契約交渉を行う代理人の一人にも選任されています（八木本店旧蔵資料）。二十歳代半ばにして、早くも波止浜村の舵取り役を任され、地元名望家としての道を着実に駆け上がろうとしていました。

（注1）『波止浜塩業史』（波止浜興産／一九六八）一二八～一三〇頁、『日本塩業大系』史料編　近・現代（四）（日本専売公社／一九七八）六五～六八頁を参照。後者資料の方が詳細で、地租改正後の塩田台帳になるため、浜ごとに塩の品質による等級と地価などが記されている。

（注2）「教会資料」（日本基督教団今治教会　教会資料委員会／一九九三）第六号、創立一一四周年記念　波止浜教会特集号の宮内孝夫寄稿「波止浜教会史について」を参照。

（注3）高須直一「波止浜教会のこと」、吉田吉之助「父伊平の思い出」『八十年記念誌』（日本基督教団今治教会／一九五九）などを参照。また、越智公行氏からのご教示によると、波止浜教会の土地は、亀三郎と鎌田秀夫両名で所有・買取したことが『土地台帳』に記されるという。

②朝鮮貿易への挑戦

新たな塩田増築が明治以降かなわなかったことは、波止浜の浜旦那たちにとって、多角経営の道を考えるきっかけにもなったようです。明治十七年の高潮水害がその思いをさらに強くしたようで、矢野本家は塩田に依存しない家業経営に切り替え、田畑の取得を増やしていったようです。依然、国内における塩の生産過剰の課題は解決されず、十州休浜同盟の効力にも限界がありました。十州地域では、幕末・明治期以降も積極的に入浜塩田の開発を進める地域が見られ、顕著だった香川県は明治後期に生産量・面積で全国一位に躍進します（愛媛は面積で七位）。また当時、個人で一〇〇町歩以上の塩田を有した備前児島（現、岡山県倉敷市）の野崎家を例にあげるなら、四二軒・六〇町歩余りの波止浜は全国有数規模と謳う地位ではなくなっていきます。

明治十五（一八八二）年以降、国内の塩産地では朝鮮やロシアへの海外輸出を始めるところが現れます。品質の高さに定評のあった波止浜でも、朝鮮国の釜山《プサン》（現、韓国）・元山《ウォンサン》（現、北朝鮮）を手始めに、帆船を使ってロシア沿海州のウラジオストク・ニコライエフスクへ販売を試みる塩業者が一人いたことが『大日本塩業全書』に記されます。[注1] このロシアとの交易で気を吐いたのが亀三郎であったことは、後

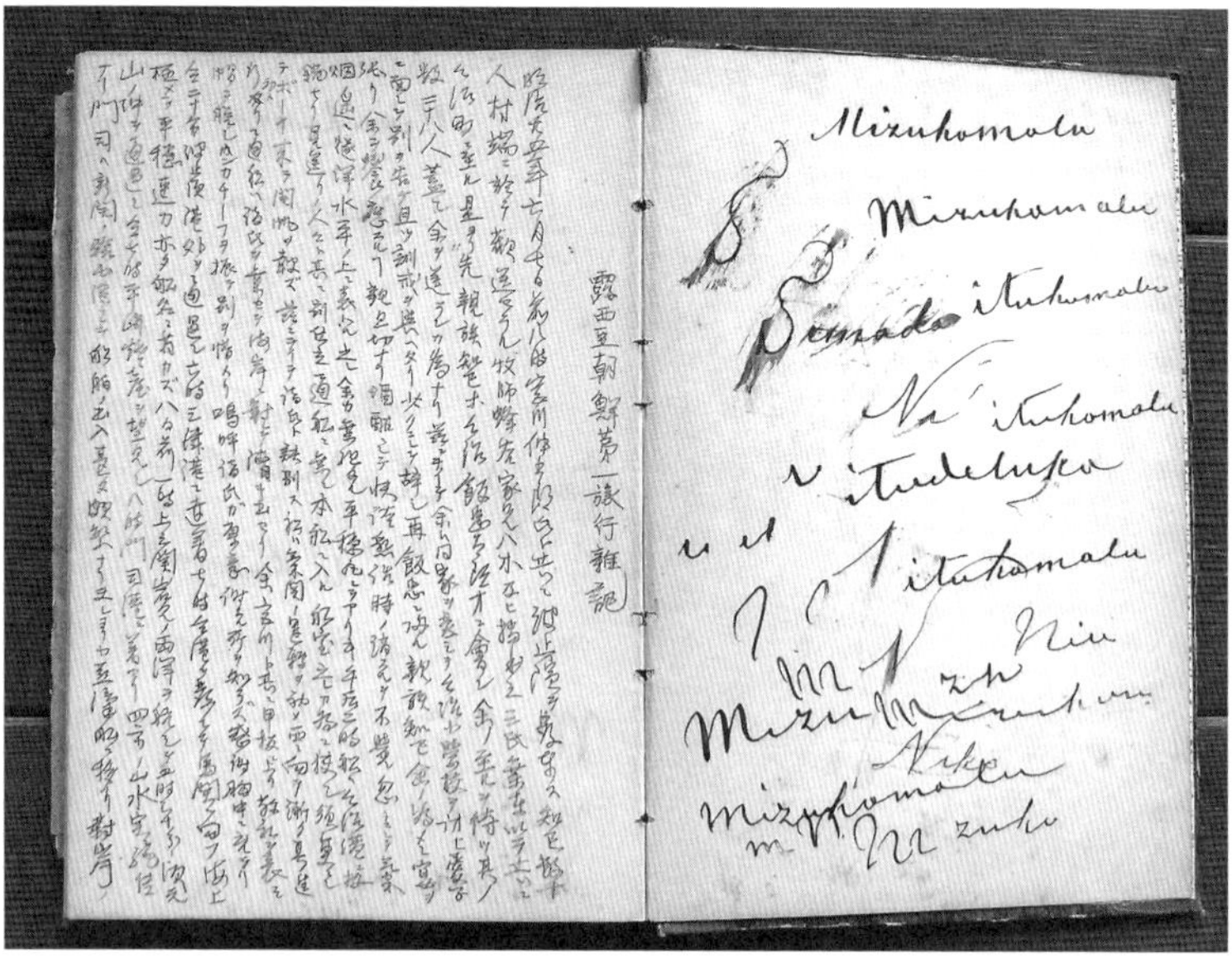

「露西亜朝鮮第一旅行雑記」（明治25年、亀三郎直筆）

述する明治二十四・二十五年の海南新聞記事や明治三十年開催の塩業諮問会の答弁資料、新しく見つかった八木本店旧蔵資料などによって明らかです。『愛媛県史』人物編には、亀三郎がシベリア鉄道着工を知ると、これを一大商機とにらみ、明治二十四（一八九一）年にロシア沿海州へ渡り、ウラジオストクの貿易商社クインスト・アルベルスと日本塩の輸送を成約したと記されます。しかし、この根拠となる資料についいては八木本店旧蔵資料では確認することはできず、亀三郎本人が朝鮮・ロシアを初めて視察旅行するのは明治二十五年七～八月のことです。

まず、亀三郎らの東アジア交易は、朝鮮を手始めに行われたようです。海南新聞記事によれば、波止浜有志によって組織された商社「洪盛社」（洪成社とも）が、明治二十四年に朝鮮交易を目的とする商船・第五洪盛丸（帆前船《ほまえせん》）を神戸で購入します。役員は二名いたようで、一人は八木亀三郎と思われます。本船が波止浜へ寄港すると、船内で六月七日に祝宴会が催されています。この事業は数年前より企図されたもので、波止浜にはそれ以外にも「隆盛社」「永保社」「巴港組」などの商業組織があったようです。六月二十三日には本船が初航海に向けて波止浜を発ち、三津浜でも荷役を行ったようです。積荷は食塩・味噌・醤油・瓦などの雑貨で、揚げ地は日本海沿岸の元山でした。この第一回朝鮮航海はとても盛況だったようで、積み荷は早々に完売し、元山では乾魚などを積み込んで九月二～三日頃に出港し、途中、仁川港《インチョン》（現、韓国）に解纜《かいらん》（船出の意）してから帰国することになります。その仁川からの帰途、本船は乗組員が死を覚悟するほどの暴風に遭遇し、何とか沈没を免れて九月十六日に馬関（現、山口県下関市）へ到着し、破損個所を修繕することになりました。そして第二回朝鮮航海は十一月に実施され、第五洪盛丸は食塩・醤油などの雑貨を積載して釜山へと向かい、往路は大豆・干鰮《ほしか》を積載して翌二十五（一八九二）年一月十日に日本へ帰港したようです。

朝鮮交易に手応えを感じてか、洪盛社・社員の亀三郎自らが商業視察のため、朝鮮・ウラジオストク地方を巡遊することになり、明治二十五年五月二十五日に円蔵寺で波止浜有志らによる送別会が開催されています。亀三郎が朝鮮・ウラジオストク方面へ出発するのは六月七日のことで、馬関・釜山経由で同月十七日に元山へ到着しています。この視察には、その後、亀三郎の日露貿易（買魚事業）を支える同郷の宮川仲五郎をともなっていました。(注2) 八月にはウラジオストクに滞在し、同地で得た情報を電報などで波止浜へ送っています。その内容は、「同地より六〇里ばかり東北の地方に向かい、そこから海岸二〇〇里ばかり入り込んで大きな成果を得た」というものでした。その場所はニコライエフスクのことでしょうか。このとき、亀三郎は島田元太郎という、現地で信用力の高い邦人商人との邂逅《かいこう》を得たようです。(注3) 当初、亀三郎は八月末の帰国予定でしたが、帰りに再び朝鮮にも立ち寄りたいとのことで、十月上旬に帰国

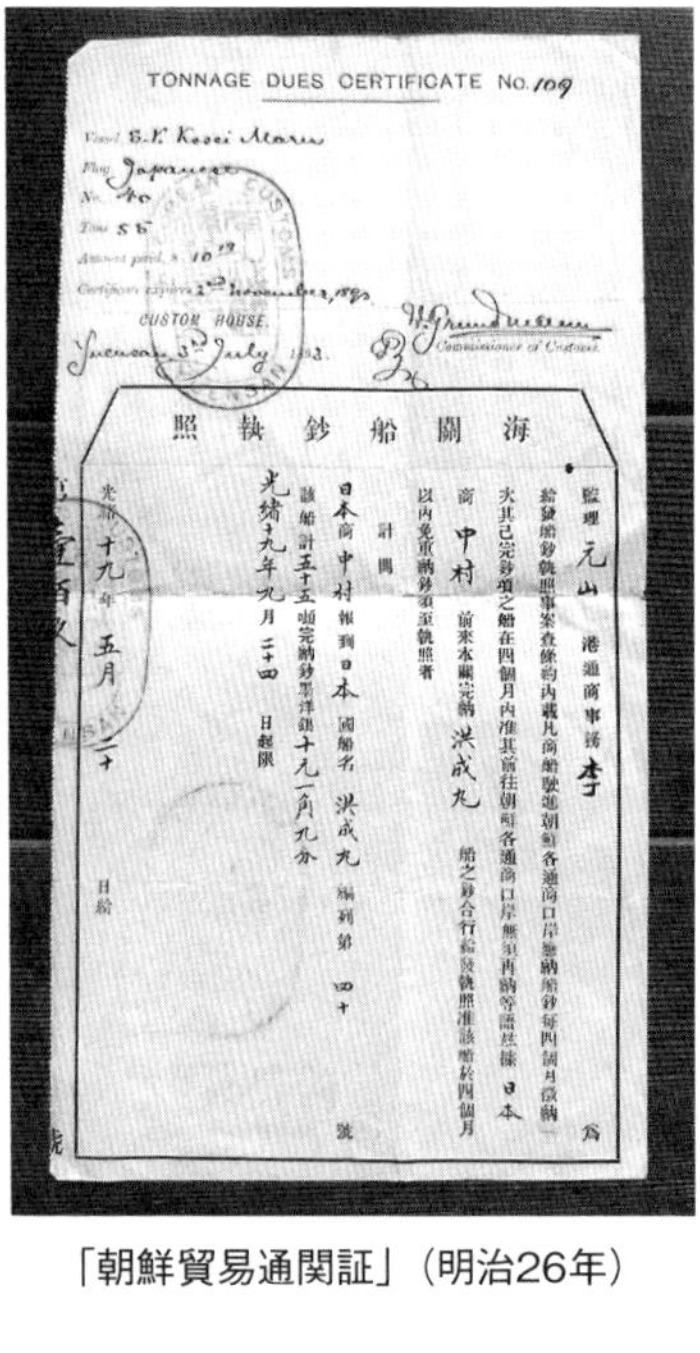
TONNAGE DUES CERTIFICATE No. 109

CUSTOM HOUSE.

海關船鈔執照

「朝鮮貿易通関証」（明治26年）

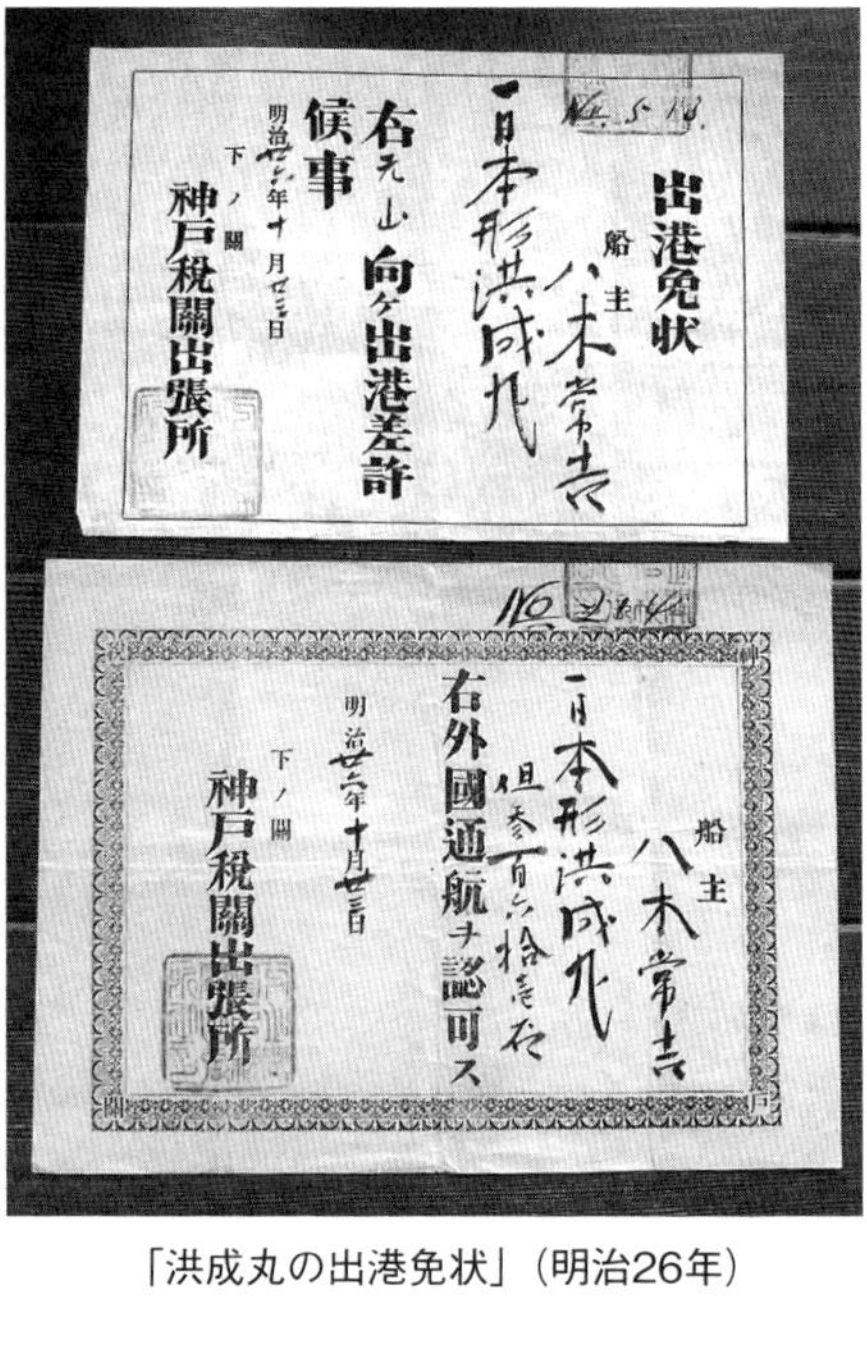
出港免状

神戸税關出張所

「洪成丸の出港免状」（明治26年）

するとの連絡があったようです。十一月には、帰国した亀三郎の報告を受けて、洪盛社は従来の朝鮮釜山・元山だけでなく、ウラジオストクとの交易も念頭に入れた商業活動を計画します。(注4)

その関連か八木本店旧蔵資料の中に、明治二十五年十一月十三日に馬関岬之町物品問屋の網矢虎之助が東京丸・宮川仲五郎に宛てた「買仕切状」があり、これに付属する同十四日宛ての「目録」には浦汐行の品目（硯・筆・墨など）や元山送金運賃、浦汐行塩四百八拾俵運賃などの記載も見られます。仕切状とは、商品売買に際して、品目・数量などを明記し、授受すべき商品・代金・口銭などの手数料を記した文書をいいます。この東京丸は、亀三郎と洪盛社のどちらが傭船《ようせん》（チャーター）した船なのかよく分かりませんが、船名からして波止浜船主の持ち船とは考えづらく、網矢は船舶代理店のような役割を担っていたものと思われます。また、亀三郎直筆の備忘録に、明治二十六年度に長崎の松尾巳代治店よりウラジオストクへ精米を輸送したと思われる記述があり、現地で売り捌《さば》いた業者はアルベルス商会とセビエローフ商会のようです。

朝鮮交易はその後も続き、八木本店旧蔵資料の中には、明治二十六（一八九三）年六月三日の朝鮮元山における洪成丸の「通関証明書」、同年十月二十三日に神戸税関・下関出張所が発行した洪成丸（日本型帆船／船主八木常吉／三六一石）の元山向けの「出港免状」と「外国通航許可証」が確認できます。備忘録にも、明治二十七一月に元山を出帆し、釜山で山川吉太郎から聞いた話として、仁川で日本米の輸出に対して貿易摩擦のような事態が発生している内容を記しています。しかし、洪盛社の東アジア交易がいつまで続いたのかは分からず、八木本店旧蔵資料や海南新聞の記事から、明治二十七年以降は洪盛社や洪成丸の足どりが消えていくのでした。一方、『越智郡郡勢誌』掲載の矢野綿練工場の沿革によれば、明治二十七・二十八年頃に波止浜で「連枝舍」と称する、手織機わずか二〇台ほどの綿ネル・木綿工場が設立されます。その発起人に、亀三郎・矢野肇・矢野嘉太郎・木原通貫・矢野茂三郎らがいたようで、綿製品を輸出品に位置づけようとしたのか、多角事業への挑戦も見られました。

（注1）『大日本塩業全書』第三編（専売局／一九〇八）の「阪出塩務局波止浜出張所之部」の第十二章によると、波止浜塩の海外輸出は、明治七・八年頃の釜山・元山が最初で、ロシア領ニコライスク・ウラジオストクへの試売は明治二十四・二十五年頃と記される。ただし、釜山・元山は明治九年の日朝修好条規に基づいてそれぞれ同九年・同十三年に開港しているため、年代は資料作成者の記憶違いの可能性がある。

（注2）仲五郎は操船技能に長けた船長のようで、この視察は航路状況や現地港湾の踏査を兼ねていたものと思われる。この後、彼は八木商店のニコライエフスク漁業で島田商会との交渉役で重要な役割を果たすことになる。明治三十九（一九〇六）年九月、亀三郎は日本船主同盟本部に対して仲五郎の勲績調査書を送付しており、そのやりとりを示す書簡が八木本店旧蔵資料に残される。その仲五郎の子が宮川幸太郎と思われ、幸太郎は昭和初年の「露領水産組合員名簿」に名前を見ることができる。

（注3）島田元太郎が昭和八（一九三三）年六月に政府・軍関係者へ提出した「勘察加油田調査ニ関スル陳情書」（マル秘）の中で、自らのニコライエフスク事業の由来を紐解くなかで、〝明治二十五年以来小生の後援者たりし〟の表現で亀三郎のことが記されている。長崎県出身の島田は、明治十九年に一六歳でロシア沿海州へ渡航し、ニコライエフスクの商業活動で成功をおさめ、日本人で唯一のニコライエフスク市商業会議所議員でもあった。彼を仲介役として、邦人は現地の輸出入や漁業経営などを円滑に運ぶことができたようだ。

（注4）一連の第五洪盛丸購入から亀三郎がウラジオストク視察から帰国し、朝鮮交易に加えてウラジオストクにも活動範囲を広げようとする足どりについては、海南新聞の明治二十四年六月十日付、六月二十一日付、九月十九日付、十月四

日付、明治二十五年一月十四日付、五月二十六日付、八月十八日付、九月八日付、十一月十三日付を参照。

また、八木本店旧蔵資料の中に、「露西亜朝鮮第一旅行雑記」と題した旅日誌がメモ帳五頁にわたって記されている。内容は波止浜をでて、今治港からの船旅となるが、馬関では網矢虎之助宅に投宿し、門司へ立ち寄った際は太宰府天満宮を参拝したくだりもあって、商業視察のさなかで物見遊山を楽しんでいる様子がうかがえる。元山に亀三郎らを載せた薩摩丸が入港した際は、第五洪成丸のボートが出迎えている。これらは、旅の感動を活字に残そうと、旅の途中で記したものと思われる。残念ながら元山までの記憶だけが綴られ、ウラジオストクの滞在記は記されていない。

③日露貿易漁業商への転進

亀三郎の関心は、しだいにロシア沿海州へと注がれていきます。八木本店旧蔵資料には、明治二十六年十一月十七日に、神戸税関へ提出した東京丸の「輸出願書」（控え）が残っており、ウラジオストク向けに雑貨と屏風を積載したことが分かります。東京丸については、前年十一月頃にもウラジオストクへ食塩等の雑貨を輸出したことが分かっています。ではなぜ、ロシア沿海州なのか。当時のウラジオストクは、ロシアが極東におく主要な軍港として栄えつつあり（それ以前の軍の拠点はニコライエフスク）、日本からの移民も増え、定期航路も開かれていました。ただ、ウラジオストクの塩需要が少ないと分かるや、亀三郎はさらにそこから北へ一五〇〇哩《マイル》（約二四一四《キロメートル》）離れた場所にあるアムール川（黒龍江）河口の沿岸都市・ニコライエフスクに白羽の矢を立てます。なぜなら、そこがシベリア内地への食塩輸送の玄関口となっていて、ウラジオストクから陸路輸送するよりも、ニコライエフスクから川船を使った輸送運賃の方が安かったためです。そして八木商店が取り扱う塩は、ブラゴイスチンクというところまで帆走され、そこから満州地方で販売されたようです。塩を輸送する船は、ウラジオストクへは汽船を使い、ニコライエフスクへは帆船を使い、それらの貨物船はチャーターすることもあったようです。（注1）

また、亀三郎は復路の積み荷にも着目し、現地でサケ・マスを買い入れ、これを鹹魚《かんぎょ》に加工し（内臓を取り除いた切り身を塩にまぶす）、輸入することに活路を見出しました。この鹹魚にするための手法を塩蔵《えんぞう》法といい、塩が防腐の役割を果たして魚類・肉類の保存に役立ちました。食塩などの雑貨の輸出と鹹魚の輸入という、海運力を駆使した一石二島で利益を生むことに成功したのです。このアムール川出漁者の嚆矢《こうし》は明治二十五年の笹野栄吉（石川県出身）のようですが、亀三郎はニコライエフスクに日本人で初めて漁区を占有し、同二十六年から塩蔵鮭の回漕業（輸入）にもたずさわるようになったようです。（注2）亀三郎直筆と思われる備忘録には、明治二十六年十二月二日に、ニコライエフスクに滞留する田中氏の談話として、御多福丸・千代巳丸・新州丸ら各船が当地から函館まで運送したサケ一本当たりの値段（相場）が記されてあり、そこには笹野栄吉の名も登場します。明治二十七（一八九四）年五月十七日付の海南新聞にも、亀三郎の一連の行動を裏付ける記事が見られます。〝実業家の遠征〟と題して、「野間郡波止浜の実業家八木亀三郎氏はいよいよ今明日頃同地を解纜《かいらん》して朝鮮に立寄り魯領浦塩斯徳《ウラジオストク》に行くはず」とあり、三〇歳の青年実業家に対する地元の期待がうかがえます。亀三郎はこれに先立つ同年四月八日・十日の同紙に広告記事を載せ、ロシア沿海州への輸出を試みる県内業者へ参加を呼びかけています。波止浜港を出帆する院行丸（チャーターした西洋型帆船か）はニコライエフスクへ直航し、同地方及びハバロフカ府ビラゴヘスチエンスク市で委託販売を行う計画で、取扱品として美術品・小雑貨・米穀・食料品を例にあげています。おそらく、波止浜塩の積み荷と併せて輸送したものと思われます。この時点で、すでにウラジオストクに八木商店の支店が設けられ、帰りの便は塩蔵のサケ・マスを積み込んで最寄りの開港場である函館港へ輸送したものと思われます。これを物語るように、函館港では明治二十六年頃から輸入額が増え始め、翌二十七年に五万五〇〇〇円だったのが、同三十年には三四万六七〇〇円となり、総輸入の約八割を塩蔵のサケ・マスが占めていました。(注3)この函館にも八木商店の支店が設けられていたようです。

しかし、日本商人の沿海州での独り勝ちは長く続きません。大庭柯公《おおばかこう》の『露国及び露人研究』(中公文庫)によると、日本のウラジオ貿易は、明治十五・十六年から二十五・二十六年までは無競争独占の状態で莫大な利益が見込まれたようですが、明治二十六・二十七年頃から中国人との貨物競争が始まり、雑貨貿易で苦戦を強いられるようになっていったようです。(注4)塩業界では、海外産の安く品質のよい塩に押され、政府にとって国内塩業の保護が大きな課題としてのしかかっていました(すでに明治二十一年に十州塩田同盟は崩壊)。このため、日清戦争(一八九四〜一八九五)が起きた際は、〝戦いに勝利し、塩の輸出を中国に向け盛んにすれば、過剰塩の問題は解決する〟というナショナリズムが沸き起こります。それを後押しするため、塩田王の野﨑武吉郎(貴族院議員)や香川県の鎌田勝太郎(衆議院議員)らを中心に、全国の製塩業関係者によって大日本塩業同盟会がつくられたりもしました。抜本的な解決は明治三十八(一九〇五)年の塩専売法施行を待たねばなりませんが、明治二十六年の会社法(商法の一部改正)の施行にともない、各塩産地は出資者を募って塩業会社を設立しています。愛媛県では、多喜浜の東浜産塩株式会社の設立(明治二十六年四月)がよく知られますが、そのキーマンとなった藤田達芳《たつよし》が衆議院議員をつとめた際は、対清強硬論で気勢をあげて国内塩業の保護を訴えました。後に彼は〝塩田国有論〟を唱え、国内塩業が専売制に向かう過程で大きな役割を果たし、地元の製塩技術の改良にも積極的でし

た。(注5)

波止浜でも、明治二十六（一八九三）年六月に資本金四二〇円を出資して新たに波止浜塩産合名会社が設立され、亀三郎は副社長に就任しています。同社の事業目的は製塩・石炭・縄俵菰・肥料の紹介・営業でしたが、二十八年二月に亀三郎が社長になると（同三十年三月辞任）、事業目的に〝回漕〟が加わり、尼崎汽船会社の幸運丸が上下線五本ずつ毎月一〇回波止浜港へ寄港するようになりました。(注6)塩蔵サケ・マスの輸入を兼ねる亀三郎は、海運業を足がかりに波止浜塩業界をリードする存在へと成長していきます。一方の国内塩業界では、大日本塩業同盟会を発展させた大日本塩業協会が明治二十九年に結成され、政財界を巻き込んで塩業行政をリードしていく体制ができあがりました。

そうした中、明治三十（一八九七）年十一月に第二回水産博覧会（神戸市）に合わせて開催された農商務商水産諮問会に、亀三郎は波止浜代表で出席しています。当時の亀三郎は波止浜村長（明治三十年一月〜三十一年三月）・越智郡会議員の肩書以外に、塩の海運事情に通じ

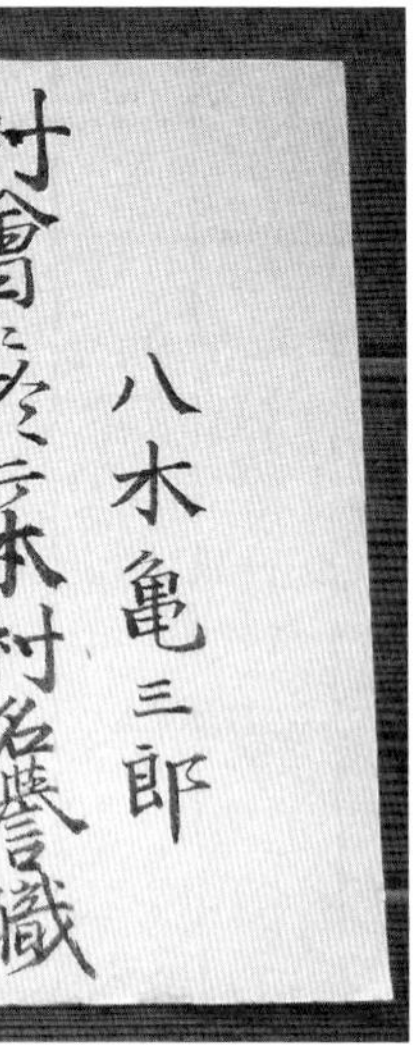
八木亀三郎
村會ニ於テ本村名譽職
村長ニ撰擧シ愛媛縣
知事ノ認可ヲ得タリ
明治三十年一月廿日
波止濱村

「波止浜村名誉村長辞令書」（明治30年）

た顔も持ち合わせていました（明治二十九年に野間郡と越智郡を合併して〝越智郡〟に改称）。全国津々浦々の一〇二名の会員が集まるなか、亀三郎は実体験にもとづく見解を堂々と述べています。(注7) 中でも、議題の一つ「（国内塩の）販路拡張の方法」における亀三郎の発言は、東アジア貿易に長けた亀三郎だからこそ同席した人々の心に響くものでした。

その発言を要約すると、当時の課題として、「シベリア市場はアメリカ・ドイツといった外国産の塩が多く入り込んで、日本塩の輸出はわずかとなり、これを掌握しているのは同地居留のヨーロッパ・中国・ロシア商人である」とし、今後の日本商人の改善点として、「荷造りについては俵製でなく叺《かます》製とし（航海中の塩漏れ防止）、重量を廃止して容量とすれば引き合いも増えるだろう」「売り方については、直取引はやめ、必ず現地商人の代理店を通し、初めは安く売ること。安く売って信用を得れば、徐々に値段をあげていけばよく（それらの手法を試みて自らは成功した）、最初から一攫《いっかく》千金という考えを持たない方が良い」「売る前に、現地の新聞に安さをＰＲする公告記事を載せるといいだろう。また、捨てるつもりで各都市に日本塩の見本を送れば、翌年にその効果がでるだろう」「今後のシベリアは金鉱・鉄山・小麦製造が有望で、食塩輸出はインドやオーストラリアに期待がもてるのでは」と説いています。そして最後に強調しておきたいこととして、「食塩のみならず国内の水産物を外国へ輸出して販路を広げようと思うなら、政府は業者に保護金を与えて貿易推進を図るのではなく、中国・朝鮮・シベリアの適当な場所に特別輸出入港か税関出張所を設置して、営業者への便宜を図って欲しい」と、政府に注文をつけています。当時の亀三郎は、アムール川で獲れたサケを買う買魚商人であって、現地の製造所で塩蔵サケに加工して日本へ輸出する漁業貿易商でもありました。

そんな亀三郎にとってゆゆしき事態が起きたのは、まさにニコライエフスクの買魚全盛期に起きた、日本政府が明治三十二（一八九九）年一月より施行する関税改正の「関税定率法」でした（関税自主権が形式的に確立）。国内塩業者にとっては、輸入塩に課税が決まったことは外国塩と競争するうえで喜ばしいことでしたが、亀三郎ら鹹魚輸入業者にとっては、従前の四倍近い税負担が見込まれるとして、その改善を政府へ訴えています。この請願の骨子は、愛媛地方紙の海南新聞にも「西伯利亜《シベリア》地方鹹魚無税輸入の請願」のタイトルで掲載され（同三十一年十二月二十八日付）、請願者は露領ニコライフスク漁業組合惣代の堀直好と八木亀三郎でした。当時、ニコライエフスク周辺で漁業を営む日本人業者は二四名いたようですが、明治二十六年から継続してこれにたずさわるのは直好と亀三郎の二人だけでした。直好はその先駆者としての自負からか、請願の理由を報告書（冊子）にまとめます。そこには現地漁業の必要経費や収支報告などが記され、リスクを冒して異国に乗り込んだ業者への配慮を訴えています。業界にとっては増税が死活問題で、国益にも反する点を多方面から分析・主張しています。（注8）この鹹魚輸入税免除の請願に尽力したとして、翌三十二年十二月に同組合から亀三郎に対して銀盃が贈られています。

　また、この法改正以外にも、亀三郎ら露領漁業家が関心を払ったものとして、明治三十三（一九〇〇）年三月に成立した「輸入水産

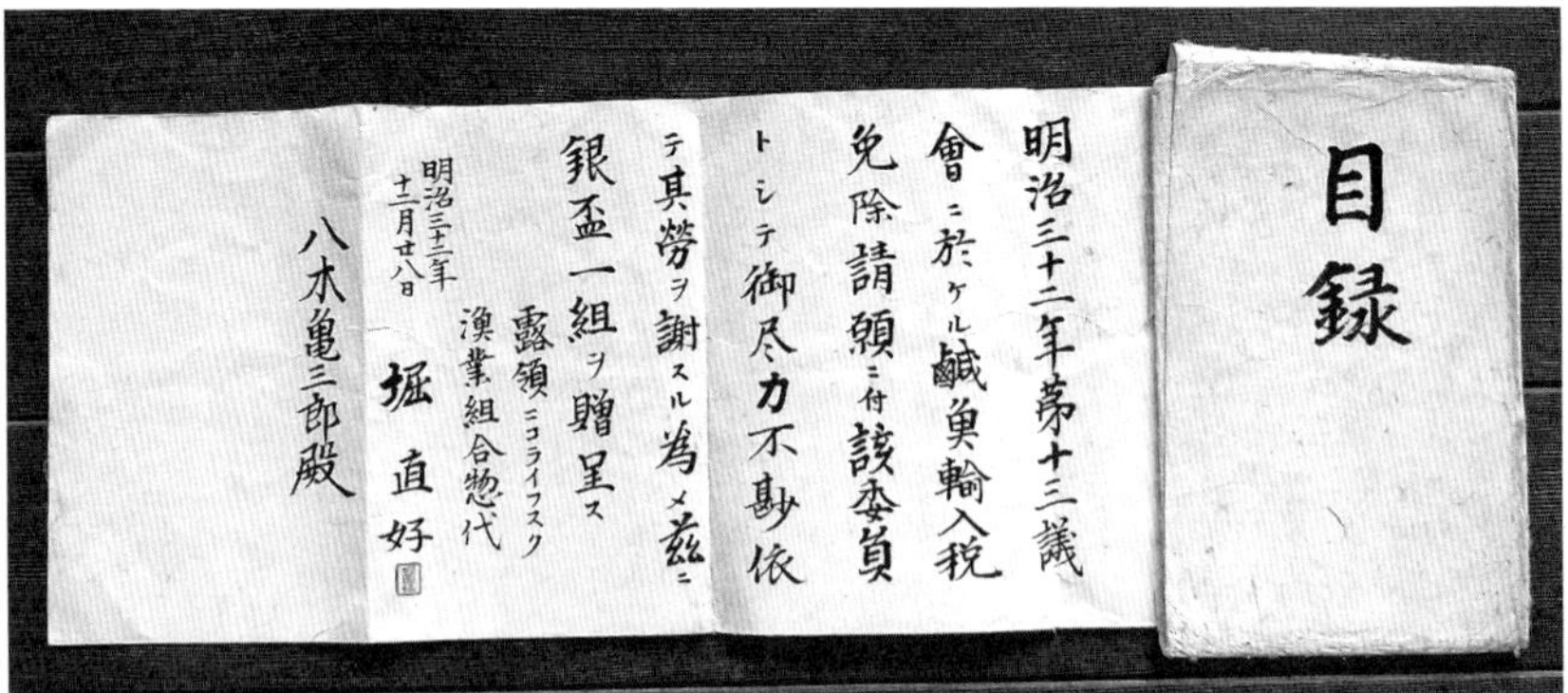

「鹹魚輸入税免除請願への感謝状」（明治32年）

物重課税法」があります。当時の輸入水産物の多くがシベリア産の魚で、日本人が漁獲したものはそれまで無税で輸入されていました。これに対してロシア側では、アムール川の水産資源の保護に乗り出そうと各種規制を敷き、日本人漁業家の締め出しを行おうとしました。これへの対抗措置として、日本政府が打った手が同法でした。いくらロシア漁業家が大量のサケ・マスを漁獲しても、日本への輸入を不可能とし、日本人漁業家の経営に依存している現地漁業の弱点をつこうとした狙いがあったようです。(注9)

その後も、亀三郎は日露貿易漁業商として活動を続けたようで、明治三十六（一九〇三）年秋には、ウラジオストクに拠点をもつクインスト・アルベルス商会のドイツ人会計主任が波止浜の八木商店を訪問しています。同社は、八木商店と日本塩の輸送取引を契約したとされるウラジオストク有数のドイツ系商社で、翌年からの日露開戦を考えると、緊張をともなう会合だったのかも知れません。これには、亀三郎の長女・房廼（当時二一歳）が通訳を務め、その仕事ぶりに亀三郎はたいそう喜んだようです。房廼は松山女学校普通科を卒業し、英語・洋楽を得意としました。明治三十九年八月には、矢野本家筋の矢野政栄三男の通重と結婚し、分家を立てることで、八木商店を支えることになります。

（注1）『日本塩業大系』史料編　近・現代（二）（日本専売公社／一九七六）九五八～九七〇頁

（注2）『西伯利亜地方鹹魚無税輸入之件ニ付請願』（堀直好編／大成社／明治三十一年十二月十七日）に、ニコライスクで最初期から漁業にたずさわる日本人の一人が亀三郎だったと記される。ニコライエフスクに日本人で初めて漁区を占有した記述は、『愛媛県史』人物編を参照した。一方、『漁り工る北洋』の北洋出漁年表によると、函館を拠点とする笹野は明治十七年に木田長右衛門の漁場権利を買い取って樺太へ進出し、同二十三年に樺太東海岸へ漁場を開いている。笹野は沿海州ニシン漁の先駆者ともされ、沿海州の買魚は明治二十五年のようだが、樺太定置網漁業水産組合連合会

の初代組合長を務め、同三十六年頃には樺太に八か所の漁場（建網）を有するなど、有力な樺太漁業家でも知られた。

（注3）『函館市史』通説編　第二巻（函館市／一九九〇）の七六二～七六五頁を参照。

（注4）『露国及び露人研究』の著者・大庭柯公は、大正十三年に革命ロシアを探訪中、忽然と消息をたったロシア通の極東記者で、明治二十九年から約二年間、ウラジオストク滞在経験をもつ。柯公の記憶の中に、明治二十年代にウラジオストクに出入りしていた日本人の一人に亀三郎が刻まれている。

（注5）東浜産塩会社は、当時五二軒あった多喜浜塩田のうち、二七軒の浜旦那が参加して設立された。同社設立のキーマン・藤田達芳は、多喜浜一の浜旦那・小野（榎之本）家の分家の出で、才能を見込まれて藤田家の長女を娶り、同家（藤田本家）から塩浜一軒を譲り受けて藤田分家を立てたことで知られる。

（注6）波止浜塩合名会社の登記広告（変更）や同社の回漕店開業に関する記事は、海南新聞の明治二十八年二月九日、二月十日、二月十六日付を参照。

（注7）『日本塩業大系』史料編　近・現代（二）（日本専売公社／一九七六）九五八～九七〇頁を参照。この手書きメモが八木本店資料旧蔵に残されている。諮問会で話し合われる議題については、農商務省より事務を委嘱された大日本水産会・大日本塩業界が、会に先立つ八月に出席者へ栞《しおり》を発送していて、これをもとに亀三郎が発言内容をメモ書きしたことが分かる。メモは、用紙三枚の表裏に手書きしたものと、備忘録に手書きしたものとがあり、用紙が清書版で諮問会に持参したものと思われる。

（注8）「西伯利亜地方鹹魚無税輸入之件ニ付請願」（堀直好編／大成社／明治三十一年十二月十七日）。この報告書は八木本店旧蔵資料からも見つかり、亀三郎にとってニコライエフスクでの漁業活動が、北洋漁業第一歩として認識されていたことを物語る。

（注9）板橋守邦『北洋漁業の盛衰　―大いなる回帰』（東洋経済新報社／一九八三）を参照。

④ 愛媛最初の洋式造船所〝波止浜船渠〟

所有塩田の規模でいくと、波止浜には亀三郎の升八木をしのぐ浜旦那は何家もありました。明治三十（一八九七）年当時は、四二軒あった浜数のうち地主は一四名ほどでした。亀三郎の所有は二軒に過ぎませんでしたが、矢野本家の矢野嘉太郎は七軒、丹波屋の八木光三郎や今井本家の今井新治郎ら数名は二軒以上を有していました。矢野本家は、嘉吉から嘉太郎（万延元／一八六六年生まれ）の代となっていて、嘉太郎の妹が亀三郎の妻ヨシヱでした。同家は愛媛県の多額納税者の一つに数えられる資産家で、塩田は大三島にも所有し、田畑は地元の越智郡以外に遠く周桑・周布郡（現、西条市）にも所有していました。

このため、明治二十九年に株式会社今治商業銀行（資本金二〇万円）が創立した際は、周囲に推されて矢野嘉太郎が頭取に就任しています。同行は、日清戦争後の今治綿業界の活況を反映して設立された地方銀行（二十九年の越智郡・野間郡の郡合併も影響）で、波止浜塩業界からも八木光三郎と今井新治郎が創立時の重役に名を連ねました。そこへ、ロシア漁業貿易商で財をなしつつあった亀三郎が、明治三十二（一八九九）年一月に同行の頭取に就任することになります。同行は、明治三十三年九月に株式会社今治銀行と合併して資本金を四〇万円とし、逐次増資を重ねて今治地方随一の銀行へと成長していきます（明治四〇年、資本金一〇〇万円／大正七年、同二五〇万円）。その途中、嘉太郎と亀三郎が頭取を交代する時期が一年余りありましたが（明治三十七年一月～同三十八年四月。嘉太郎の死去で再任）、昭和九（一九三四）年七月まで亀三郎は頭取に重任され、矢野本家・丹八木家も重役にいて波止浜財界の存在を放ち続けることになります。

一方の塩業界では、亀三郎が気を吐いた水産諮問会の翌年に塩業調査会が発足して、塩専売制に向けた議論が進められていくことになります。愛媛では、明治三十五（一九〇二）年十二月に県内の塩田地主・製塩業者・塩問屋業者の発展を目的に「愛媛県塩同業組合」が設立され、その組長に亀三郎が、副組長に多喜浜の藤田新治（藤田本家）が就任しています。この組織そのものは大した実績を残すことはありませんでしたが、愛媛の塩産地が一つになって業界の課題に向き合おうとしたことに意義がありました。

同じ頃、波止浜では明治三十五年五月に浜旦那らの出資で合名会社永保舎が設立されています。この会社は、塩田を買い入れてその賃貸を行う会社で、亀三郎と矢野嘉太郎は最も多い三〇〇〇円を出資しています。ちょうど同じ年、波止浜では四二軒あった塩田のうち、最後に築造された大浦浜（四二番）が造船用地に転換されることになりました。

ではなぜ、塩田一軒をつぶしてまで造船業なのか。明治三十年代以降になると、開港場・海軍基地・重要港湾ではない地方の港でも、ドライドック（乾船渠《かんせんきょ》）を備えた近代洋式造船所の建設が相次ぎます。これは日清戦争後の海運・造船ブームの影響によるものですが、大型汽船や西洋型帆船が内航海運業の主流となりつつありました。(注1) 波止浜周辺では塩田用石炭を輸送する船主が頭角を現す時期（波方船主など）で、来島海峡航路にも明治三十三（一九〇〇）年三月に中渡島《なかとしま》灯台、同三十五年四月に大浜灯台と鴻ノ瀬《このせ》灯標という三基の洋式灯台が同時期に整備されています。このため、船底修理を行えるドライドックや鉄工所を有する造船所が時代のニーズだったのです。ドライドックは、陸地を掘り下げて船の入る作業場をつくり、その入口に開閉扉を設けて水位を調整し、船を建造・修理する施設です。扉を開けて水とともに船を作業場に引き込み、扉を閉めて水を抜いてからドライの状態で作業を行いました。しかし、官営や財閥ならともかく、地方港でこの事業を行うにはそれ相応の出資金が求められました。

明治三十四（一九〇一）年一月十日付の海南新聞に、広島県因島（現、尾道市）の因島船渠株式会社の開業広告記事が見られます。同社は、土生《はぶ》船渠合資会社（明治二十九年創業）を改組・拡張し設立されたもので、土生船渠が持っていた大小二基の石垣ドライドック（三〇〇〇トン級と一八〇〇トン級）を継承しました。それぞれの全長は約一一三メートル・と約九一メートルで、因島ではこれに匹敵する造船所が他にも誕生しようとしていました。[注2]

波止浜では、浜旦那でもあった守田孫四郎が、波止浜湾の小浦に独力で小船渠を起工しようと企てます。それを知った矢野嘉太郎・八木光三郎・今井新次郎・西本熊十郎・亀三郎らは守田とも協議し、波止浜財界をあげた造船会社を設立し、因島船渠に負けない施設をつくることになりました。場所は丹八木家が所有する大浦浜を選び、そこから円蔵寺前一帯の海面を埋め立てて市街地と

「波止浜船渠のドライドック」（昭和10年代、石崎重久氏所蔵）

接続するという、港町再開発も兼ねたものでした。この造成工事で、石造灯明台がもとあった場所から少し移転されることとなり、亀三郎と嘉太郎がその費用を捻出したようです。この計画について海南新聞は、同三十五年二月十三日付の同紙で「近年、越智郡地方には弓削《ゆげ》海員学校（現、弓削商船高等専門学校）の設備あり波止浜海員公認所の設置ありて海事業務の発達せんとする気運あるに際し今また波止浜船渠の計画あり北予の将来は海事上大に見るべきものあらんなり」と大きな期待を寄せています。

こうして、明治三十五（一九〇二）年五月十二日、愛媛初の本格的な洋式造船所として、資本金四万円の波止浜船渠株式会社が誕生します。八木光三郎が代表取締役を務め、守田孫四郎・浅海辰次・矢野嘉太郎・今井新治郎らが取締役、亀三郎は監査役に就任します（後、亀三郎は取締役にも就任）。この石垣ドライドックは、設立から一年後に竣工したようで、三十六年四月に船渠工事の視察で逓信《ていしん》技師小島門弥が視察に訪れています。

同社が宣伝用に使った広告から、船渠の規模をうかがい知ることができます。構造は内船渠二基と外船渠からなる石垣ドライドックで、外船渠では一度に三隻の小型船を修理することができました。一号内船渠の規模は全長三八・一メートル、幅一五・二メートル、深さ三・六メートルで、二号内船渠は全長四七・二メートル、幅一五・七メートル、深さ三・七メートルでした。外船渠の規模は全長三八・六メートル・幅三八・一メートル・深さ二・七メートルで、大型船を修理する場合は内船渠の開閉扉を外して、内船渠と外船渠の両方を使って入渠させることもできました。規模では因島の造船所に劣りましたが、最大で一度に五隻が入渠できるというアイデアは、小型商船を多く所有する地元船主の要望に応えたものと思われ、船渠のそばには鉄工所・機械室・貯木場などが置かれました。同社は、船舶の新造・修理以外に船材の売買を目的とし、翌三十六年六月の第一期決算報告では当期利益金一三三六円を計上しています。「愛媛県農工商統計年報」によると、明治三十六年末に波止浜船渠は職工三〇人を有し（同三十八年は四六人）、明治三十年代後半で『愛媛県県統計書』に掲載される造船工場は同社のみでした。しだいに帆船の入渠が増えていき、明治三十九年には好成績をおさめたようですが、「船渠の規模が因島の造船所並みであれば、汽船の入渠がもっとあったであろう」と残念がる声も聞かれたようです。（注3）

（注1）八木本店旧蔵資料にも、明治二十八年十月に高知県の種崎造船所・橘金太郎が亀三郎へ宛てた西洋型帆船の見積書を確認できる。船体の用材の多くは松を用い、キール長さ八三尺（約二五・一五メートル）で代金は三二〇〇円と記される。

（注2）明治三十四年六月に設立された備後船渠株式会社（因島／三庄村）が、同三十七・四十年に二基のドライドックを完成させ、規模は一号ドックが全長一二四・二メートル・幅約二五・七メートル・深さ約七・二メートル、二号ドックが全長八九・一メートル・幅二〇・〇メートル・深さ五・五メートルであった。参考までに、明治三十七年七月完成の舞鶴海軍工廠一号船渠は、全長二〇六・七メートル・幅二六メートル・深さ一一・一メートルの規模を誇った。なお、明治三十四年一月に設立された因島船渠は、不況で同四十一年に閉鎖され、同四十四年に買収されて大阪鉄工所因島工場となり、日立造船へと継承されていく。大正時代の第一次世界大戦中は、同社因島工場は日本一の造船建造量を誇ったともいわれる。

（注3）第一期決算報告は、海南新聞記事の明治三十六年七月三十一日付に掲載。明治三十九年の好成績を示す内容は同三十九年一月七日の海南新聞記事に掲載。

⑤ 日露戦争と塩業界・水産業界の動向

明治三十七（一九〇四）年二月に始まった日露戦争が、国内塩業界に大きな変革をもたらします。戦費調達のため、塩の生産・販売・流通を専売制とする議論が巻き起こり、塩専売法が翌三十八年六月から施行されることとなりました。それまでの特権を奪われた業者の中にはこれに反対するものもいましたが、塩田地主にとっては塩田が安全資産として認識されるようになります。

塩専売法は国内塩業界の保護も謳《うた》っており、これまでの休浜を改めて、全国の小規模塩田や生産性の低い塩田を整理し、塩の需給バランスの調整を図ることとなります。この第一次塩田整理の実施が明治四十三・四十四年のことで、国内塩田六五〇〇か所・一七七〇㌶《ヘクタール》が整理され、瀬戸内海沿岸に全国面積の八六・六％が集中する結果となりました。県別面積では、上位から香川（一一二九町歩）・兵庫（九四二町歩）・山口（九三五町歩）・広島（五八一町歩）・岡山（四七七町歩）・徳島（四七五町歩）・愛媛（三二五町歩）と続きました。愛媛では、この整理で中予・南予の塩田がすべて整理されて消滅します。東予でも弓削島（現、上島町）や新居郡垣生《はぶ》村（現、新居浜市）などの一部の塩田が整理されましたが、優良塩田に位置づけられている波止浜は、四一軒すべての存続が認められました(注1)。

存続した塩田産地には、大蔵省の出先機関として専売局が設けられます。明治四十一（一九〇八）年に町制を施行した波止浜町には、坂出地方専売局の出張所庁舎が同年に新築されました（二〇〇八年解体）。場所は、波止浜船渠の開発で埋め立てた円蔵寺前の用地が当てられました。波止浜の塩業関係者は、塩専売法移行にともなって、それまでの波止浜塩産合名会社を解散し、波止浜塩合資会社を明治三十八年六月に設立します。会社の目的は塩・包装・材料・石炭・肥料の売買ならびに船舶貸借の紹介をなすというもので、一三名の浜旦那が持ち浜数に応じて一軒あたり五〇〇円を出資しました。当時の持ち浜数は、矢野嘉太郎から矢野本家を継承した矢野通保が七軒、丹八木の八木光三郎が五軒、今井本家の今井新治郎が五軒、八木亀三郎が二軒でした。（注2）矢野本家筋の矢野政栄三男の矢野通重（明治十六年生まれ）も、一軒所有して出資者の一人となっています。彼は明治三十九年に亀三郎の娘・房廼の婿養子となり、後に八木分家を立てて、亀三郎長男の實通（明治十八年生まれ）とともに八木亀三郎商店（後の株式会社八木本店）を支えることになります。

　亀三郎にとって不運だったのは、日露開戦によって、ニコライエフスクの漁場が被害を受けたことです。当時のロシア領内での漁業は、沿岸で建網を使ってサケ・マス・ニシンなどを獲っていて〝露領漁業〟とも称されました。八木商店の場合は、沿岸に塩蔵処理施設や漁具倉庫などを保有していたのです。塩蔵サケ・マスの輸入が八木の稼ぎ頭であっただけに、以下のような損害届を明治三十八年七月

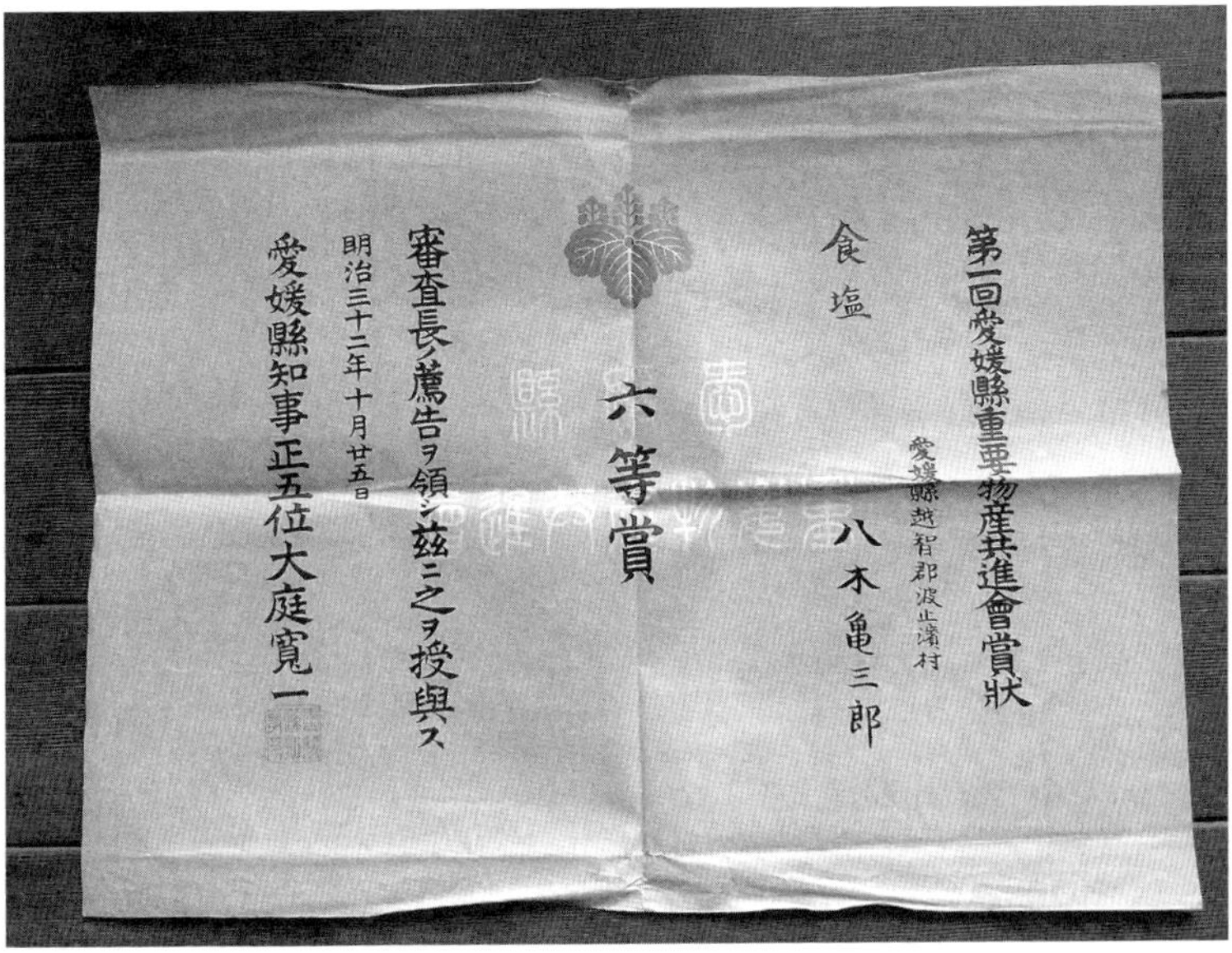

「第１回愛媛県重要物産共進会賞状／食塩６等賞」（明治32年）

二十五日付で主管政務局へ提出しています。

「愛媛県越智郡波止浜村一九七番　西仮利亜漁業貿易商　八木亀三郎／右ハ明治二十六年以来明治三十六年ニ至ル間　黒龍江河岸ニ於テ間断ナク漁業経営シ居候処　日露開戦ニ付直接蒙リタル損害別紙目録ノ通ニ御座候間　此段御届申上候也／明治三十八年七月二十五日　右八木亀三郎　外務大臣伯爵桂太郎殿／損害金高明細目録　一金四万七千百二十円也／損害金高　内訳　第一露人ゲン氏名義チックマンスキーパージ漁場設備財産左ノ如シ　一金二百八十円也　仮建築物四棟　一金八百円也　漁船十艘　一金三百円也　桟橋材…」(注3)。

これによると、亀三郎はロシア人から名義を借りて漁場を経営しており、設備も自ら投資した大がかりなものだったようです。また、亀三郎の漁場があるニコライエフスクから、波止浜村民の村上雅信がやっとの思いで明治三十七年十二月十五日に帰国を果たすのですが、その報告会が同月二十九日に今治基督《キリスト》教会堂にて開催されています。彼は開戦後、ウラジオストクの日本領事館経由の帰国がかなわず、同胞七〇〇余名とともにアメリカ公使の斡旋によって、ドイツを経て帰国を果たします。

村上が明治二十六年以来、日露貿易に従事していたことで、その体験談を聞くため今治商工会でも懇話会を企画し、その開く旨の内容が明治三十八年一月一日付の海南新聞に記されています。おそらく、彼は八木商店に勤務する通訳士と思われ、ウラジオストク進出とともに現地へ赴任したのでしょう。同月二十八日付の同紙によると、彼は郷里で十分な休養をとることなく、二十五日には第六師団司令部付通訳として門司に向けて出発しています。そして出征途中に熊本で八木商店所有の汽船「樺太丸」を見た旨、軍事郵便で亀三郎のもとへと送っています。樺太丸は兵士や物資の輸送を目的に、明治三十七年七月から同三十八年六月まで約一年間、陸軍に徴用（傭船《ようせん》）されていました。

終戦後のポーツマス条約によって日本は南樺太をロシアから割譲しますが、南樺太・日本海・オホーツク海・ベーリング海沿岸の露領漁業権も得ることになります。当時、これらの海域は世界三大漁場の一つにも数えられ、賠償金を得られなかった講和条約にあって、南満州鉄道とともに重要な経済的利権といえるものでした。新たに獲得した漁業権の細目については、明治四十（一九〇七）年七月に調印された日露漁業協約によって定められることになります。その内容は、競売によって貸し下げられた漁区で、漁獲・製造を行う場合、日本とロシアの経営者は、税金ならびに労働者の雇用について平等の扱いを受け、日本へ輸出する場合は輸出税をとらないと規定し、有効期限は一二か年ということでした。そしてこれに合わせて、翌四十一年十月下旬に「露領沿海州水産組合」（後に露領水産組合に改組）の創立総会が東京で開催されています。総会の関係者・企業の総数は一一八で、実際に出席したのは七五人、委任状を提出したのは四一人と二つの企業でした。地域別に組合員数を見ると函館（三四）・新潟（二四）・富山（二四）・東京（一三）・愛媛（六）・小樽（三）・愛知（三）・石川（三）・山口（二）・静岡（二）・兵庫（一）・神戸（一）・長崎（一）の順で、愛媛の関係者で出席したのは亀三郎ただ一人でした。組合設立の目的は「沿海州方面の出漁者・買魚者・製造業者など関係者が一致団結して、ロシア漁業者たちとの関係を円満にすること」にあったようで、その旨が定款《ていかん》の総則に記されたようです。また定款に基づき、亀三郎は七名選任された同会役員の一人・評議員に選ばれています。(注4)

八木本店旧蔵資料には、この会合に先立って島田元太郎が函館の宮川仲五郎（八木商店社員）に宛てた書簡が残っています。島田はニコライエフスク在住の島田商会店主で、亀三郎とは明治二十五年以来親交があり、八木商店の現地買魚事業の協同者といえる人物でした。(注5)彼もまた同組合員の一人で、自らは会合に参加できないので、宮川を通じてその思いと委任状を亀三郎に託したようです。

その文面には「旧来の漁業家を多数上京せしめ其既得の権利を擁護する事に努められたく」とあり、営業方法の異なるカムチャッカ・オホーツク方面と同一規約のもとで一括りにするのではなく、ニコライエフスクは黒竜江組合か水産組合黒竜江支部とするなどして、現地の実情に合わせた仕組みづくりを要望しています。そして、現地の事情に最も精通する亀三郎には、その会長や支部長を引き受けてもらい、その組合支部の事務所は島田商会を使ってもらって構わないとのことでした。その意向が反映されてか、組合は東京・函館・新潟・富山・ニコライエフスクの五区に地域が分けられました。また、商売にしたたかな島田は、その書簡の最後に、韓国鎮南浦《ちんなんぽ》龍井町在留の吉田順之に対して、試売用の塩鮭を送って欲しい旨を記し、夏鮭五〇本・秋鮭五〇本、鱒も在庫があるようなら五〇本と記しています（ニコライエフスクは、冬場は港や湾内が氷で閉ざされるため、夏と秋がサケ・マスの漁期であった）。

八木商店では、その後も新しい制度のもとでニコライエフスクを拠点に漁業活動と塩蔵鮭の輸入を続けたようで、八木本店旧蔵資料の「尼港漁業経営年度表」（大正十二年作成）によると、明治時代から大正二（一九一三）年までは五号・六号・オリメフ・トネーパフ・プイル・プロレケなどを経営していたと記されています。また『函館市史』統計資料編には、明治四十四年から大正二年にかけて函館に拠点をおくサケ漁業者として、八木亀三郎・八木實通・八木栄十郎ら計九名の愛媛県人の名前が記されます。栄十郎は波止浜の八木光三郎の子で、造船業・醸造業・製塩業を手がける丹八木家も、北洋漁業への事業拡大を図っていたようです。このころ八木商店では、亀三郎の娘婿・八木通重が、明治四十四年ころから大正三年までニコライエフスクでサケ漁業に従事していたことが分かっています。(注6)

明治四十二（一九〇九）年二月九日、通重は最愛の妻である房廼を、一年志願兵で第五師団経理部に入隊するさなかに亡くします。第二子の長男・眞中が同年一月二十一日に誕生した喜びも束の間、産後の肥立ちが悪く、房廼は二七歳の若さで天寿を全うしたのです。さらに眞中も、その後を追うように八月二十七日に亡くなります。房廼の臨終の模様については、今治教会牧師・露《つゆ》無《む》文《ぶん》治《じ》の追悼文が明治四十二年三月一日発行の教会機関紙『南海之光』に寄稿され、「（前文略）時に体温四十二度三分の最高点にのぼり全身さながら烈火のうちに燃《もゆ》るの感あるも更に悶え苦《くるし》むことなく、よく忍び難きを忍び、耐え難きを耐え、其間潔くして楽しき讃美第二百四十九番をうたふことを求め、〈主よみもとに近《ちかづ》かん、のぼるみちは十字架よ、ありともなどかなしむべき主よみもとにちかづかん…〉而《しか》して将《まさ》に此世《このよ》を去り慈愛深き天父のみもとに立帰《たちかえ》らんとするに臨み有《ある》だけの声を絞出《しぼりだ》して祖母、両親、主人、兄弟、長女、看護婦等の名をよび、愛する骨肉と病中親切なる介抱を受《うけ》し人々を残らず枕辺《まくらべ》に集め、涼しき両眼をパッチリと開き微笑を含んで最終の別《わかれ》を告げ、間もなく宛《あたか》も眠るが如く安く現世の寄留地を離れ楽しく来世の原籍に帰りぬ…」と、亀三郎家の悲しみを伝えています。

これは亀三郎にとって、子孫繁栄の希望を打ち砕く悲劇そのものでした。それだけに、明治四十（一九〇七）年九月に誕生していた長女・千菊を寵愛することで、癒しに代えていきました。同四十一年十月の八木商店の記録に、千菊丸という船名が記されることからも、その思いが伝わってきます。通重が深見禹《う》之助の長女と再婚すると、亀三郎は千菊を引き取って自らの養女として育て、實通夫妻も千菊を升八木家のお姫様のように溺愛します（周囲は千菊嬢とも称した）。實通は明治四十年に矢野本家の矢野嘉太郎次女・幾野（通保の妹）と結婚するも、夫婦生活は長くは続かず、再婚で得た後妻・松枝（内田友政の次女）との間にも子宝には恵まれませんでした。

（注1）つづく第二次塩田整理は昭和四・五（一九二九・三〇）年に実施され、これは植民地の朝鮮・台湾や中国関東州から大

量に輸入される安価な天日塩に対応したものだった。この整理で国内塩田の一一五九㌶が廃止され、瀬戸内の十州塩田が全国面積に占める割合はさらに増えて九三・六％となる。

（注２）坂出市塩業資料館所蔵『波止浜製塩高台帳』（明治三十八～大正九年）を参照。同資料は、かつて大蔵省坂出地方専売局波止浜出張所に所蔵されていたものである。

（注３）「外務省記録」5-2-17-0-21_011「日露戦役個人損害関係法律並ニ勅令ニ基ク救恤金関係雑件」第一〇巻を参照。

（注４）麓慎一「露領沿海水産組合の成立について―郡司成忠を中心に―」『環東アジア研究』No.一〇（二〇一七年三月）を参照。亀三郎以外の愛媛県人の組合員は、宮川仲五郎・八木栄十郎・野間信凞・石崎兵太郎であった。

（注５）島田が日露戦争の混乱期にニコライエフスクを不在としていた際、八木商店のはからいで店員は本国帰還を果たすことができたようで、その礼状が八木商店へ届いている。また、明治四十（一九〇七）年十一月、島田商会は創立十周年の感謝状を八木亀三郎に対して送っている。

（注６）『海南之新人物』（大東通信社／一九二三）を参照。

〈コラム２〉日露戦役の軍事郵便

八木本店旧蔵資料の中には、感謝状や礼状が多く見られますが、従軍兵士が戦地や病院から送った軍事郵便（封書・葉書）一一三通が含まれていることも分かりました。日露戦争中（明治三十七～三十八年）のものが四四点、日中戦争中（昭和十三年頃）のものが六九点確認できました。（注１）

日露戦争のもの（差出人二一名）は、第十一師団（四国／香川県善通寺）に所属する歩兵第二十二連隊（松山）の兵士が多くを占め、八木・田窪・藤原・鳥生《とりう》・木原・阿部・柏木・河野らの姓から判断すると、彼らは八木亀三郎の地元・波止浜《はしはま》村出身者と思われます。当時、亀三郎は日露貿易漁業商を生業とする実業家で、村長経験者でもあることから、地元出征兵士の慰問やその家族の支援をはかる「波止浜報効勤倹会」の幹事長を率先して引き受けたのでしょう（海南新聞記事には〝会長〟と記される）。手紙の中には、餞別《せんべつ》や慰問品への感謝の言葉が綴られていました。当時の慰問品としては、郷里をしのぶ新聞や雑誌が兵士たちには喜ばれたようです。

この四四通のうち、亀三郎の甥・八木安一郎（常吉の子）が最も多い一二通で、他に田窪貞吉（六通）・田窪倉吉（五通）・八木晃一郎（二通）・河野芳太郎（二通）らが複数通確認できました。

二十二連隊といえば、旅順要塞《ようさい》攻防戦で重傷を負い、その体験記を『肉弾』に著した桜井忠温《ただよし》（松山市出身）が旗手だったことでも知られる部隊です。明治三十七（一九〇四）年十二月に小林與三郎から届いた手紙は、香川県の善通寺予備病院から投函されています。與三郎は十月十二日に三塊石山《さんかいせきざん》から歪頭山《わいとうさん》に向かう突貫に際して負傷し、内地へ搬送されました。このため、入れ違いで戦地へ届いた亀三郎からの手紙が病院へ転送されたようで、感謝の気持ちが綴られていました。田

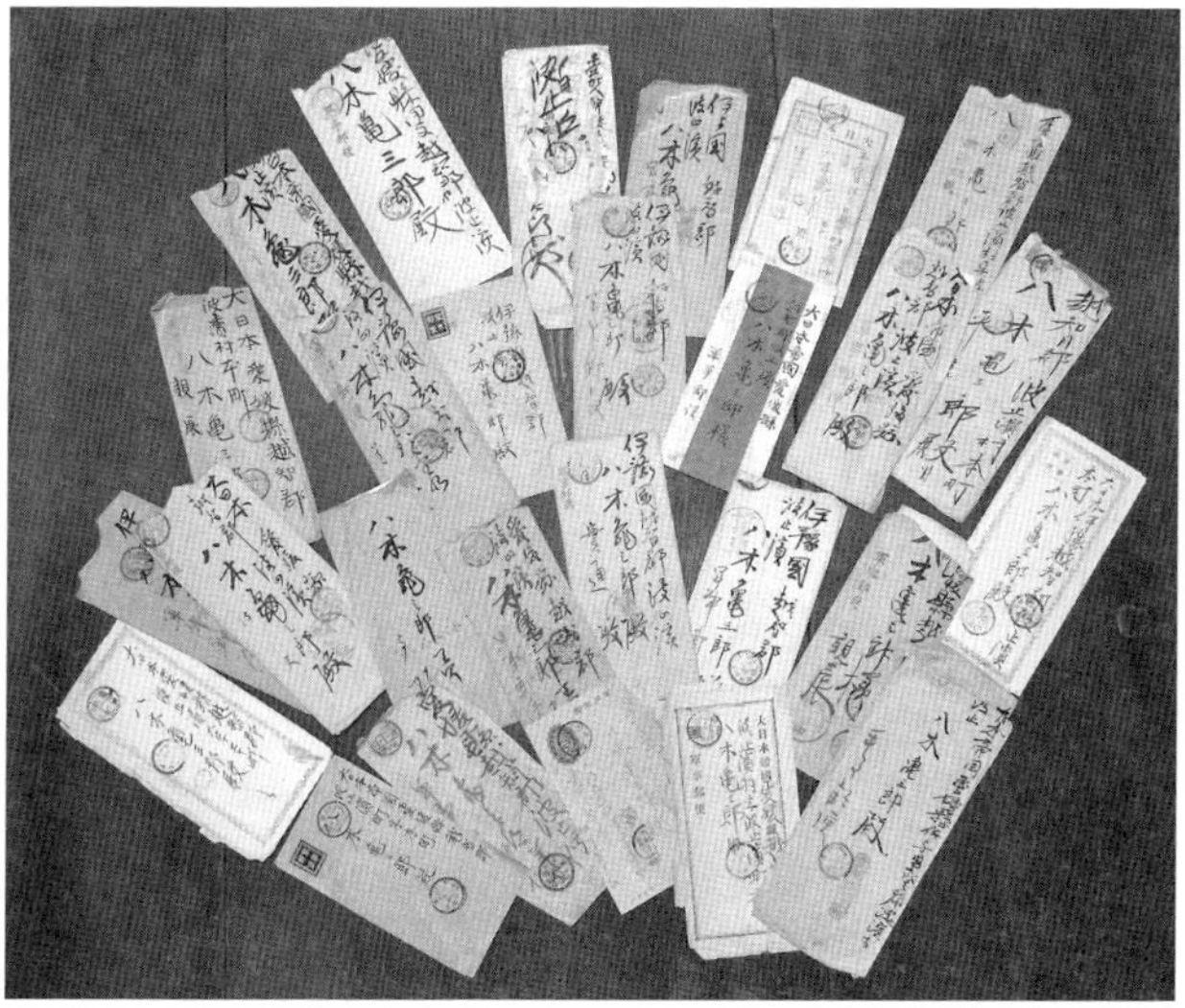

「亀三郎へ届いた軍事郵便」（明治37 ～ 38年）

窪倉吉の同三十七年九月二十四日付の手紙も、善通寺予備病院からの投函となっています。同三十八年一月七日付の八木晃一郎の手紙には、自ら〝決死隊〟となって負傷し、賞詞を賜った内容が記されています。

明治三十八年一月十二日に八木安一郎が叔父の亀三郎に宛てた手紙には、安一郎の目に映った十二月十八日以降の旅順要塞攻防戦の概況報告が記されています。激戦を物語るかのように、追伸の項目には、これまで生死不明となっていた波止浜村の中本久吉・曽我竜次・藤原元吉・鳥生為吉の名が記されています。どうやら、一月五日に死体が発見され戦死と認定されたようです。実際、戦死から数か月たって遺体や死亡が確認されることも多かったようで、兵士の家族にとっては戦況もさることながら安否が気がかりでした。旅順要塞の降伏（陥落）は同三十八年一月一日のことですが、第三軍一月九日消印の田窪貞吉が亀三郎へ宛てた手紙には、「ご承智《（ママ）》（承知）の通り東鶏冠山《ひがしけいかんざん》及び各砲台占領致し二日午後五時頃旅順方面各砲台に白旗を立《たて》長く旅順も陥落致し…」と記されています。

一方、波止浜出身で通訳担当の兵士もいました。八木亀三郎商店のニコライエフスク支店で通訳を担当していたであろう村

「田窪貞吉からの手紙」（明治38年１月）

上雅信は、開戦の煽《あお》りで帰国がままならず、米国公使の斡旋でドイツをへて明治三十七年十二月十五日に帰国したばかりでした（海南新聞記事）。しかし間もなく召集され、後備歩兵第十四旅団司令部付の通訳として戦地へ赴くことになります。その雅信が同三十八年二月二十四日に戦地の中国から亀三郎へ宛てた手紙には、二月八日に熊本から海路で遼東へ向け吉林丸で出港する際、軍の御用船（病院船）として出港する八木商店所有の樺太丸を目撃したと伝えています。速力の遅い樺太丸は、数時間したら姿が見えなくなったようです。本船は貨客船でしたが、大正十三（一九二四）年以降は蟹工船に艤装され、わが国の母船式蟹《かに》漁業の先駆けとなる八木商店の宝船でした。

なお、日露戦争当時、波止浜村には陸軍芸予要塞《ようさい》の一つである来島要塞が、来島海峡の中央に位置する有人島の小島《おしま》に置かれていました。(注2) 豊後水道を抜けて瀬戸内海に侵入してくる露国バルチック艦隊を想定して、明治三十二（一八九九）

「来島要塞中部堡塁の遺構」（今治市小島）

年三月に着工し、同三十五年二月に竣工しています。備砲の完了が明治三十五（一九〇二）年七月のことで、同年九月末には中部堡塁《ほるい》に設置された二八《チ》センチ《セン》榴弾砲《りゅうだんほう》の射撃演習が実施されています。このときばかりは、波止浜市街各戸の障子戸が振動でぶるぶる震えたそうで、ひとたび要塞が設置されると周辺地域は要塞地帯法の制限を受けて日常生活に支障が生じることもありました。戦時中は小島に兵士が駐屯していたようですが、戦況の変化で二八《チ》センチ《セン》榴弾砲六門はすべて撤去され、このうち二門は二〇三高地攻略のため現地へ移設されることになりました。もちろん、そうしたことを地元住民は知らず、波止浜出身の出征兵士たちも知ることはなかったでしょう。

日露戦争は旅順要塞の攻略で多くの犠牲者をだしたことで知られますが、その縮図を亀三郎のもとへ届いた軍事郵便からもうかがい知ることができます。とりわけ波止浜には要塞も置かれたことで、住民はより身近に戦争を感じたことでしょう。地方紙の海南新聞でも、戦死者・負傷帰還兵などの情報が随時掲載され、中には遺骨さえ戻ってこない兵士もいたようで、招魂祭（慰霊祭）は町や村をあげて盛大に執り行われています。亀三郎は地域名望家としての務めと並行して、ロシア領内にある自社の経営拠点にも気を配らなくてはならず、勝利を信じて早期の戦争終結を願っていたことでしょう。

（注1）日中戦争の軍事郵便には、すべてが亀三郎が贈った慰問袋（慰問品）に対する礼状で、戦況を簡単に記したものも確認できる。慰問袋には提供者の住所・氏名が記されるため、こうした礼状が返ってきたようだ。差出人の所属部隊は、中支派遣軍の牛島部隊・野副部隊・岩元部隊・樽川部隊・畑部隊・小関部隊・中崎部隊・徳田部隊・柳川部隊・尾崎部隊などが確認できる。海軍は軍艦球磨・第九潜水隊伊号二十四潜水艦・第十一掃海隊・上海海軍特別陸戦隊などで、一人だけ自身の肖像写真を添えているものもあった。昭和十二年十二月に、亀三郎は陸軍恤兵部から慰問袋一三五個

に対する感謝状を、海軍大臣から海軍将兵慰問の恤兵品寄付に対する感謝状をそれぞれ送られている。

（注2）布刈《めかり》瀬戸の大久野島《おおくのしま》要塞（現、広島県竹原市）と併せて〝芸予要塞〟と呼ばれた。来島要塞（来島海峡の要塞）という呼称が正しいが、地元では〝小島砲台〟という呼称が一般的である。これらの要塞は、双方が数奇な運命をたどったことでも有名だ。大正時代に芸予要塞が廃止決定となると、来島要塞は原眞十郎町長を中心に軍・政府への払い下げ運動を実施している。来島要塞は、大正十五（一九二六）年に陸海軍共同の飛行爆撃演習の標的となり、要塞としての役目を終え、昭和二（一九二七）年に波止浜町への編入が実現している。原は大正十三年十二月開業の国鉄波止浜駅開業に合わせて、市街背後の丘陵（妙高山）に波止浜公園を整備し、小島を町の第二の公園に位置づけて観光振興をはかるねらいがあったようだ。この甲斐もあり、明治時代に築かれた要塞にあって、小島砲台の保存状況は国内でも群を抜いている。

一方の大久野要塞は、陸軍がさらに用地を買収して毒ガス工場を設け、一時は〝地図から消えた島〟ともなったようだ。太平洋戦争後は一部の施設がＧＨＱによって破壊され、健康被害確認のためウサギが野に放たれた。安全が確認されると、風光明媚な景観を生かして国民休暇村の宿泊施設が設けられ、さらに毒ガス記念館も設置されて〝毒ガスの島〟として平和学習の場ともなった。これが平成二十年代以降のＳＮＳの発達によって、数を増やした野生のウサギに光が当たり、現在では〝ウサギの島〟として人気の観光地に変貌を遂げている。大久野島へは、竹原市忠海港と今治市盛《さかり》港からフェリー・高速艇でアクセスすることができる。

第三章　愛媛有数の実業家への躍進

① 今治財界と波止浜財界

明治二十九（一八九六）年に愛媛県の越智郡と野間郡との合併が決まり、越智郡に統一されました。それは、綿業を基幹産業とする今治財界と、製塩業を基幹産業とする波止浜財界の融合を意味し、その象徴的存在が今治商業銀行でした。同行は両郡合併を契機に誕生し、前身である今治融通株式会社（明治二十五年創業）を改組したものです。このため、重役には両財界の雄が名を連ね、その中でも一歩抜きんでた実業家に頭取の八木亀三郎がいました。

明治四十五（一九一二）年一月六日、同行は創業二十周年の祝典と本店新築行舎の落成式を挙行し、来賓だけでも八〇〇名を超える賑わいを見せました。この席上で、亀三郎は頭取として演壇に立ち、挨拶を行っています。当時の同行は、資本金一〇〇万円（払込金七〇万円）・積立金二〇万九五〇〇円の規模を誇り、新築された本館は一一八坪で工費二万七二〇〇円、金庫七坪で工費四二五〇円、文書庫一二坪で工費一七五〇円、日本館二五坪で工費三七五〇円、敷地代金一万一〇〇〇円という豪華さでした（本店住所は今治町大字風早町）。

この年は、亀三郎にとって多忙な一年となります。松山市に続いて今治町でもガス会社の創設機運が高まり、商工業の盛んな今治地方では三つのグループが相次いで申請の手をあげたのです。亀三郎が属するのは、福沢桃介をリーダーとする矢野通保・八木栄十郎・八木雄之助・深見寅之助らの波止浜財界のグループでした。福沢は日本瓦斯《がす》株式会社の社長で、全国各都市のガス会社設立に尽力したことで知られます。これに対して、阿部光之助・楠岡増平らの愛媛水力電気会社のグループと、矢野吉太郎・八木春樹・丹下辰雄・村上紋四郎らのグループがいました。今治財界は三つに分裂し、亀三郎らのグループには岡田恒太・麓常三郎らの綿業関係者がいました。三派は不利益な競争を避けようと二月に交渉を行い、共同で株式会社を組織することになり、各派より亀三郎・村上紋四郎・阿部光之助の三名が創立の常務委員に選ばれました。そしてひとまず同月十四日、今治町大字今治村へのガス会社設置願いを阿部光之助名義で今治警察署へ提出しています。(注1) 阿部光之助は、〝今治タオルの父〟と称される阿部平助の実弟で、その経歴は今治有数の綿織物会社・阿部合名の重役、伊予綿練同業組合長、今治商工

「今治城跡より眺める今治市街地」(絵葉書より)

会会長、愛媛水力電気会社社長、今治町長、愛媛県会議員（議長）と多彩で、今治財界のドンといえる存在でした。こうして、明治四十五年六月十日、愛媛県知事から福沢桃介ほか一五名に、今治瓦斯株式会社のガス供給・営業・工事の施工が認可されました。

今治瓦斯会社設立の一方で、この年は五月十五日に第十一回衆議院議員選挙投票日が予定されていました。村長や郡会議員経験のある亀三郎は、一期だけ愛媛県会議員を務めたことがあり（明治三十一年十一月～同三十二年九月。補欠選挙）、明治三十三年九月に立憲政友会が創立した際は、同年八月に本部からの案内状が届いています。同党は地方財界の支持を集めたようですが、亀三郎もその一人だったのでしょう。この第十一回衆議院議員選挙に当たり、立憲政友会愛媛支部では、支部公認候補五名のうち最後の一人を亀三郎にしようと画策します。ところが、本決まり寸前に本人がこれを辞退し、五人目の候補者は西宇和郡の矢野荘三郎に決まります。これは海南新聞デスクも予想外の出来事でした。慌てた越智郡政友会派では、五月六日に急きょ会合を開き、周桑郡の元県議・青野岩平を候補に立てます。混乱の責任を感じた亀三郎は、その日から毎日事務所に詰め、先頭に立って東予地域で選挙運動を展開。十一～十三日にかけては、ほとんど寝食を忘れ支援活動をする様子が海南新聞でも紹介されています。結果は落選となりますが、岩平は越智郡・周桑郡・新居郡では次点の票をそれぞれ獲得しています。[注2]その後、岩平は大正元（一九一二）年に庄内村信用購買販売生産組合長に就任し、昭和十九（一九四四）年に辞任するまでの三十年余りを組合の発展と農民の福利厚生に尽くします。晩年は医療利用組合周桑病院（現、西条市立周桑病院）の設立を成し遂げ、大きな足跡を残したことで知られます。[注3]亀三郎が選挙支援に没頭したのは、こうした岩平の人柄に惚れ込んでのことかも知れません。

亀三郎が公認候補を辞退した理由は分かりませんが、ガス会社設立の主導権争いをめぐっては、亀三郎らの政友会と阿部光之助らの憲政会の政争も絡んでいたとも伝えられます。(注4) 今治財界は明治三十九(一九〇六)年九月に今治電気株式会社を設立し、翌四十年十二月から蒼社川上流の長谷発電所において水力発電による電力供給を始めていました。同社は西条の加茂発電所(大正三年竣工)の営業権利も編入して、同四十四年には愛媛水力電気株式会社となっていました。この社長の座に君臨したのが光之助で、水力と並ぶ新たなエネルギーとしてガスを取り込むのは当然の成り行きでした。しかし、ガス事業を手に入れたのは波止浜財界で、正式に今治瓦斯株式会社が設立されるのは大正元(一九一二)年十一月のことでした。一五名の発起人で設立総会を開き、資本金を二〇万円として亀三郎が代表取締役に就任します。ガスの供給は翌二年五月から始まりますが、重役陣は八木雄之助・深見寅之助・矢野通保・八木栄十郎ら波止浜財界が占めました。寅之助については、今治藩御用商人・深見家の系譜を引き、同家は伯方島の塩田・古江浜の開発に功労があり、その浜旦那や石炭問屋として財をなして

「今治瓦斯株式会社」(大正9年発行、今治市街地図より)

いきます。県会議員を四期務めたあと、大正九年五月から衆議院議員を一期（大正十三年一月解散）務めますが、同じ政友会支持者の亀三郎に対し、定期的に政局を伝える手紙を送っています。

大正時代になると、今治綿業界は機械化の導入が進み、動力源を蒸気機関からガスエンジンへと切替える会社も増えていきます。こうして、波止浜財界と今治財界が切磋琢磨するなかで、今治地方の産業革命は成熟していきます。〝四国のマンチェスター〟の呼称が一般化するのもその頃のことでした。

ただ、一般家庭や工場へのガス普及は思うように進まず、第一次世界大戦の影響で原料石炭と鉄材が高騰して今治瓦斯の経営を圧迫していったようです。このため、いったん波止浜まで敷設していたガス管を地中から掘りおこし、販売することで急場をしのぎます。経営難は全国各地のガス会社も同様で、今治瓦斯に資本参加していた福沢桃介は撤退を申し出て、経営陣はこれを了承します。亀三郎は大正八（一九一九）年六月に社長を八木雄之助と交代し、同九年より製氷事業を始めて経営の立て直しを図っています。本格的な再建は、大正十四（一九二五）年六月に深見寅之助が社長、滝勇が専務になって以降で、これを機に亀三郎は取締役を辞任しています（後、滝が社長に就任して、四国他社のガス会社との合併を図り、現在の四国ガス株式会社のもとを築き上げる）。

（注1）今治ガス会社創立の動向は、明治四十五年二月十一・十四・十六日付の海南新聞記事を参照。

（注2）亀三郎が公認候補と目されつつも、辞退によって越智郡政友会派が青野岩平を候補に担ぐ様子や選挙運動で亀三郎が奮闘する様子については、明治四十五年四月二十七日、五月九日・十五日付の海南新聞記事を参照。

（注3）岩平（一八七二〜一九五九）は、明治三十四年から同四十四年まで庄内村長、明治三十六年から同四十四年まで県会議員を務めた。岩平の頌徳碑は西条市壬生川の周桑病院にあり、胸像は西条市旦之上の庄内公民館にある。

（注4）『四国瓦斯株式会社五十年史』（森光繁編／四国瓦斯／一九六二）二四〜二五頁を参照。

②八木實通の南洋貿易

今治政財界で、亀三郎が着実に確固たる地位を築こうとするなかにあって、子息・實通も父親譲りの実業の才が花開こうとしていました。實通は松山中学（明治三十七年卒業・十二期生）をへて慶応大学政治経済学部を卒業後、陸軍一年志願兵として第五師団（広島）で兵役を積み、大正五（一九一六）年当時は予備役の輜重兵《しちょうへい》少尉となっていました。輜重兵とは、軍需物資の輸送に関係する兵士で、家業の海運業にふさわしい教練といえました。そして實通が大望を抱いたのが、大正三年に勃発した第一次世界大戦によって、欧州からの輸入が途絶えた蘭領東印度諸島（旧オランダ領）でした。日本は南洋ドイツ領の島々を影響下におき、大戦景気に乗って南洋貿易の販路拡張に期待が膨らみました。明治二十年代に亀三郎がロシア沿海州を商業視察したように、實通もまた退役後に沿海州・満州・蘭領印度諸島を視察旅行し、その風土や貿易の実状を細かく分析しています。とりわけ、インドネシアのジャワ島とセレベス島（現、スラウェシ島）に注目したようで、そのレポートを三〇歳のとき、著書『爪哇《ジャワ》とセレベス』（東京進省堂）として大正五年五月に出版しています。

この旅行を支援した諸氏として、八代六郎海軍大将を筆頭に愛媛県出身の松木幹《かん》一郎・池田龍一・船田一雄・矢野通保（實通の従兄弟）らの名前が「自序」に挙げられ、出版の口絵は今治出身の日本画家・大智勝観（当時三四歳）が筆をとっています。その多くは、亀三郎の人脈によるものでした。八代は、明治二十年代に二年間、軍事上の観点からウラジオストクに出張したことがあり、この実績を買われて明治二十八年から三年間、駐ロシア公使館附武官を務めたようで、亀三郎との親交はその時に生まれたものでした。松木は逓信省・鉄道院経験のある元官僚で、亀三郎が予讃《よさん》鉄道会社創立に向けた資金募集活動を行っていた大正五年、これに同調して支援をしています。同年十二月に山下汽船会社総理事となった際は、就任の挨拶状を亀三郎のもとへ送っています（松木は後に台湾電力社長に就任）。池田もまた、予讃鉄道会社創立に向けた資金集めの際、亀三郎に財界の要人を紹介するなど便宜を図っています。船田は、後に三菱商事会長・三菱合資会社理事長となる実業家（愛媛県上浮穴《かみうけな》郡出身）で、實通の南洋視察は亀三郎の意図を汲んだ新規開拓事業の位置づけがあったのかも知れません。

　これに合わせて八木商店では、南洋貿易部を社内に設け、神戸にも出張所を置きました。また、出版を記念してか、同年五月に勝観を波止浜へ招き、實通と通保が勝観をともなって百島で舟遊びをしたようです。（注1）この著書出版の影響か、實通は南洋事情に詳しい識者として、その年の七月十・十一・十二日付の海南新聞記事に三日連続で「八木實通氏南洋旅行談」が掲載されるほどでした。同著では、読者に南洋貿易をいざなう一方、實通自身もこれに向けた準備に奔

「實通のスケッチ帳」（大正６年、大智勝観との舟遊びを描写）※（注１）

走します。出版に先立つ四月には食塩（国内塩・台湾塩）、五月には開鱈《たら》を試売用に南洋航路定期便にて現地の代理店へ送っています。

八木本店旧蔵資料からは、實通が蒐集《しゅうしゅう》したセレベス島等の南洋地図一式以外に、市場調査に関係したメモや業者・代理店と交わした書簡など、初動の活動を示す大正五年の南洋貿易資料が数多く見つかっています。そこでは初めての取り組みのため、準備にエネルギーを費やした様子がうかがえます。この貿易自体は、景気が失速する大正九年以前に終了したようで、二度の往復航海までは資料の確認がとれますが、『南洋貿易受渡帳』には大正七（一九一八）年七月までの記載しかありません。(注2)

その準備の一端を紹介すると、例えば輸出品取引業者の選定にあたって、ご当地の商工会議所や興信所に問い合わせをし、照会された商店や工場から見本の取り寄せや情報収集を行っています。綿製品については、今治町別宮《べっく》の矢野綿練工場から情報の提供を受けますが、見本を取り寄せた結果、主に白ネル・藍棒などの綿ネルは同社のものを、大正布と呼ばれる綿布（木綿立縞織）は興業舎の商品を取り扱うことになったようです。(注3) 両社ともに今治有数の綿織物会社で、矢野綿練の前身の会社は亀三郎が出資にかかわったこともあり、この交渉は経営者・矢野通直と縁戚にあたる八木通重が交渉にあたっています。一方、タオルについては、今治の塚本合名会社から無地の白タオル二種

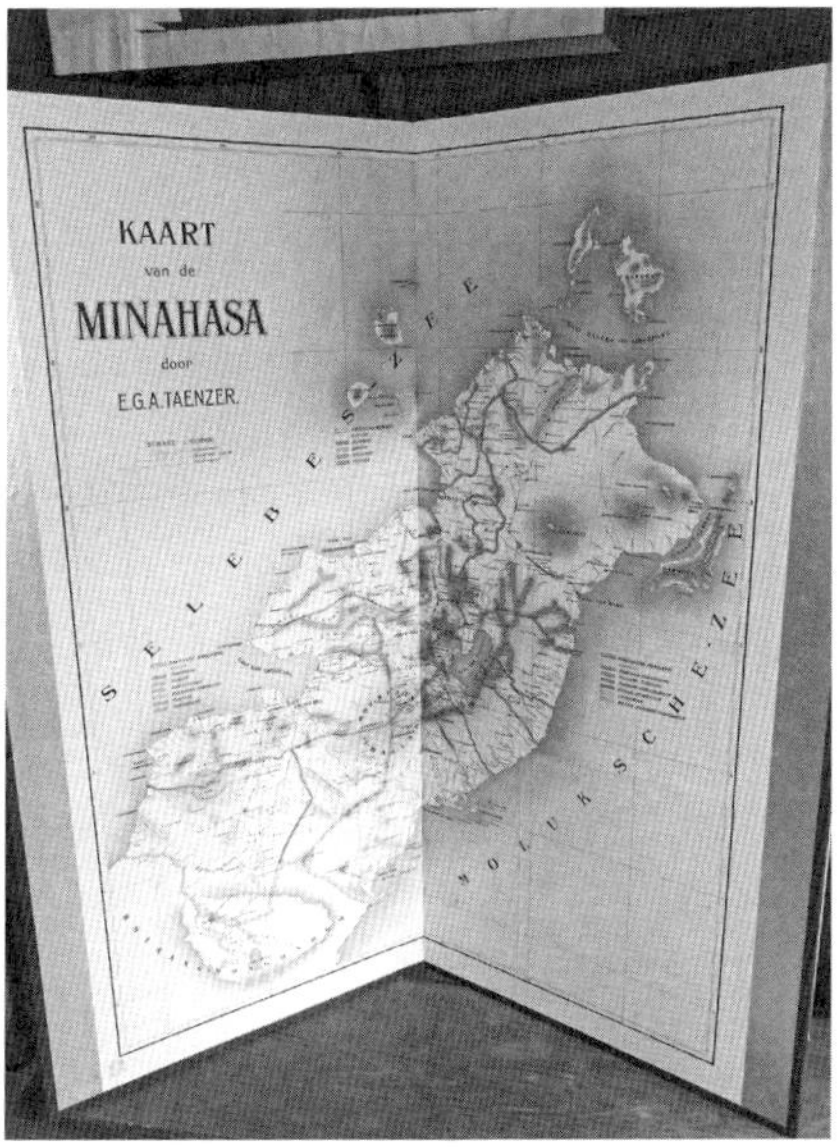

「實通が蒐集したセレベス島地図」
（現在、屏風に仕立て展示資料）

類「巾《はば》二〇吋《インチ》（五〇《センチメートル》）×丈《たけ》四〇吋（一〇〇《センチメートル》）／目方　打《ダース》三八〇匁《もんめ》（一四二五《グラム》）」（仕入値／一打一円七八銭）・「巾二四吋（六〇《センチメートル》）×丈四八吋（一二〇《センチメートル》）／目方　打五五〇匁（二〇六二・五《グラム》）」（仕入値／一打二円五八銭）を見本として取り寄せするも、この寸法は白地のみで紋様の入った縞物がなく、値段が予算よりも高値だったことで断念しています（一吋は二・五《センチメートル》、一匁は三・七五《グラム》）。このため、白地のタオルは地元産をあきらめて、大阪の岡橋株式会社から見本を取り寄せます。見本だけでも六種類あり、巾一三吋〜一八吋（三二・五《センチメートル》〜四五・〇《センチメートル》）、丈二八吋〜四〇吋（七〇・〇《センチメートル》〜一〇〇・〇《センチメートル》）で今治よりも小ぶりで、目方は一打一三五匁〜三〇五匁（五〇六・二五《グラム》〜一一四三・七五《グラム》）と軽く、仕入値も一打六七銭五厘〜一円四六銭と安いものでした。紋タオルについては、当時の今治には製織場がないことで、こちらも大阪の河内喜代松商店から尺六紋タオルを四種類（梅の花のような織出模様）見本で取り寄せ、岡橋の見本と併せて山田商店へ送っています。最終的に、タオルは岡橋・河内の泉州産を採用したものと思われ、西洋タオルとして南洋へ輸出されることになります。

タオルに関しては、この時点では製織の技術や輸出の取り組みにおいて、泉州産の方が今治よりも先進的だったようです。以上のような往復書簡のやりとりや見本品の取り寄せ・発送を大正五年六月〜七月に頻繁に執り行い、この陣頭指揮に立つのが實通でした。また、その實通をサポートするため、三浦玄三という人物が池月丸の配船や船長の人選などで亀三郎と同年六月から八月にかけて連絡を取り合っています。玄三（明治十六年生まれ）は一等航海士の免状を有する八木商店の船長で、しだいに同社で重要な職務を担うようになっていきます。

第一次航海が大正五年十月十五日から始まったことは、ユニオン保険会社東京支店と契約した「船舶保険証券」によって分かります。契約期間は翌年三月十五日までで、船体・積荷の双方を合算した保険料は約三六五五六円でした。この航海には、載貨重量（D／W）二七〇トンの木造スクーナー型帆船・池月丸を運用し、本船は明治三十八（一九〇五）年に建造された八木商店の自社船で、ニコライエフスクへの食塩積みなども使用されていました（五月から九月までがサケ・マスの漁期）。同社にとっては新規の外国航路となるため、新たに経験豊富な船長を雇い入れ、乗組員は一四名とし、装備もそれに合わせて新調するなど出費がかさみました。

対象となる仕向け先はセレベス島のメナド港で、同港は『爪哇とセレベス』の口絵にも写真が掲載され、現地の邦人代理店は山田商店（山田正雄）でした。日本の寄港地は、出港は神戸か大阪、帰港は大阪か横浜を念頭に入れていたようです。往路の積み荷は、綿ネル・メリヤスシャツ・西洋タオル・釦《ぼたん》・板ガラス・硝子製コップ・硝子製火屋《ほや》類・硬質陶器・南洋鍋・麦粉・セメント・植木鉢・蛇の目傘・楽器・時計・自転車などで、復路はコプラ・高瀬貝・夜光貝・ニボン材などでした。復路の主

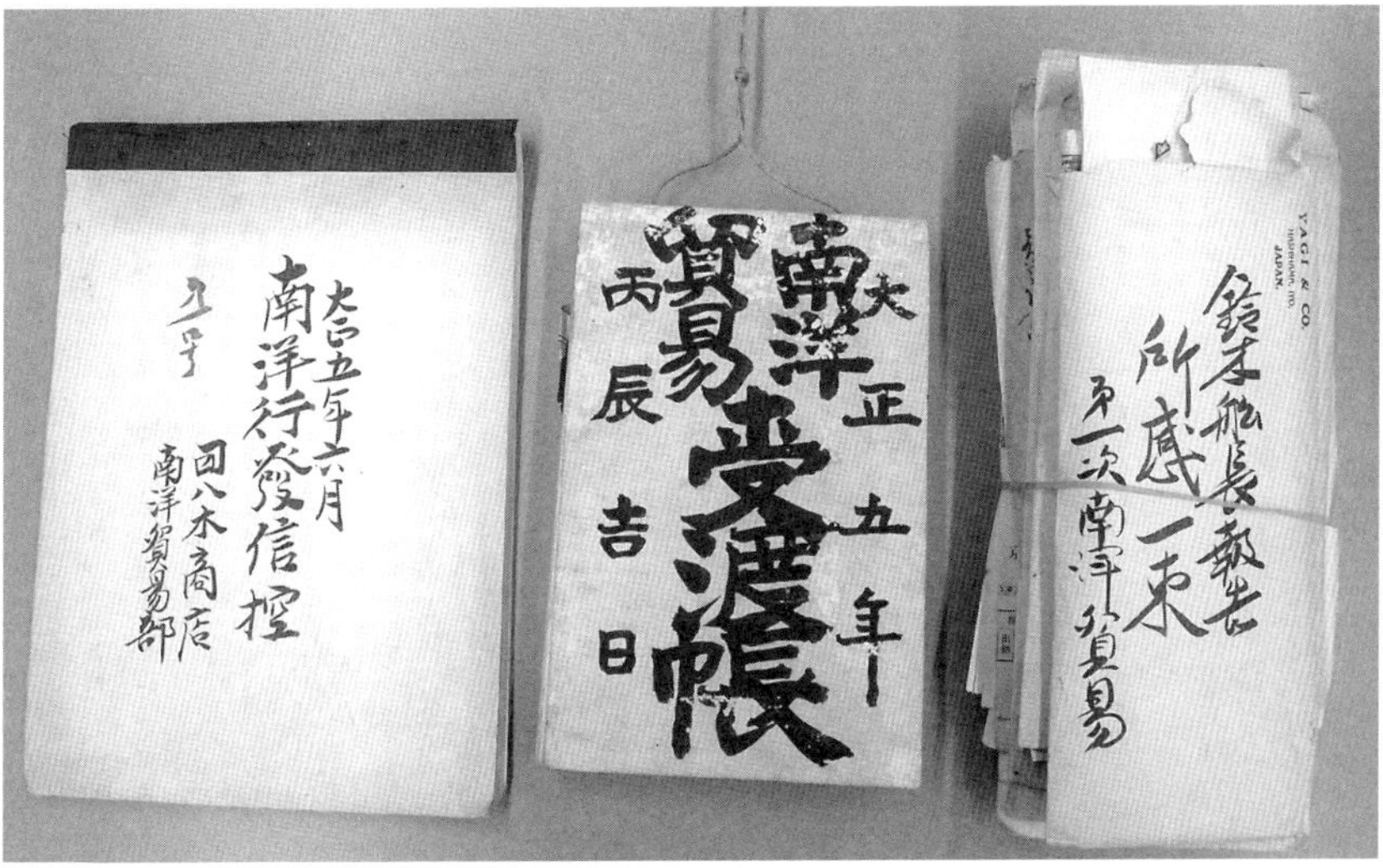

「南洋貿易関係資料」（大正5年）

力貨物となったコプラとは、ココヤシの果実の胚乳を乾燥したもので、マーガリンなどの食用の原料油脂や石鹸などに使われたようです。当初は、食塩や自社製の鹹魚なども念頭に入れていましたが、現地の風土・習慣や片道一か月に及ぶ航海などを考慮して断念したようです。

しかし、用意周到とも思える準備をしたにもかかわらず、第一次航海は順風満帆とはいかなかったようです。メナド港に到着した船長・鈴木寅男が、現地から實通へ送った十二月月十一日付の手紙によると、現地特有の潮流や天候に悩まされています。十一月十三日にはメナド港沖約二〇哩《マイル》の地点まで来ていましたが、突然のにわか雨に襲われ、その後は無風のなか潮流に流されて漂流し、飲料水にも事欠いたようです。また、湾内の水深が深くて強風時の錨泊地に適さないことも課題にあげ、島在住の元オランダ人船長や臨検で訪船してきた英艦士官にそのことを尋ねると、「当付近の航海に（池月丸）のような純帆船は向かない」との回答があったようです。また、本邦海軍図誌にも「この付近は未だ精測を経ざるにより過度に信用すべからず」との記載があり、鈴木は今後の改善点として補助機関の据え付けを提案しています。ただ、本船の構造（外航船にしては小型）や費用面を考えたとき、蒸気機関ではなく、池貝鉄工所製造の石油発動機が有効な点を、自身の経験を交えて力説しています。

自分たち乗組員の待遇改善（昇給・安全）もさることながら、現地で収集し、感じた有効な情報を船主に伝える姿勢は、現代の海運事情と何ら変わりはありません。便箋で第一次航海の所感を一〇枚以上書き綴るのは、日本から出航する際に、見送りに来た實通との約束事だったと思われます。

南洋貿易の経験は、八木商店にとっては新たな可能性を探る機会になったと同時に、後継者・實通を実業家として育む養成期間ともなりました。冬期中、ニコライエフスク近郊の沿岸が氷に閉ざされることやサケ・マスの漁期でないことを考えると、自社船の有効活用の一環とも受け取れます。

大正五年度は、ニコライエフスク支店を閉鎖した年でもありました。實通は、大正七（一九一八）年四月に矢野通保・八木通重・八木栄十郎らと図って、定期航路の旅客貨物輸送を目的とする波止浜運輸株式会社を創業しますが、同社は翌八年六月に早くも解散し、辛酸をなめる結果となります。また、その頃に波止浜商工会の会長にも就任し、大正八年三月に、亀三郎に対して顧問嘱託の依頼状を送っています。家業を支えながら、地域振興の担い手ともなり、時流を見極めながら事業拡大への機会をうかがう實通でした。

（注1）大智勝観（本名、大智恒一）は横山大観の愛弟子で知られる日本画家で、大正二年の第七回文展で「雨の後」が三等賞を受賞し、翌三年の日本美術院再興第一回院展に「聴幽」を出品以降、その同人として院展を舞台に活躍した。八木本店旧蔵資料には、勝観が亀三郎に宛てた手紙を五通確認できるが、いずれも大正十五年以降のものとなる。一方、同資料には實通の南洋旅行のスケッチ手帳があり（色彩画で南洋の風景・産物を描く）、その中に大正五年五月「桃島行船中に於ける風景」と題した素描画があり、實通と矢野通保が大智勝観とをともなって舟遊びをした情景が描かれている（桃島は、尾道市の百島か）。この前年春、八木亀三郎邸に勝観を招いた記念写真も残っており、升八木家・矢野本家と勝観の親交ぶりがうかがえる。この写真によって、現在の八木亀三郎旧宅の居宅部分が大正五年春に竣工していたことが分かる。

（注2）八木商店の『大正五年度 南洋貿易受渡帳』には、大正五年五月から同七年七月までの記載しかない。また、メモ帳「大正七年四月十六日 山田商店ヨリ写シタルモノ 同日照合済ミ」には、大正五年十一月七日から同六年十二月四日までの記載しか見られない。資料上は池月丸の「第二次航積荷予定表」までは確認できているので、一年に一回の往復航海を二度こなしたことは確かだろう。それ以降、自社船で南洋貿易を行ったかどうかは八木本店旧蔵資料からは確証

を得られない。ただ、山田商店主（山田正雄）からは、現地の商況を伝える書簡がその後も八木本店には届いている。八木本店旧蔵資料に、大正八年から昭和二年までの損益計算表があり、大正十年以降は池月丸のデータが未表記となることから、売船された可能性が考えられる。大正八年は一六〇円余りの黒字だが、同九年は九〇七〇円余りの赤字となっている。

（注3）八木商店の『大正五年度 南洋貿易調書』を参照。タオルの見本取り寄せ経過も同様。なお、『大正五年度 南洋貿易受渡帳』によると、第一次往航（日本→メナド）では、矢野綿練会社の白綾一二〇反・藍棒一二〇反、興業舎の大正布一六〇反・縞三綾二〇反が輸出されている（大正布一六〇反は、興業舎から三〇〇円八〇銭の請求書が届く）。タオルについては、積み荷目録などの品名に西洋タオルとだけ記され、製造業者は特定できないが泉州産と思われる。今治地方でタオル製造が盛んになるのは大正初期からで、今治織物同業組合のタオル生産の統計データ（組合沿革誌）は大正二（一九一三）年から始まり、同四年に初めて中国（満州・関東州）へ輸出されたようである。大正四年の営業者数は二五で、同五年は四七に増えている。愛媛新報の大正四年九月十五日付に、今治町のタオル業者が麓常三郎を中心に同業組合を組織した内容が掲載され、その初見資料は大正四年六月に愛媛県商工会が発行した『愛媛県商工人名録』に記される。そこには富本合名・中村忠左衛門・山本紋治・笠崎基ら一五業者による「今治タオル同盟会」の広告があり、同五（一九一六）年正月の海南新聞・愛媛新報にも同様の広告記事が見られる。これは、今治地方において初めて組織されたタオルの同業組合である。その後、しだいに白木綿や綿ネル業者からの転業も相次ぎ、生産性を高めながら、高度な紋様を織り出す技術革新が進んでいった。『今治タオル工業発達史』によると、今治で初めてタオル製織の力織機が備わったのが大正七年で、ドビー織機は同八年、ジャカード織機は同十五（一九二六）年という。このため、大正五年時点で南洋向けの紋タオルを製造することはかなわなかったようで、八木商店の『南洋貿易調書』がこれを裏づけたものといえる。

③ 愛媛県一の多額納税者

大正七（一九一八）年六月には、再び亀三郎に国政選挙への出馬機会が訪れます。明治四十五（一九一二）年五月の衆議院総選挙では直前の候補辞退でしたが、大正四年三月の衆議院議員総選挙でも立憲政友会県支部では亀三郎を候補に推す動きがありました。今度は、県内の多額納税上位者のみが被選挙権を有する貴族院議員選挙への挑戦で、大正六年度の納税額で愛媛県上位一五名の候補に選出されました。選挙は、それら一五名の互選で代表者一人を決めるというもので、その会合は六月十日に県公会堂で開催されました。出席者は亀三郎・小西荘三郎（北宇和郡岩松村）・矢野通保（越智郡波止浜町）・岡本栄吉（新居郡大町村）・小西萬四郎（北宇和郡岩松村）・近藤正平（温泉郡三津浜町）・山中好夫（宇摩郡土居村）・黒川雄之進（新居郡新居浜町）の八名で、新田仲太郎（温泉郡味生《みぶ》村）・森廣太郎（新居郡氷見町）・廣瀬満正（新居郡中萩村）・加藤正恵（新居郡多喜浜村）・小野信夫（新居郡神郷《こうざと》

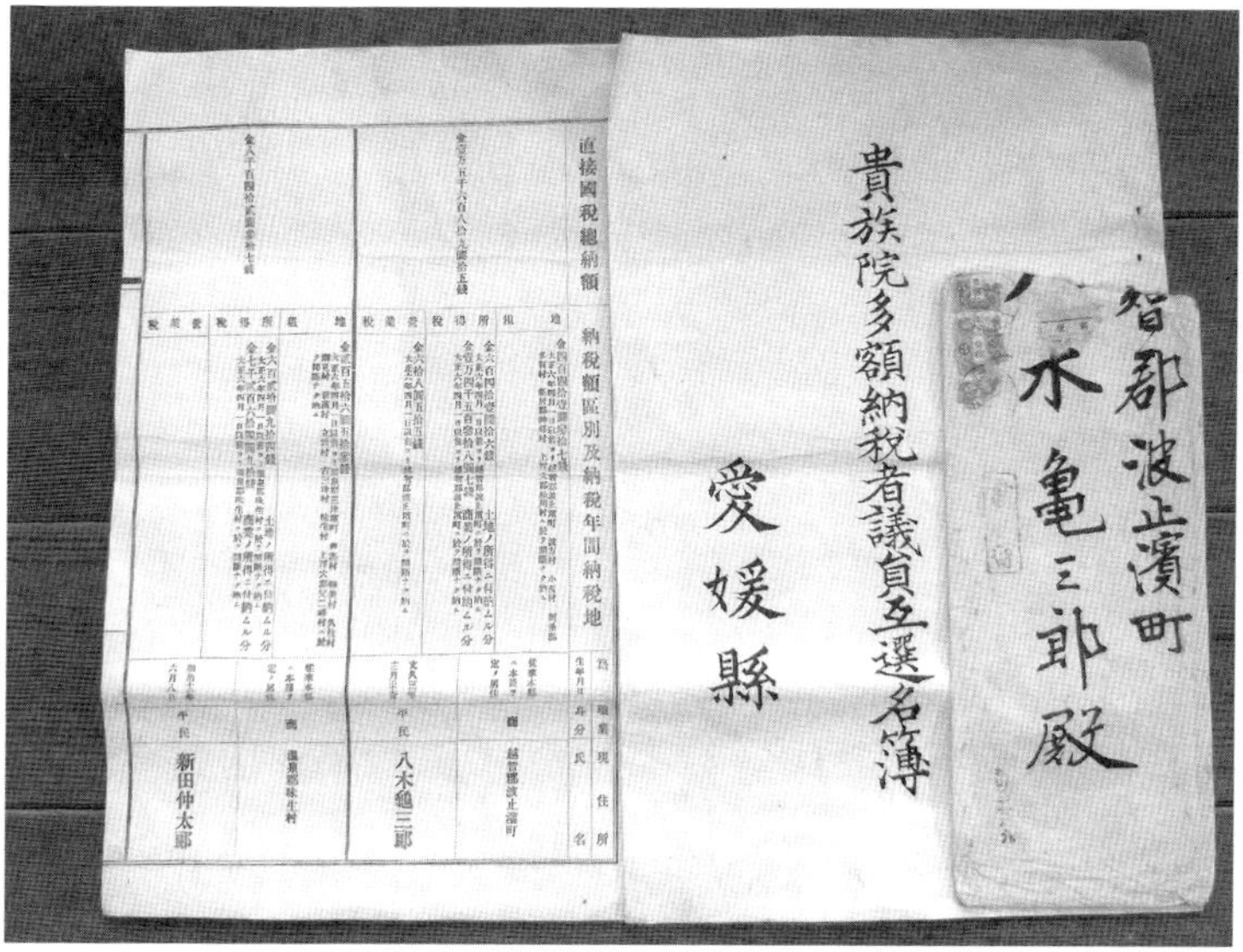

「愛媛県多額納税者議員互選名簿」（大正7年）

村）・久米栄太郎（新居郡橘村）・村上桂策（新居郡神郷村）の七名は当日欠席のため、新田は矢野通保に委任状を託し、廣瀬は山中好夫へ、村上・加藤・小野・久米・森は岡本栄吉へ託しての委任投票となりました（満正は、住友財閥総支配人だった廣瀬宰平の子）。この動向を見守ろうと、亀三郎を推す立憲政友会と岡本を推す憲政会の代議士も、それぞれ控え室に参集しました。結果は、岡本八点・亀三郎五点・山中一点・小西荘一点の得票があり、岡本の当選が決まります。岡本への投票は、森・加藤・小野・久米・山中・黒川・村上と岡本本人で、貴族院互選投票での自選は無効であることから、岡本は七点となりますが、勝敗に影響はありませんでした。亀三郎への投票は、新田・小西荘・矢野・小西萬・近藤によるもので、小西荘への投票は亀三郎、山中への投票は廣瀬でした。(注1)

亀三郎の名が、貴族院多額納税者議員互選名簿に登場するのはその一度だけです。波止浜在住の矢野本家は常連で、県内有数の資産家として輝きを放っていました。

このときの名簿の納税額を見ると、一五名の中で群を抜く首位が亀三郎で、直接国税納税額は地租・所得税・営業税を合わせて一万五六八九円一五銭で、二位の新田仲太郎（新田汽船株式会社代表）の八一四二円三七銭の倍近い金額でした。当時の一万円は、現在の約一億円に相当するようです。亀三郎の納税の内訳を見ると、地租は四四一円三七銭、所得税は土地所得に関する納付が六四一円一六銭、商業所得に関する納付が一万四五三八円七銭、営業税が六八円五五銭でした。日露貿易漁業商で財をなす実業家にふさわしく、商業所得が首位へと押し上げた要因でした。地租に該当する土地は、地元の越智郡以外に周桑郡多賀村（現、西条市）・新居郡神郷村（現、新居浜市）・上浮穴郡杣川村（現、久万高原町）にも有し、波止浜に所有する塩田も明治四十二年に三軒、大正二年に四軒と数を増やしていきました。(注2)八木本店旧蔵資料の「不動産買入記録」（昭和二年作成か）によると、亀三郎は明治十八年から大正九（一八八五〜一九二〇）年まで、県内の越智郡・周桑郡・新居郡・上浮穴郡の宅地・田畑・山林等の買い入れを逐次行っていく様子が見てとれ、県外では明治四十四（一九一一）年に福岡県京都《みやこ》郡の山林と大分県速見郡石垣村（現、別府市）の田畑、大正五（一九一六）年に福岡県戸畑町（現、北九州市）の田畑・山林を購入したことが分かります。大正四年に買い入れした上浮穴郡杣川村の山林は二九八町歩余りもありました。

では、いつ頃から亀三郎の所得や資産が急速に伸び始めていったのでしょうか。明治三十六（一九〇三）年度の所得額等級表「愛媛県越智郡富豪家一覧表」によると、亀三郎の番付は一七位の等級でした。同郡の首位は矢野本家の矢野嘉太郎で、二位は綿業で財をなす興業舎の柳瀬義明（今治町）、三位は馬越文太郎（今治町）、四位が丹八木の八木栄十郎（波止浜村）、五位が野間文逸（大山村）、六位が野間豊五郎（津倉村）でした。五位・六位の野間家は、ともに越智郡島しょ部に塩田を所有し、屋号の角浜・中浜は両家が津倉浜に有する浜名でした。野間文逸の孫は、洋画家で有名な野間仁根《ひとね》（一九〇一〜一九七九）です。野間豊五郎は元衆議院議員で、波止浜塩の海上輸送を一手に取り仕切り、今治と尾道を結ぶ旅客船事業を手がけたりもしています（子の野間信濔《のぶひろ》がこれを継承）。矢野本家と丹八木以外で亀三郎よりも上位にいる波止浜住民は、七位の今井本家の今井新治郎だけでした。

大正五（一九一六）年十月二十六日付の海南新聞によると、当時、全国の五〇万円以上の財産家総数は二二〇一名いて、愛媛県出身者の首位は東京府在住の山下亀三郎が九〇〇万円、二位が兵庫県在住の勝田《かつた》銀次郎で七〇〇万円。両者に共通するのは海運業で財をなし、まさに第一次世界大戦の大戦景気で急成長を見せた〝船成金〟でした。愛媛県在住者で五〇万円以上は二三名いて、首位は矢野通保の二〇〇万円、二位が亀三郎と池田鉄太郎（貫兵衛の相続人、喜多郡新谷村）の一五〇万円、四位が岡本栄吉と廣瀬満正（宰平の子）の一〇〇万円、六位が新田仲太郎と森廣太郎の八〇万円でした。亀三郎と仲太郎は生業が海運業と記載され、彼らもまた世間の目には船成金と映っていたのかも知れません。

全国的な知名度を誇る山下亀三郎（一八六七～一九四四）や勝田銀次郎（一八七三～一九五二）は、郷里の教育文化振興への寄付を惜しみませんでした。山下は、大正六年に故郷・吉田町の山下実科高等女学校（現、県立吉田高校）、大正九年に母の生地・三瓶《みかめ》村に第二山下実科高等学校（現、県立三瓶高校）を設立しています。勝田は所有する巨船の船籍を愛媛に置くことで、故郷への税収還元を図っています（後に政治家に転身）。新田仲太郎（一八七八～一九六九）は、工業用ベルトの製造で有名な新田帯皮の新田長次郎の甥で、大正七年に資本金一〇〇〇万円の新田汽船株式会社を創業しています（後、内外汽船株式会社代表）。長次郎が大正十二年に松山高等商業学校（現、松山大学）の設立に尽力したのに対して、仲太郎は昭和十四年に新田中学校（現、新田高等学校）を創設していま

「歴代総理からの礼状葉書」（原敬が大正７年、高橋是清が大正10年）

す。八木亀三郎はどうでしょうか。

　大正五年十一月頃、越智郡の政財界で今治実践工業学校の設立が決まった際、その設立理事会の理事に亀三郎・阿部光之助・深見寅之助・深見禹之助・八木春樹らの名があります（禹之助の長女コトが八木通重の後妻）。これは、四国のマンチェスター・今治を下支えする職工の養成を目的とした学校で、機織科と染色科の二科を設置し、校舎新築までの間は既存小学校の一部や工場を借り受けて対応するというものでした。[注3]　また、大正七年六月には県立今治中学校（現、今治西高校）の移転改築費に二〇〇〇〇円、[注4] 同年七年八月の波止浜小学校建築費に五六六〇円、同年十二月の南樺太の名好郡恵須取《エストル》村私立恵須取尋常小学校新築費に四〇〇円を寄付しています。[注5]　恵須取村については、その四年後の同十一（一九二二）年三月に三六九九坪の土地を漁業用地として購入し、新たな北洋漁業の拠点に位置づけています。[注6]

　ほかにも、大正七年にあった米価高騰は、全国各地で米騒動が巻き起こりますが、困窮する人々を救

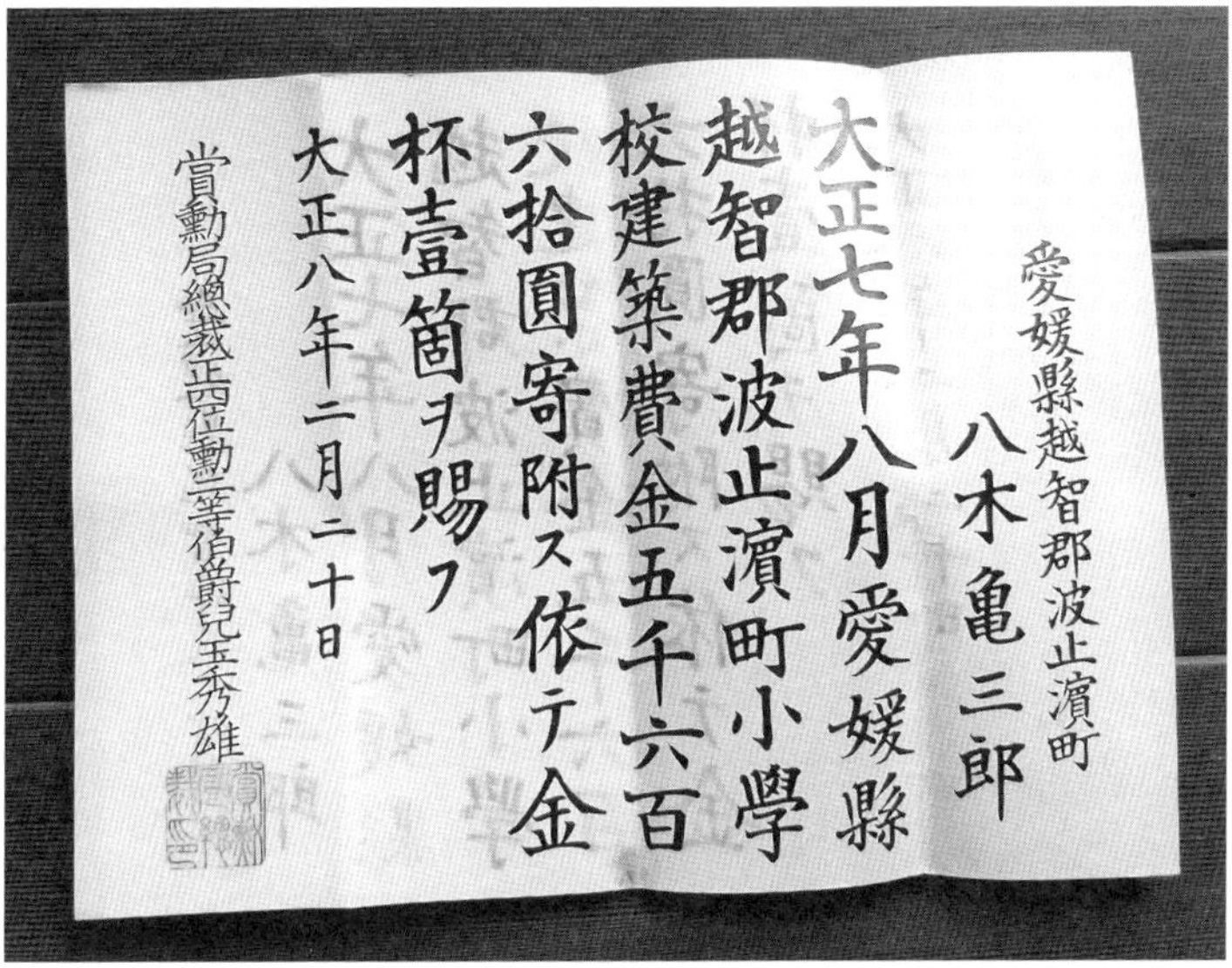

愛媛縣越智郡波止濱町
八木亀三郎
大正七年八月愛媛縣越智郡波止濱町小學校建築費金五千六百六拾圓寄附ス依テ金杯壹箇ヲ賜フ
大正八年二月二十日
賞勲局總裁正四位勲一等伯爵兒玉秀雄

「波止浜小学校建築費寄付の褒状」（大正８年／寄付は同７年）

おうと、地元の名望家らが自治体などに廉売のための寄附金や救米を提供しています。愛媛県の場合は、山下亀三郎と勝田銀次郎の一万円、住友吉左衛門の五〇〇〇円、久松伯爵と新田長次郎の二〇〇〇円が群を抜いていますが（いずれも県外在住）、八木亀三郎も二〇〇〇円、その母・米子が一〇〇〇円の寄付を行い、金額では阿部会社の一二〇〇円、興業舎・柳瀬義之の一〇〇〇円を超え、今治地方では母子で最大となったようです。波止浜町では、矢野通保が米蔵にある米を一升二五銭で廉売しようとしたところ、町役場が天皇御内帑金《ごないどきん》で米屋に同額で廉売を行うようになっていたため、さらに安い一升二〇銭で廉売することとなり、亀三郎母が一〇〇〇円、木原茂が三〇〇〇円を廉資金として町役場に寄付したようです。(注7)

　波止浜に投じた亀三郎の寄付は、地元の氏神・龍神社の記念碑にも見られます。大正八（一九一九）年五月の龍神社幣殿改築にあたり、亀三郎が最高額の四〇〇〇円で、つづいて矢野通保（三七〇〇円）・八木栄十郎（一八〇〇円）・今井新治郎（一〇〇〇円）・岡通愛

「恵須取小学校建築費寄付の褒状」（大正９年／寄付は同７年）

（一〇〇円）らの名前と金額が刻まれます。そしてこれとリンクするのが波止浜郵便局側の玉垣に刻まれた名前です。寄付額に比例した玉垣の本数となっていて、亀三郎が五本と最も多く、長男・實通と娘婿・通重もそれぞれ一本見られます。亀三郎が愛媛県一の高額納税者になったことで、波止浜財界の寄付の序列にも変化が生じたことが見てとれます。

八木本店旧蔵資料の中には、寄付にともなう感謝状を多数確認できますが、明治四十年二月から大正二年八月（一九〇七〜一九一三）までの『寄附金覚帳』（八木商店）を見ると、地元の神社仏閣・基督教会・各種団体・各種行事へのきめ細かな寄付は、せがまれれば拒めない名望家の立場を感じさせます。海員掖済《えきさい》会・赤十字社・済生会・孤児院（岡山・尼崎・松山・横須賀・上毛）への寄付回数も多く、實通の母校・慶應義塾、通重の母校・早稲田大学への寄付も見られます。現存する建造物では、今治港マリン広場にある「吉忠《よしちゅう》記念碑」（今治港汽船回航の祖）に一五円、今治城跡の吹揚公園にある「矢野七三郎像」（伊予ネルの父）に五〇円を寄付し、今治経済界の先哲顕彰にもひと役買っています。

（注1）大正七年六月十一日付の海南新聞記事を参照。

（注2）この名簿を、筆者は多喜浜塩田の調査で新居浜市を訪ねた際、小野信夫の子孫宅・小野榎之本《えのもと》家（同市田の上）で見つけた。亀三郎が愛媛県（伊予）の高額納税者であったという記述は、前掲・大庭柯公『露国及び露人研究』（中公文庫）にも掲載されている。

（注3）大正五年十一月三日付の海南新聞記事を参照。紙面で設立理事の筆頭に名前が記されるのが八木亀三郎となっている。同校のその後の系譜はよく分からないが、今治地方における本格的な工業学校の設立は、昭和十七年七月設立の今治市立工業学校を待たねばならない。同校の設立は、阿部光之助の子・秀太郎が今治市長在任中に達成される。

（注4）大正七年六月十九日付と同二十三日付の海南新聞記事を参照。五〇〇円以上の寄付者のみの掲載で、柳瀬義之・馬越文太郎が二五〇〇円、岡田恒太・矢野通保・八木亀三郎・佐伯俊太郎が二〇〇〇円、八木春樹・馬越重作・村上正平が一〇〇〇円で、田坂初三郎が未定となっている。

（注5）波止浜小学校建築費の寄付については、大正八年二月二十日付の賞勳局からの感謝状、大正八年十月三十一日付の原眞十郎波止浜町長からの感謝状などで確認でき、恵須尋常小学校新築費の寄付は、大正九年十二月十二日付の樺太庁長官からの褒状で確認することができる。また、大正七年の寄付金は、教育文化振興に対してだけでも多いと感じるが、これ以外にも米価高騰（米騒動）に対する困窮民への救済金として、亀三郎が二〇〇〇円、母の米子が一〇〇〇円の寄付を行ったことが賞勳局からの感謝状で確認できる。

（注6）八木本店旧蔵資料の『登記簿』を参照。三月十五日に国有未開地を購入している。樺太丸機関長を務めた荒田湛《じん》の親戚縁者によると、荒田は樺太丸や升八木家の武勇伝をよく口にしていたそうで、「八木さんが樺太に行ったら、天皇陛下や総理大臣のように現地住民は頭を下げて出迎えたものだ」とあり、これは恵須取村住民のことを指したものか。荒田は後に独立して神戸に邸宅を構え、造船業に従事している。波止浜の親戚・渡部宝氏宅には、湛が南洋貿易の土産で入手したと思われるシャコ貝が贈り物として残されている。

（注7）愛媛県内の寄付の状況は、海南新聞や愛媛新報の地元紙を通じて県民に知らされた。波止浜町で亀三郎母が一〇〇〇円を寄付した記事は、海南新聞の大正七年八月二十三日付に掲載されている。亀三郎の記事は確認できないが、同年十二月二十日に賞勳局から二〇〇〇円の寄付を称える褒状が授与されており、母・ヨ子宛ての褒状とともに八木商店本店資料館が所蔵する。

④ 八木本店設立と八木本家新築

大戦景気が亀三郎を愛媛県一の高額納税者へと押し上げ、後継者の實通・通重らが事業に参画するようになると、函館・神戸・ニコライエフスクに支店（出張所）を有する八木商店は株式会社への改組を模索するようになります。その手始めとして取り組んだのが、八木商店本店の店舗および居宅の新築でした。この竣工年については長年判明していませんでしたが、八木本店旧蔵資料の『八木本家 本家新築上棟祝儀控帳』によって大正七（一九一八）年八月吉日と分かりました。（注1）升八木本家から分家したはずの亀三郎でしたが、八木通重が分家したことやこれまでの名声によって、この頃には〝八木本家〟と称されるようになっていたのです。

この帳面には、建築にたずさわった棟梁・大工・木挽・左官・屋根・戸樋・石工・畳・日雇などの職人一二六名の名前と作業日数が記されます。大工棟梁の津川喜一郎については、九三九日の日数で上棟祝儀が米一〇俵・二五〇円の支給だったことが分かりました。津川の作業日数を勘案すると、起工は三年近く前の大正四（一九一五）年頃にまで遡る可能性があり、奥の居宅棟は大正五年春には建っていたようです。ちなみに津川は、大正五年秋に南洋へ出航する池月丸船内の竈《かまど》修復工事にもかかわっています。古老からの聴き取りでは、明治四十五（一九一二）年に玄関入口の石段を京都の石工が築いていたとも伝えられますが、祝儀控帳に記された職人は地元越智郡出身者で占められています。津川はロシアで洋風建築を学んだ経験があるようで、「地震請け負い候、火事請け負わず候」の自負を周囲に語ったと伝えられます。実際に、昭和の南海地震（一九四六年）や平成の芸予地震（二〇〇一年）にも遭遇しますが、本体の歪みは見られません。太い松材で梁《はり》を組み、床下礎石に長石を敷いてあるのは地震対策で、玄関石段を三段としたのは高潮対策のようです。通りから見える建物の外観は、入母屋造・寄棟造の桟瓦葺の和風建築ですが、奥の居住棟と内蔵（本瓦葺き）の小屋組は洋式トラスとなっていて、実業家の店舗・住宅にふさわしく近代的な設えが各所に施されています。庭に面した廊下は四五枚のガラス戸（気泡のある吹きガラス）で設《しつら》え、裏山の回遊式庭園を含む総敷地面積は一二七六坪、建造群の床面積は二三八坪の広さにおよびました。また、玄関棟向かいに建つ八木分家住宅（後、石崎家）は、八木本家の余材で建てられたものと伝えられます。

では、通りから奥に向かって建物群を見ていくと、通りに面した厨子《つし》二階の建物が玄関棟です。入口の引戸上の梁には高級材のスギが見られ、壁板には虎杢《とらもく》のトチが用いられています。引き戸から中へ入ると、一階には番頭の執務室と帳場、少人数の客をもてなす数寄屋造りの茶室がありました。帳場の天井板と梁には太い松材を用い、赤く照り輝くのは防腐用の漆が塗られているためで、上がり框《がまち》はサクラの一枚板です。二

「八木亀三郎旧宅」（波止浜本町通り）

階は骨董《こっとう》置場だったようですが、天井は空間をより広く見せるために棹縁《さおぶち》の船底天井としています。茶室には丸太や丸窓、面皮柱のスギなどが見られ、換気口の欄間装飾には福や金運をもたらす動物のコウモリやヘビの透かし彫りが施されています。

この棟と塀つづきで通りに面した平屋切妻造の建物は、大正十三（一九二四）年五月に亡くなった亀三郎の母・米子《よね》の隠居所でした（塀と玄関扉の建材はケヤキを使用）。玄関棟に接続した奥の平屋・入母屋造が座敷棟で、大広間の襖《ふすま》（紅白梅・山と月）や板戸（白鷺）には横山大観の愛弟子・大智勝観の日本画が描かれています。モダンな作風となっていて、その背景には亀三郎（や矢野通保）がパトロンだったことも関係しているようです。天井の高さが三・三メートルを超え、装飾用の欄間（枠は漆塗り）と勝観の作品が、客人にくつろぎを与えてくれます。床の間には付け書院（左、廊下側）と違い棚（右）が設けられ、床框《とこがまち》と付け書院の欄間の枠にも漆が施されています。床柱（四方柾《しほうまさ》）をはじめとする各柱は堅い建材のツガ（栂）でそろえ、床脇と付け書院の棚には希少な玉杢《たまもく》模様のケヤキ板が用いられています。縁側には板と畳の二重廊下が配され（柾目の板廊下も栂）、奥行きをもたせて中庭の景観を楽しむ工夫がされています。

この奥の平屋寄棟造が居住棟となり、東に設けられた勝手口と玄関脇のくぐり戸が通路でつながっていて、店の棟からは独立して居住棟に出入りできるようになっていました。勝手口からは通り土間の右に炊事場（台所）、左に土間に沿って玄関の間・居間・茶の間などが並び、奥には親戚などをもてなしたと思われる座敷や家族の寝室などがありました。座敷の欄間は菊の花の透かし彫りとし、襖紙には布で菊や梅の模様をあしらうなど、千菊嬢への寵愛を印象づけます。床の間には、違い棚や付け書院を設けず簡素な趣となっていますが、それに溶け込むように床柱は皮つきの赤松丸太を用いています。また裏庭に面して、寄棟の屋根の脇に、望楼のように八畳一間《ひとま》の二階が設けられています。ここと一階の部屋とは箱階段でつながり、窓からは裏庭と裏山丘陵が一望できます。

居住棟に接続して二階建の内蔵があり、この北に便所・浴室が配置されています。便器は大小ともに磁器でつくられ、浴室には脱衣所が併設されて浴槽の建材は檜《ひのき》か高野槇《こうやまき》と思われます。内蔵は、扉に防火と盗難防止の機能が見られることから、書類や貴重品の収納、金庫として使われたものと考えられます。炊事場で目を引くのは、かまどの余熱を利用した給湯槽や腰壁の磁器タイル、流し脇に設けられた井戸です。波止浜では井戸水に塩分が含まれるため、共同井戸の給水に住民は頼っていましたが、老舗商家は屋敷内に独自の貯水装置を有するところもありました。八木家炊事場の井戸は、花崗岩《かこうがん》の切石で地上に囲いをつくり、その囲いから底までの深さが九メートル余り、内壁は花崗岩の切石を何段も積み上げたものでした。丘陵か

「中庭と裏山丘陵」

「数寄屋造りの玄関棟茶室」

「コウモリとヘビの透かし彫り」

らの水脈を計算してか、切石の接合部から水が染み出てくるよう設計され、水が涸れることはなかったようです。炊事場北には使用人が寝食に利用する長屋と作業小屋が設けられ（風呂と井戸も備える）、その奥には家畜小屋と土蔵が設けられました。広い店舗棟・居住棟では上女中《かみじょちゅう》・下《しも》女中が給仕や清掃に励み、雑役に従事する下男《げなん》（荒《あら》し子《こ》）もいたようです。

中庭については、庭石・灯篭《とうろう》・手水鉢《ちょうずばち》など、石の多さが目につきます。手水鉢の一つは、鎌倉時代の様式を伝える大型宝篋印塔《ほうきょういんとう》の笠を、逆さにくり貫いて再利用したものです。それら手水鉢の裾には石垣で囲った排水地が設けられ、大雨のときは雨樋を伝って水が集まり、遊水池になることもありました。（注2）十二支の陽刻彫りのある石灯籠は、久松定謨《さだこと》伯爵（松山藩主家系）が八木家婚礼の祝いに贈ったものと伝わります。そして庭で目につく大きな自然石の数々は、蟹工船がバラスト（海水タンク）代わりに樺太から積んで持ち帰ってきたものとも伝えられ、これらがもとで後に〝蟹御《かにご》殿《てん》〟という呼称にもつながったようです。実際、八木

「昭和初年に撮影した波止浜の町並み」（絵葉書より）

の蟹工船が波止浜へ寄港したことはあったようで、「搭載している川崎船（漁船）の修繕をした」や「波止浜船渠《せんきょ》のドライドックが小さくて、船長が入渠を拒否した」などの伝承があります。ただ、大正七年当時には八木商店はまだ蟹工船を所有しておらず、庭は時間をかけて整備されていったものと思われます。昭和初年発行の「波止浜名勝絵葉書」によると、上空から見た八木邸の中庭は木々で覆われていて、黒くなっています。白っぽく見えるのは、裏庭から丘陵につづく通路や高石垣で、削平された丘陵にも庭園（池）がありました。そこからは波止浜の景観が一望でき、野点《のだて》を催すなど展望所の役割を果たしたようです。

　大正七年夏に店舗・居宅の整備が一段落つくと、秋からは株式会社八木本店設立に向けた準備が本格化します。そして大正七年十二月十五日に資本金一五〇万円、本店／波止浜町大字波止浜百九十七番戸、目的／海運業・漁業・貿易業などの事業とする設立登記を行い、代表取締役に亀三郎、取締役に實通と杉野正一、監査役に八木通重が就任することになりました。（注3）しか

「中庭背後の丘陵からの眺望」

し、大戦後の海運界の反動不況で多額の損失を被ったことで、大正九（一九二〇）年十一月には資本金の額を七五万円に減額することを株主総会で議決し、債権者やその決定に異議ある者は申し出るよう地元紙へ広告記事を載せています。(注4) 法人の規模が大きくなったのも束の間で、八木本店は第一次世界大戦終結にともなう戦後恐慌に加えて、ドル箱とされたニコライエフスクの基盤を失う事態に遭遇することになります。

（注1）建築様式や評価についての詳細は、愛媛県教育委員会発行の調査報告書『愛媛県の近代和風建築』（平成十八年三月）掲載の「旧八木家住宅」を参照頂きたい。調査にあたった犬伏武彦氏は、地元紙の取材に対して〝国指定重要文化財級の建物〟とコメントを寄せている。同著掲載の平面図については、本著や八木商店本店資料館専用ホームページでは、防犯上の配慮から転載を差し控える。

（注2）平成三十（二〇一八）年七月に起きた西日本豪雨で、愛媛県内は死者二七人を出す甚災に見舞われ、今治市でも大島・伯方島でそれぞれ一人の死者をだした。八木商店本店資料館では、液状化現象で居宅内玄関から裏庭へ通じる土間が水浸しとなり、後日乾いてから復旧工事を行った。この水害で、屋敷内に四か所ある手水鉢そばの空池が満水となった。ふだんなら、排水口から（管を伝って？）地中へと消えていく雨水が、このときばかりは地中の貯水許容量を超えてしまったのだろう。土間に生じた水たまりは、敷居を越えてはおらず、液状化で地中からあふれ出してきたものだった。この豪雨で一番驚いたのは、中庭中央のくぼ地が池になったことで、遊水池の役割を果たしたことだった。八木邸は丘陵とその谷間を取り込んでいるため、井戸水は涸れることはなかったと思われる。現在、屋敷内には七か所の井戸を確認できる。本町通りより土地を嵩《かさ》上げしているのは高潮対策で、恐れていたのは豪雨や渇水だったのか。それを意識して遊水池（貯水池）を設けていたとすれば、津川喜一郎は災害対策の達人といえるだろう。

（注3）八木本店旧蔵資料の中に、大正七年十一月一日作成の株式会社八木本店の「定款《ていかん》」を確認できる。発起人は、八木亀三郎・實通・松枝・米子・通重・千菊の七名で、まだこのとき千菊は未成年である。登記広告は、大正七年十二月二十八日付の愛媛新報を参照。なお、杉野が取締役を辞任するのは、今治商業銀行が休業に陥る直前の昭和二年一月二十一日のことである。

（注4）大正九年十一月十四日付の海南新聞を参照。

〈コラム3〉カーブ駅の国鉄波止浜駅

昭和二（一九二七）年四月三日、伊予松山の地に国鉄松山駅が開業します。四七都道府県の県庁所在地で、国鉄の開業が最も遅かったのが愛媛県の松山駅でした。遅れた背景には、海岸線の長い愛媛では海上交通の便が発達していたことが要因の一つに挙げられます。明治二十五（一八九二）年六月の鉄道敷設《ふせつ》法の制定を契機に、今治地方でも越智郡・野間郡有志らによって今治～松山間の私設鉄道敷設の機運が盛り上がりをみせました。その後、日清戦争後の好況を背景に、これが発展して同二十八年十二月に多度津《たどつ》～松山間を連絡する四国鉄道株式会社が設立されましたが、資金難で同三十一（一八九八）年四月に解散しています。

明治四十四（一九一一）年二月、多度津～今治～松山間の鉄道敷設の建議案が提出・可決され、二度目の機運が訪れます。翌四十五年の第二八回帝国議会で鉄道敷設法の一部が改正され、多度津～川之江間の敷設工事が同年十月から開始されたのです。この過程で、波止浜町長の西本元太郎が明治四十四年五月に上京し、後藤新平鉄道院総裁に対して波止浜への鉄道誘致を懇願する陳情書を提出しています。三度の陳情書を提出した結果、測量技師の派遣が内定し、町としては改めて波止浜～竹原間の鉄道連絡航路が国家の殖産興業に寄与する旨の持論を記しています。同航路は中国四国間の最近距離で、乗換・積替の難を抱える宇高連絡船（高松～宇野）との比較においても優れ、大小の島々を縫って進む際の光景が旅客の心を慰めるなど、地の利を強調しています。(注1)

国鉄川之江駅の開業は大正五（一九一六）年四月一日のことですが、敷設工事が讃岐から伊予へ西進する過程で愛媛の政財界に動きがありました。大正三年二月、予讃鉄道株式会社創立発起人会が、今治で開催され、出席者一五〇人を集める盛況ぶりでした。この中で八木亀三郎が経過の報告を行い、新居郡・周桑郡・越智郡・温泉郡・松山市それぞれの株引受数や今後の東京・関西での見込み、住友財閥に大株主になってもらうことなどが話し合われました。早速、翌三月には亀三郎が住友本店総理事の鈴木馬左也に会い、住友吉左衛門が発起人に加わるよう懇願し、承諾を取り付けています。(注2)

大正四年の動向は、同年四月に元愛媛県知事の伊澤多喜男（当時、警視総監。後に台湾総督）が亀三郎に宛てたマル秘の書簡で知ることができます。そこには「ご配慮により、いよいよ成田氏引退のことと相成りける模様にて、予讃鉄道前途のため祝着」とあり、成田栄信《しげのぶ》代議士（愛媛県郡部選挙区）の存在を警戒する内容が記されています。成田は三月二十六・二十七日開票の衆議院総選挙で落選（次点）して、八月の補欠選挙で当選を果たすのですが、成田が発起人に名を連ねていては鉄道院提出の延期願書が覚束ない状況にある点を不安視しています。〝ご配慮〟とあるのは、亀三郎ら立憲政友会愛媛支部が成田再選阻止へ向けた工作をしたような印象を抱かせ、組織そのものが一枚岩になりきれていないことを示唆しています。実際、当時の海南新聞三月十八日付の記事を見ると、成田は政友会県支部からの公認候補推薦の決定が遅れていたようです。三月上旬から〝選挙妨害を受けている〟内容を新聞広告で繰り返し宣伝し、地盤の温泉郡有志を中心に巻き返しを図っていきます。実は亀三郎もこの選挙で出馬要請があったようで、原敬総裁と直接面談のうえ態度を明らかにしたいと返答し、最終的に出馬にはいたりませんでした（注3）。

鉄道院では、党略に鉄道敷設が利用され、地方で害悪が生じていたことを鑑み、不急不要の鉄道は一切着手しない方針を確立します。そうした中で、大正四年十二月には川之江〜西条の区間が鉄道院の第一期線に編入され、五年度から官設による敷設工事の着手が決まります。西条〜松山の区間についても、私設・官設を問わず、急設の必要線として第一期線への繰入に期待が高まります。

大正五年二月に予讃鉄道会社創立委員会を松山で開催した際は、八木亀三郎委員長のもと青野岩平（周桑郡有力者）・阿部光之助・矢野通保・阿部芳太郎（元今治町長）・井上要（伊予鉄社長）ら各委員が今後の方針について協議しています。本鉄道工事施行認可申請期限が翌年四月まで延期されたことで、五年度中の会社設立が求められました。資金集めを継続するなか、会社成立のためには六万株必要でした。不足分の一万六〇〇〇株をどう募集していくか、好況の今こそ勧誘の手を緩めないよう引き締めをうながしています。そして亀三郎自ら神戸や東京へ出向き、四月には船成金の勝田銀次郎から約六〇〇〇株の引き受けを取り付けています。朝鮮銀行総裁の勝田主計《しょうだかずえ》（後、大蔵大臣）・元鉄道院官僚の松木幹一郎（後、山下汽船副社長）・警視総監の伊澤多喜男（元愛媛県知事）・古谷久綱衆議院議員（立憲政友会）らの県人関係者が斡旋の労をとり、山下亀三郎や旧松山藩主の久松伯爵も大株主になることを承諾するなど、この運動は愛媛・香川政財界をあげた取り組みへと発展します。八月までに池田龍一・中野武営《ぶえい》（東京商業会議所会頭）・大倉粂馬（大倉財閥分家）・安田善三郎（安田財閥娘婿）・津田勝五郎・賀田《かだ》金三郎らの実業家の賛同も得ています（注4）。

大正六（一九一七）年八月に松山で開催された予讃鉄道会社創立委員会では、出席した八木亀三郎・岡本栄吉（新居郡の資産家）・井上要・阿部芳太郎らの委員に対し、古谷久綱代議士が政府の意向・方針を伝えています。このとき鉄材高騰を受け、同委員会では私設鉄道による西条～松山間の敷設が暗礁に乗り上げていました。工事等の予算額が三〇〇万円から五〇〇万円に増加し、当初の思惑とかい離が生じていたのです。それでも私設を貫徹するのか、官設に転換して速成に尽力するのか、予讃鉄道会社が敷設権を有するのが翌年四月までであったため、決断を迫られました。そして六年九月末に総会を開き、政府が予讃線を西条から松山へ延長する意思があるならば早々に会社を解散するべきとの議決にいたります。そして翌七年に西条～松山間が官設鉄道になることが決定し、大正九（一九二〇）年五月に鉄道省が設置され、同十年六月二十一日に国鉄伊予西条駅、同十二年五月一日に壬生川《にゅうがわ》駅、同十三年二月十一日に今治駅の開業へといたります。大正九年二月に四国で六番目の市制施行をした今治市では、港の築港整備に加え、港と駅を結ぶ一〇間幅の幹線道路（広小路）を整備するなど、近代都市計画が進められました。

亀三郎にとって、予讃鉄道会社を創業できなかったことは大きな失意をともなったことでしょう。ただ、その取り組みの過程で、愛媛実業界のために幅広く人材交流できたことは、大正七年六月に実施された愛媛県貴族院多額納税者議員の互選にも影響を与えたことと思われます。結果は次点に終わりますが、その後も同胞の立憲政友会党員が閣僚就任や代議士となれば祝詞を贈るなど、政界とのパイプを持ち続けます。八木本店旧蔵資料には、原敬・高橋是清・望月圭介や同郷の代議士からの礼状を多く確認することができ、とりわけ深見寅之助が亀三郎へ政局を伝える書簡を多く送っています。再び大正十年八月に「四国国有鉄道速成同盟会」が愛媛県の政財界をあげて組織された際、亀三郎は越智郡代表として片野今治市長・深見代議士・八木春樹市議会議長らと出席しています。これは、同年八月に来県する元田《もとだ》肇鉄道大臣（立憲政友会）の日程に合わせて結成されたもので、地元の熱意を鉄道省へ伝えることが求められました。同省では大正十三年度の松山駅開業を目標としていました。元田大臣は今治に先立って松山市と三津浜町を訪ねていますが、早期の松山駅開業を目指すにあたって、既定路線は堀江～松山間の直通となっていました。ところが、三津浜町への迂回路実現に向けた意見が熱を帯びていたのです。今治を訪問した際は、深見寅之助・河上哲太代議士らが今治政財界をあげた歓迎でもてなし、松山市・三津浜町のような揉めた話は見られませんでした。今治駅の次の駅をどこに設置にするのかは、すでに決まっているのか、海南新聞の報道では触れられていません。しかし、これに半年先立つ大正十年二月八日付の愛媛新報には、国鉄松山停車場の設置問題は〝今治と波止浜との関係とは全然趣が異《ちが》う〟というリード文が躍り、「三津浜町の今回の迂回運動は、彼の今治市から波止浜町に政党と金力とで引ッ張り寄せた一事に味を占めているのだが…」と、裏工作を示唆するかの報道が見られるのです。だとすれば、元田大臣の今治訪問を待たず、すでに波止浜迂回路は決まっていたということになります。

　実際、波止浜駅の開業は大正十三年十二月一日のことですが、これは亀三郎の予讃鉄道会社創立運動の労苦に報いた一面もあったようです。[注5] 鉄道敷設の定石からいえば、今治駅から松山方面へ延伸する際は、平地沿いの乃万《のま》村（現、今治市乃万地域）に次の駅舎を設置するのが工期・工費を考えた場合は妥当です。わざわざ迂回路となる波止浜に駅を設ける必要はありません。それを見越して乃万村の路線候補地を購入し、国鉄に高く買ってもらおうとした素封家もいたほどでした。この当ては大きく外れ、波止浜町へと路線は伸びますが、駅舎は町郊外の高部地区に設けられます。これは、塩田に線路を通して製塩高が減ることを地主らが拒んだため で、そのことで駅舎と塩田との位置関係でホームが緩やかに曲がる設計となってしまいました。これも、安全性や工期などから、ホームが真っすぐであるべきという定石からは外れたもので、波止浜政財界の力が〝迂回路〟〝カーブ駅〟という珍現象を生んだことになります。当時の町長は原眞十郎(大正六年~昭和二十一年就任)ですが、駅を手繰り寄せた中心人物は亀三郎とこれを補佐する矢野通保の存在を抜きにしては語れません。もしかしたら、私設鉄道をあきらめ、国鉄へ権利を譲った時点から、波止浜迂回路へ向けた交渉が始まっていたのかも知れません。

(注1)西本波止浜町長の陳情内容は、明治四十四年五月三十日付の海南新聞に掲載される。また、この前年の十一月二十五日付の同紙には、後藤総裁が越智郡を視察した際の様子も記され、波止浜町では同月二十三日に八木氏邸で昼食をとり、港湾・桟橋を視察している。

「迂回路・カーブ駅のJR波止浜駅」(今治市高部)

（注2）大正三年の動向は、愛媛新報の同年二月六日付、二月十一日付、二月十八日付、三月二十日付などに掲載される。

（注3）亀三郎に出馬要請があったとする記事は、海南新聞の大正四年二月十四日付に見られる。立憲政友会愛媛支部では、越智郡の選挙委員に深見寅之助と八木雄之助を選任するが、彼らは亀三郎が初代社長を務めた今治瓦斯会社の重役陣で、亀三郎親派といってもいい。周桑郡でも、亀三郎親派の青野岩平らが政友会選挙委員となっている。その岩平に宛てた大正四年二月十七日の書簡の中で、亀三郎は候補辞退の意向を伝えている。一方、成田が出馬の妨害（立候補辞退や中傷のデマ）を受けているという宣伝広告は、海南新聞の三月六日付以降、頻繁に掲載が繰り返され、陣営として結束し選挙運動を展開していく様子がうかがえる。選挙結果を見ると、亀三郎が影響力をもつ越智郡で成田は四票、周桑郡では二票しか獲得できておらず、温泉郡の一二五九票、新居郡の三八三票、宇摩郡の一〇二票に比べると、あまりにその格差は大きい。伊澤の手紙にある〝ご配慮〟の意味は、そのあたりのことを意味しているのかも知れない。

（注4）この株式引受募集運動の経過は、八木亀三郎の実話が〝予讃鉄道近況〟の見出しで海南新聞の大正五年八月十三日付に掲載される。

（注5）亀三郎の偉業を称えた特集記事が、本人が亡くなった二日後の昭和十三年七月二十一日付の愛媛地方紙「伊予新報」に掲載されている。その中で友人であった井上要（元衆議院議員・元伊予鉄道社長）が、〝波止浜に迂回したのは八木君の功に報いたものだ〟とコメントし、その功績を称えている。

〈コラム4〉「天下の白鹿」と「浜焼鯛」

八木本店旧蔵資料には、〝三大船成金〟の一人・山下亀三郎からの書簡を二通確認することができます。差出年は不明ですが、山下の住所はともに東京芝高輪《たかなわ》南町（現、港区高輪三丁目）と記されます。

一通は、東京日本橋の上総屋《かずさや》旅館へ宛てられています。上総屋は、八木亀三郎が東京出張時に使用する定宿で、昭和四（一九二九）年に東京へ自宅を構えるまで使用しています。書簡の内容は、約束していた辰馬《たつうま》酒造の清酒「天下の白鹿《はくしか》」三本（瓶詰）をお贈りするというもので、一般市場販売とは異なる特製の自家用酒である点を自賛しています。切手がないことから、配達されたお酒に添えられた手紙と思われますが、上質の巻紙に自筆で記されています。

『第十三代辰馬吉左衛門翁を顧みて』（一九七五）によると、このお酒は辰馬酒造の銘酒「白鹿」を、山下家専用に吟醸したプレミアム商品で、山下が贈答用に政財界の友人・知人らに贈っていたことが知られています。当時の辰馬酒造は、灘地方（兵庫県西宮市周辺）の老舗醸造家で知られる一方、大手海運会社の辰馬汽船として多角経営が行われていました。山下とは海運業つながりで親交があり、山下は宴会（樽詰）や贈答（瓶詰）で辰馬の酒を愛用していました。しかし、やがて山下は「黒松白鹿」の瓶

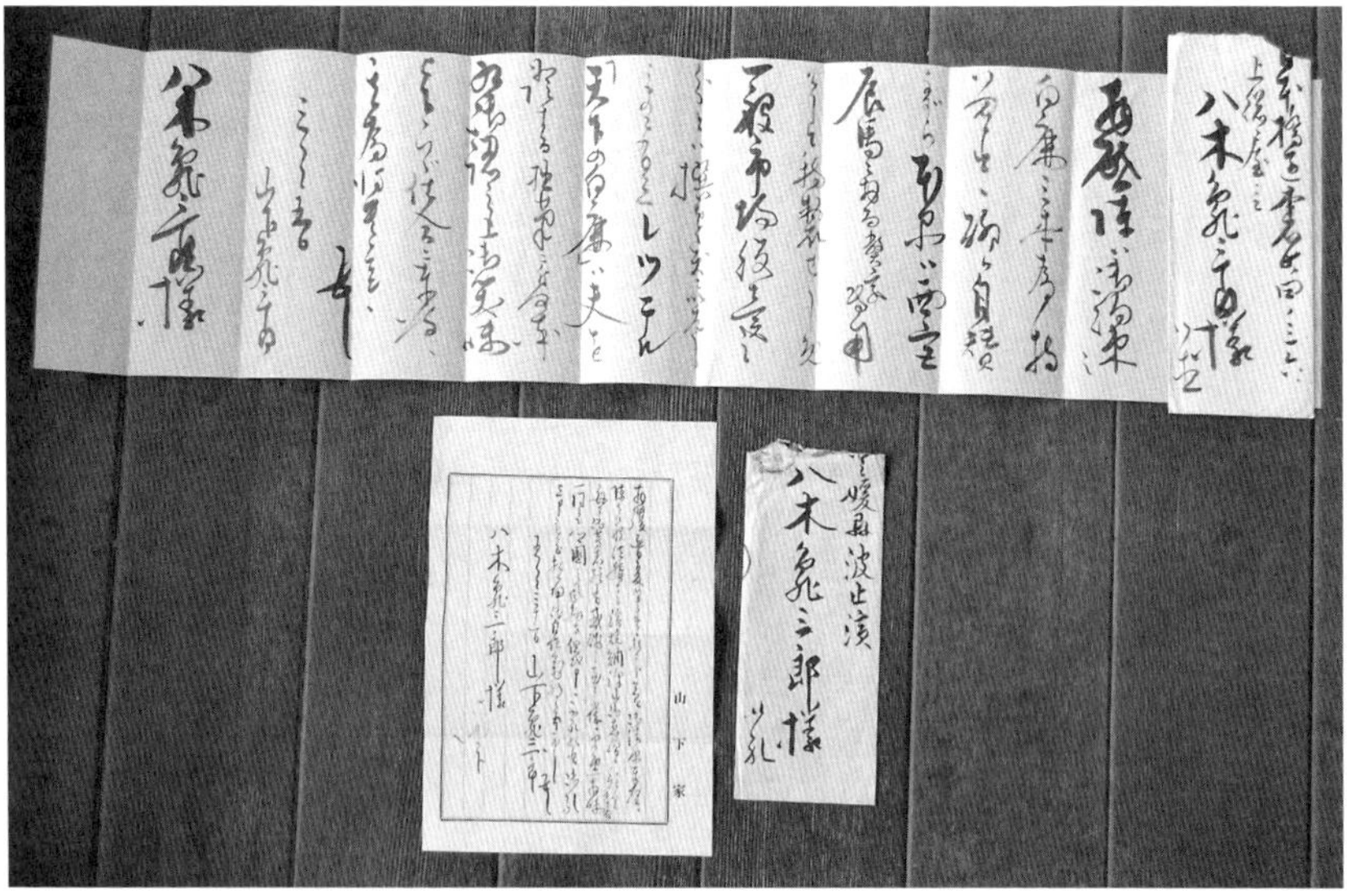

「山下亀三郎からの書簡２通」

詰では満足できなくなり、若槻礼次郎揮毫《きごう》の〝天下の白鹿〟を持参して、特製の酒での商標登録を懇願（東郷平八郎の揮毫が縁という）。辰馬は専用ラベルをつくって、昭和二（一九二七）年一月から山下の注文に応えるようになったようです。当時の納入数量は年間約一〇〇打《ダース》だったようで、それを記念した八木への贈り物だったのでしょうか。現在も辰馬の酒造りは辰馬本家酒造に継承され、ブランド名の〝白鹿〟は健在です。

もう一通の書簡は波止浜の自宅へ宛てられ、浜焼鯛を沢山いただいたことへのお礼を、便箋一枚に自筆で記しています。

浜焼鯛は、当時の波止浜の郷土料理で、来島海峡周辺で獲れた天然マダイを波止浜の塩田塩で調理したものでした。来島海峡沖の燧灘《ひうちなだ》がマダイの産卵場所だったことで、今治地方では藩政時代からマダイの漁獲量が多く、昭和初年には鯛網漁を観光に生かそうとした時期もありました。郷里を大切に思う八木亀三郎は、浜焼鯛を贈り物とすることで、地元漁師や調理人の経済効果を図ったことでしょう。八木本店資料の浜焼鯛の礼状は、木戸幸一（大正十二年／貴族院侯爵議員）・加藤恭平（大正十四年／三菱商事）・郷古《ごうこ》潔（大正十五年／神戸三菱造船所）・徳大寺則麿（大正十五年／神戸三菱造船所）・大島義胤（大正十五年／三菱社長）・勝田主計（昭和二年）・四竃孝輔《しかま》（昭和二年／海軍中将、工船蟹漁業水産組合顧問）・井上亀六（大正十五年／正教社）らを確認することできます。四竃への贈答品は、四竃を通じて海軍大将の伏見宮博恭王《ひろやすおう》殿下へ献上されています。また、大正十三（一九二四）年から蟹工船を手がけるようになると、蟹缶詰の贈答も行ったようで、井上亀六（大正十四年）・香坂昌康（昭和元年／愛媛県知事）・仙波太郎（昭和元年／陸軍中将）らの礼状が見られます。仙波の礼状には、八木本店製造の蟹缶詰が米国へ輸出されている内容が記されています。年月不詳ですが、

俳人の河東碧梧桐は蟹の子と塩辛をいただいたことへの礼状葉書を送ってきています。（注1）

両亀三郎の邂逅《かいこう》がいつに遡るのか分かりませんが、ともに愛媛出身の船成金で同じ名前という共通点を考えれば、気に留める関係にはあったことと思います。山下の自叙伝『沈みつ浮きつ』（山下株式会社秘書部、一九四三）に、親交のあった政財界人として八木の名前は登場しません。ただ、予讃鉄道会社の創立運動で八木を支援した伊澤多喜男・松木幹一郎（注2）・古谷久綱（山下の従姉の子）らの名前は登場しますので、彼らを通じて間接的な交流が一時的に見られたのでしょう。大正五（一九一六）年に株式引受募集の相談で会った際は、互いが愛媛への愛郷心を語り、意気投合した光景が目に浮かぶようです。

（注1）八木本店旧蔵資料には、碧梧桐が八木亀三郎へ宛てた葉書を三点確認することができる。そのうち一点だけが、差出年が大正十二（一九二三）年一月二十六日と分かっていて、内容は碧梧桐が大正十二年に創刊する個人雑誌『碧』の購入をうながすものである。ほか一通は、亀三郎が所蔵する蔵仏の借用願いとなっている。

（注2）松木幹一郎（一八七二〜一九三九）は愛媛県周桑郡楠河《くすかわ》村河原津（現、西条市河原津）の出身で、東京帝国大学法学科卒業後、鉄道院理事や東京市参与などを務め、後藤新平の信頼も篤かった。大正六年五月に山下汽船株式会社が設立されると副社長に抜擢され、山下グループを統括する山下合名会社の総理事にも就任した。山下汽船を去った後は帝都復興院副総裁（大正十二年）や台湾電力社長（一九二九年）を務め、中断していた台湾の日月潭《にちげつたん》水力発電事業を完成に導いた功績で知られる。〝台湾電力の父〟とも称され、日月潭湖畔に胸像が立ち、郷里の西条市東予郷土館の常設展示室に小さな紹介コーナーもある。

⑤ 混迷をきわめた露領漁業と尼港事件

明治四十（一九〇七）年七月の日露漁業協約調印から大正六（一九一七）年三月のロシア革命までの約十年間は、日露両国にとって露領漁業の発展期でした。ニコライエフスクの買魚事業が衰退するなかで、カムチャッカやオホーツク海沿岸でのサケ・マス漁が増え、その先哲に日魯漁業会社（現、マルハニチロ）の創業者・堤清六《せいろく》とその協同者・平塚常次郎がいました。

両名の出会いは明治三十九年のアムール川河口プロンゲ岬の漁場で、北洋漁業に専心すべく同年に二人で堤商会を設立したのが始まりです。翌年にはカムチャッカ半島東海岸（ウス・カム）に初出漁して成功をおさめ、明治四十三（一九一〇）年にカムチャッカに邦人初の缶詰工場を設置してサケの缶詰生産に着手しています。その後、堤商会に倣って缶詰製造に着手する邦人が増えますが、同社はいち早く自動製缶機・缶詰製造機を導入し、大正四（一九一五）年に函館で日本最初の製缶事業を始めるなど、露領漁業発展の牽引役を果たすことになります。その影響もあって、邦人による露領漁業は、大正二年には租借漁区二一五、経営者九五人、従業員一万三〇〇〇人、漁獲高四万五〇〇〇石、缶詰三会社・五個人（計八万個製造）、使用汽船九五隻、帆船二六五艘（隻）の一大産業へと成長します。大正六年には漁業生産総額一四〇〇万円余のうち塩魚製品七九四万円、缶詰製品五三三万円で、缶詰製品の比率が増加していました。(注1)

こうした中、八木商店のニコライエフスクにおける漁業経営はどうだったのでしょう。八木本店旧蔵資料の「尼港漁業経営年度表」などによると、大正二（一九一三）年までは五号・六号・オリメフ・トネーパフ・プイル・プロレケなどを順調に経営していたようですが、同三年以降は状況に変化があった

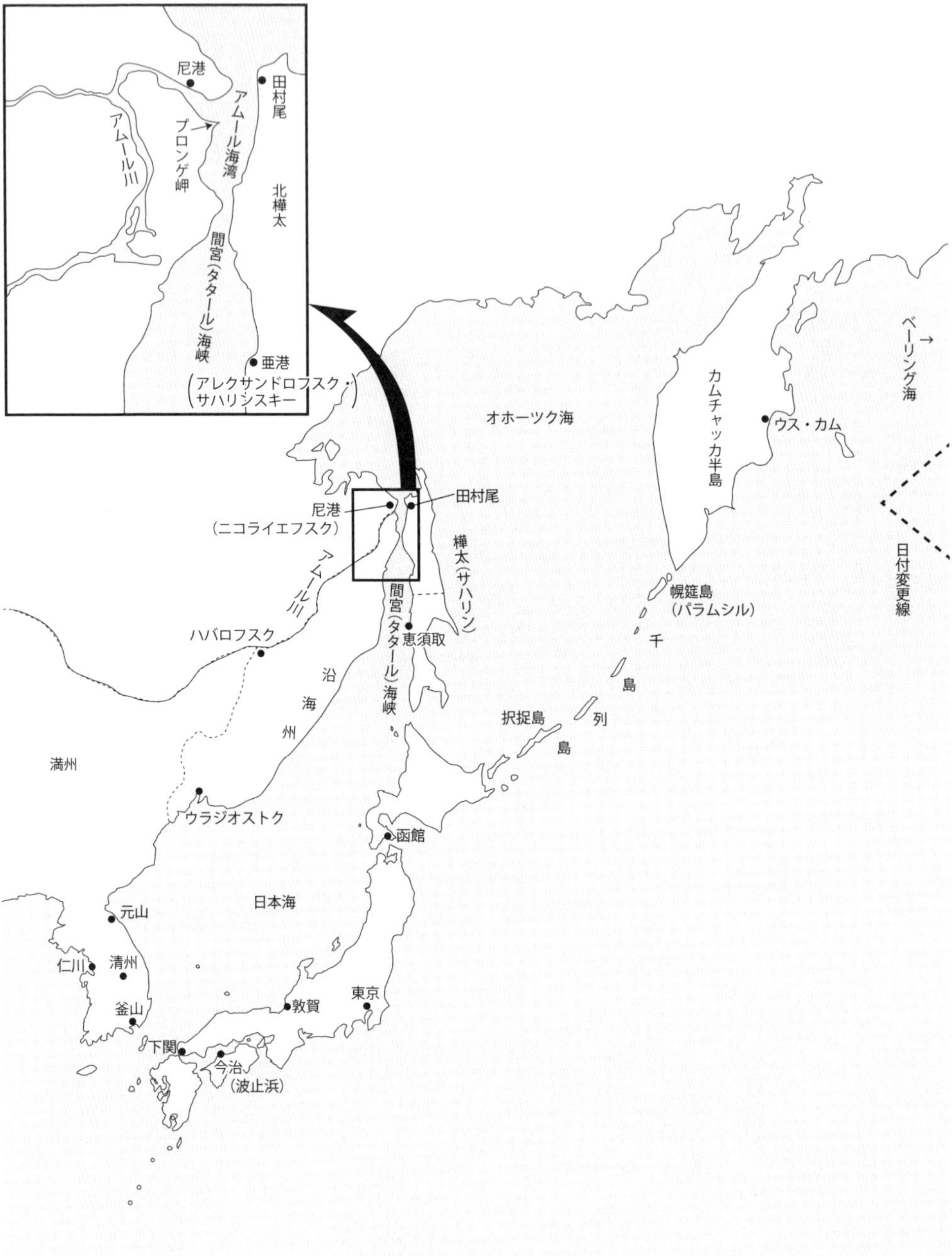

北洋略地図（帝政ロシア〜ソ連）

ようです。第一次世界大戦がはじまる大正三（一九一四）年度以降、現地の漁場で日本漁夫の使用が禁止されたため、八木商店では朝鮮人を雇って六号・プイル・七十号などの経営にあたったと記されます。四年度も六号と七十号の経営を行いますが、鮭の荷が少なかったのか、二隻の船は朝鮮の蔚山《ウルサン》で豆粕《まめかす》の輸送にかかわっています。島田元太郎が同四年四月に亀三郎・通重に宛てた書簡によると、「時局のため、現地は商況不振・金融大逼迫で商業活動が困難である」と嘆き、「昨年度、ドイツより取り寄せた商品が今夏には欠乏しそうで、日本商品の輸入で対処したい」とのことでした。残念な知らせとして、「市所有の漁場で日本切製魚（塩蔵魚のことか）が禁止となったので、これに対処すべくロシア人を通じて現在許可願申請中である。プロンゲ・ナレオ・オレミフなどの漁場は、租借期限満期までは差支えないだろう」とあり、許可が下りない場合は、コロツカ漬として函《はこ》または樽漬で日本切することを提案しています。五年度は残塩整理を委託して（一万三九四五叺《かます》売却）出漁せず、二隻は貸船にしてニコラエフスクの支店を閉鎖します。邦人漁業者による当地の買魚事業は大正五年度で幕を閉じたようで、八木商店はその終焉も見届けることとなりました（注2）。實通が南洋貿易を手がけようとした背景には、ニコライエフスクの市況も影響していたのでしょう。このため六年度は神社丸を売却し、池月丸はカムチャッカ出漁の漁業者に貸船しています。七年度も、池月丸をカムチャッカ出漁の漁業者に貸船しています。八年度は、能島丸と池月丸が食塩積みして出漁を行ったようで、樺太丸は夏期中に樺太・尼港間の石炭輸送を行っています。その年の自社船七隻で黒字の収益をあげたのは池月丸と樺太丸だけでした。九年度は海運不況が影響し、八木本店の資本金が一五〇万円から七五万円に減額した年でもありますが、連城丸は貸船され、能島丸・池月丸はともに赤字でした（伊勢丸は売却か）。

露領漁業の中心は、広大なカムチャッカ半島沿岸やオホーツク海へと移っていきますが、これに大きな脅威と支障をもたらすのが、大正六（一九一七）年三月に起きたロシア革命です。これは帝政を打倒し、社会主義政権を樹立するための革命で、レーニン率いるソビエト政権が誕生しました。同政府はドイツと講和を結んで対外戦争を中止し、革命に反対する勢力との内戦に突入しました。

極東の情勢も、大正十一年（一九二二）年にソビエト社会主義共和国連邦が成立するまでの間、交渉相手が定まらず不安定なものとなります。大正七年の出漁はウラジオストクの沿海州ゼムストヴォ政権、翌八年はオムスクのコルチャーク政権下で漁区の競売が実施されています（ゼムストヴォは帝政ロシアの地方自治機関）。そして日露漁業協約の更新・改定が大正八年九月に迫ると、正当政権が定まらないため、極東のオムスク政府と交渉を行って暫定的な出漁を行い、翌九年はウラジオストクのゼムストヴォ臨時政権のもとで漁区の競売が行われました。

この途中、革命への干渉で、日本をはじめとする欧米諸国（米・英・仏・伊など）がシベリア・極東地方へ出兵しますが、日本軍は大正八（一九一八）年八月にウラジオストク上陸し、十月には東シベリア一帯を占領するなど戦線は拡大し、十一月には七万二〇〇〇人の軍隊に膨れ上がります。コルチャーク政権が崩壊するのは大正八年末のことで、同政権の衰微によって極東各地にパルチザン（遊撃隊）が蜂起し、同九年二月にニコライエフスク占領中の日本軍はパルチザンの攻撃を受けて降伏します。このとき、将校と居留民が捕虜となるのですが、五月に日本軍が反撃するとパルチザンは三五一名の将兵、副領事を含む三八三名の日本居留民を殺害、市内を焼き払って逃亡します。パルチザンは邦人漁場にも侵入し、二六の漁場、三か所の缶詰工場が略奪・破壊に遭っています。八木本店では、残留財産・委託商品などがすべて略奪に遭うか焼失し、例えば能島丸・池月丸積入の食塩八五一〇叺の損害は、積込費用も含めると二万六六八三円余りだったようです。この惨劇は〝尼港事件〟（尼港事変）とも呼ばれ、ソビエト政府の事後対応は、事件責任者を死刑に処して、事件とは無関係の態度をとっています。その報復として、日本軍は大正九年七月にアムール川河口とその対岸の北樺太サガレン州を占領するのでした。この保障占領を機に、八木本店は北樺太に漁業拠点の主軸を移すことになります（保障占領は、大正十四年一月締結の日ソ基本条約によって、同年五月に撤退・解除）。

コルチャーク政権の崩壊後、欧米諸国が大正九年に入ってシベリアから撤退する中、日本軍は尼港事件などもあって駐留をつづけます。八木本店の樺太丸も、軍の御用船として就航しています。[注3] 一方のパルチザンを中心とする革命派勢力は、日本軍との対決を回避するための緩衝国家〝極東共和国〟を大正九年三月に建国します。バイカル湖以東のシベリア鉄道やアムール川に沿った地域を領域とし、同年十月以降はチタに首都を置いています。これはソビエト政府の傀儡《かいらい》国家で、カムチャッカのペトロパヴロフスクがソビエト権力だった一方で、ウラジオストクには中道派の沿海州ゼムストヴォ臨時政府が存在するなど、混沌とした政情が続くことになります。このため、露領漁業はチタ政権と交渉を進めますが、話し合いがまとまらないことで、漁業者は自治的出漁にいたります。つまりは、大正十年・十一年の二か年は漁区競売を行わず、露国側に納入する借区料その他の公課金は露領水産組合を通じて供託し、海軍駆逐艦が出動して漁業者の保護を行う自衛出漁といえるものでした。大正十一年十一月に極東共和国がソビエト社会主義共和国連邦に合併されると自衛出漁はいったん中止され、大正十五年まではソ連の国交極東当局との暫定協定で出漁が行われるのですが、拿捕《だほ》などのトラブルに巻き込まれる邦人漁業者もいました。

（注1）『北洋漁業総覧』（農林経済研究所／一九六〇）や函館市北洋資料館配布資料「北洋サケ・マス漁業の歴史」を参照。

（注2）『函館市史』通説編第三巻・一八八頁によると、大正二年にニコライエフスク買魚に渡航した船舶は帆船一二隻汽船二六隻（総噸数《トン》八四一二トン）で、三万七〇九〇石の塩鮭鱒を輸入している。そして、大正五年には帆船一隻汽船一隻（総噸数二八〇トン）となり、一二七石の鮭鱒を輸入してニコライエフスク買魚事業の幕を閉じたとある。亀三郎同様に尼港買漁事業の先哲である函館の小川弥四郎とその娘婿・坂本作平は、大正二年で尼港を撤退し、明治四十年代以降はカムチャッカ方面に漁業の拠点を移している。

（注3）大正九年四月十三日付の海南新聞を参照。同月四日以降に起きたウラジオストクでの日露軍の衝突に対して、同九年四月十日午後五時、御用船樺太丸で門司発浦塩に急行する松平西伯利派遣政務部長の対露政策の談話が掲載される。

⑥ 盟友 島田元太郎と八木本店の受難

尼港事件前後の八木商店・八木本店の動きを、島田元太郎の書簡から詳しく見ていくことにします。大正七（一九一八）年一月に島田は東京に滞在し、同月十三・十八日の二回にわたって、亀三郎へ政府要人との極秘会談の内容を書簡にしたためています。十三日分は、総理大臣（寺内正毅）と田中参謀次長との面談で、日本政府がロシアへ出兵することを告げられ、まずは邦人保護のためウラジオストクに軍艦を派遣するとのことでした。最終任務は、ロシア人による東部シベリア・バイカル湖以東に、〝東洋のベルギー国〟のような独立国を建国して各国に認めさせ、これを日本が援助するというものでした。この内容を知るものは総理大臣・陸軍大臣・陸軍参謀長・同次長と島田本人のみとのことで、このような重大任務に関われることは、勝田主計《しょうだかずえ》（大蔵大臣）・長岡外史《がいし》（陸軍中将）の信任と亀三郎の後援によるところであると島田は感謝の気持ちを記しています。実際、周囲の目にも島田成功の立役者が亀三郎であると映っていたようで、過去に勝田や菅菊太郎（農学博士）といった愛媛県人がニコライエフスクを視察旅行した際、亀三郎の縁により島田商会の世話で厚遇を受けています。(注1) 当時、ニコライエフスクにおける島田の信用は絶大で、現地で〝ニコライエフスクの総督〟とまで呼ばれるほどでした。

先の書簡に対して、亀三郎は祝電を送ったようです。その返信となる十八日の書簡には、必要が生じた際は軍用金の提供・用立てをお願いできないかとあり、早速、中島陸軍少将に同伴して敦賀からウラジオストクへ出帆するとのことでした。現地では正貨が不足していて、銀行の引き出しにも制限がかかっているため、島田・八木両名の引き出しでこれに対応できれば幸いとのことでした（翌大正八年に、島田は現地の正貨不足に対応するため、自らの肖像画を印刷した商品券を発行して現地経済の安定化を図ったことで知られる）。今回の特命を島田は一世一代の大事業ととらえ、〝成

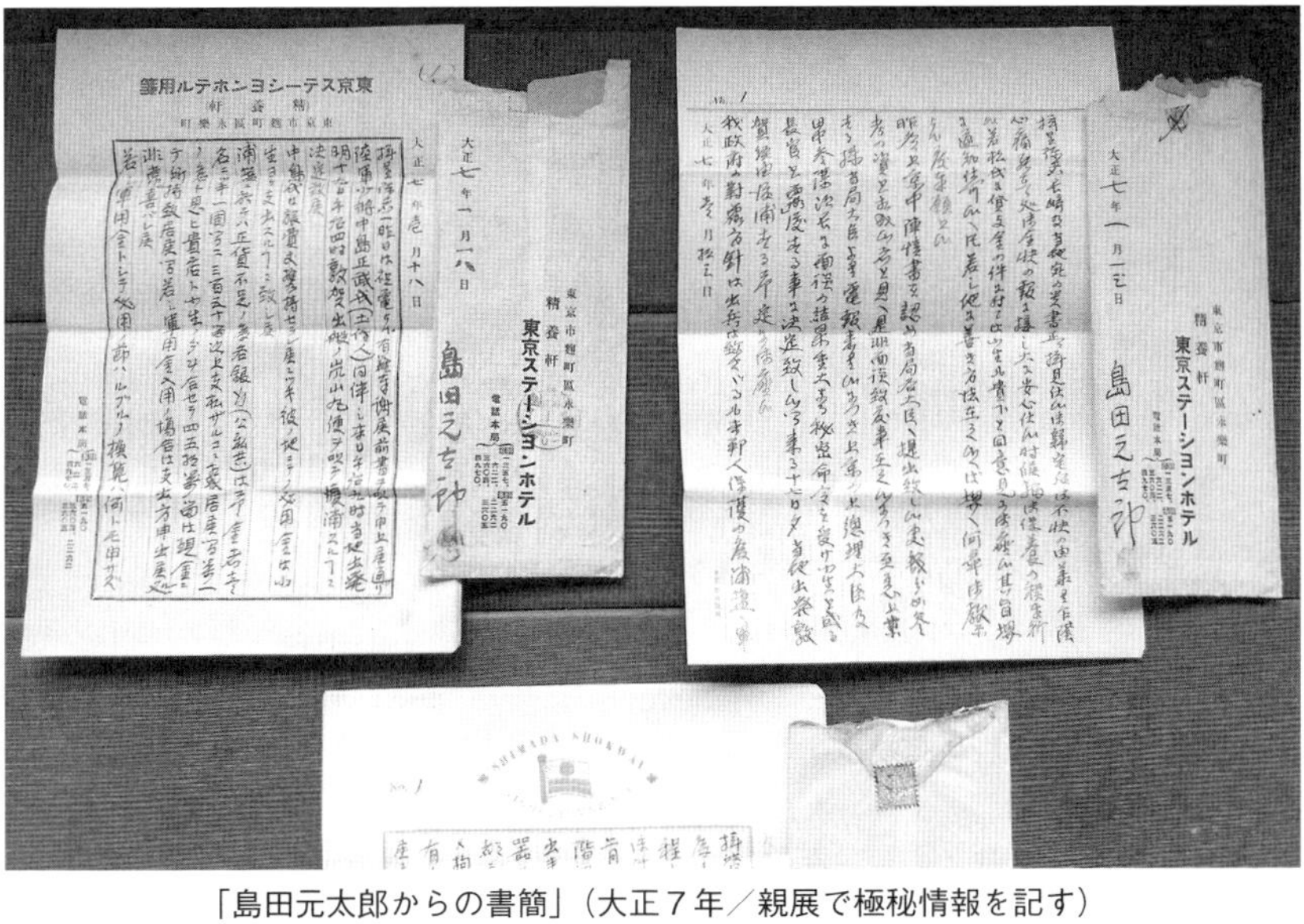

「島田元太郎からの書簡」（大正７年／親展で極秘情報を記す）

功すれば国家の利益、不成功の場合は小生の失敗にして帝国の名誉を傷つけること更にこれなく候〟と、意気高揚しています。さらに前回よりも具体的な極秘任務が記され、「東部西比利亜《シベリア》共和国（または帝国）建設運動計画」と題して、その運動の目的・方法が便箋四枚にわたって列挙されます。

これとは別に活動拠点の電信名宛としてウラジオストク（浪花方）・ニコリスク・ウスリースキー（佐伯方）・ハバロフスク（竹内方）・ブラゴウエケンスク（稲原方）の四か所を記し、〝軍用金は資本金〟〝軍器は商品〟〝軍隊は店員〟〝軍艦は商船または船〟と、電信暗号は商用語ですべて表記する旨を伝えています。そして二月十六日は代筆にて通知があり、同月二十日には直筆にて運動計画に対する経過報告がなされています。この計画そのものは、後の日本軍のシベリア出兵によってソビエト権力の傀儡《かいらい》国家・極東共和国の成立で形式上の実を結ぶこととなりますが、期待された鉄道・鉱山・漁業の利権はソビエト連邦の誕生によって水泡に帰すこととなります。亀三郎が島田を通じて投じた巨費も無駄に終わるわけですが、その一方で亀三郎は、大正七年十二月に南樺太の私立恵須取《エストル》尋常小学校へ新築費として四〇〇〇円を寄付するなど、すでに樺太漁業との接点を持ち始めていたようです。大正十一年三月には、その名好郡恵須取村に漁業目的で三六九九坪の土地を購入しています。

尼港事件前後の動向は、晩年に亀三郎が外務省へ提出した『尼港事変損害救済申請に関する陳情書』（昭和十一年）でも、その概略を知ることができます。要約すると「大正七年の寺内内閣当時、極東緩衝《かんしょう》国樹立の見通しがついたとして、国策上の見地から同地方における事業継承や可及的発展に期待が膨らみました。政府は積極的援助を与える旨を島田元太郎氏にご内命し、これを聞き及んだ小生はその国家的事業の決行に共鳴して、島田氏の事業計画を援助するため尼港事変前後にわたって約三〇〇万円の投資を行いました。しかし、大正九年三月の尼港事変によって島田商会は全滅し、事変後の投資は日本軍のシベリア撤兵と同時に政権か過激派の手に渡りました。その結果、極東共和国政府は自然解消し、個人事業は禁止に追い込まれ、事変後に復興した島田商会の事業・財産は不当なる苛税《かぜい》と没収などにあって再び全滅の状態となりました。このため小生の投資金はすべて回収不能に陥り、大きな損害を被りました」とあり、「大正九（一九二〇）年夏、日本軍の保障占領後は北樺太西海岸タムラオ第三号・第四号の漁場、漁具・付属建物など一切を前租借者サハリン漁業組合より譲り受け、多額の資本を投じて漁業に従事することになりました。ところが大正十四（一九二五）年、日本軍の撤兵と同時にソビエト政府が日本人の漁業を禁止ししたため、その漁場も放棄する事態となり、さらに多大の損害を被りました」というものでした。

　尼港事件の被害者救済を、日本政府は寄付などを原資とする救恤金《きゅうじゅつきん》の支給で対応することになり、大正十一（一九二二）年にそのための法律を施行しています。政府は、北樺太の石油利権と引き換えに、ソ連への賠償を棚上げしたのです。当時、亀三郎は他の事業

「タムラオ八木漁場のサケ漁」（大正11年、八木明旧蔵）

「タムラオ八木漁場の荷役作業」（大正13年、八木明旧蔵）
※タムラオ（田村尾）漁場は、間宮海峡を挟んで
アムール川河口対岸の北樺太西岸に位置した

「タムラオ八木漁場の倉庫」（大正13年、八木明旧蔵）

を営み生活に支障がなかったため、申請書の提出を保留しました。
　この救済活動に尽力するのが島田元太郎で、東京に事務所を設けて全国被害者の相談窓口となり、三度の救恤金支給を実現させせました。事件当時、島田は幸いにも日本に滞在して無事でしたが、店舗は全焼し、店員もことごとく殺されています。また、島田商会と並んでニコライエフスク有数の漁業者であったリューリ商会も本店を焼かれ、経営者のリューリ（ユダヤ系ロシア人）は弟を亡くしています。尼港事件の遺族救済の進捗について、亀三郎は今治出身の砂田重政代議士（兵庫県選挙区）を通じて情報を収集しています。また、正教社の社主・井上亀六からも大正十三年八月に外務省の対露交渉の内部情報を入手するなど、尼港問題と併せて北樺太の利権問題などに注意を払っています。(注2)
　このようにして、明治二十六年から始めたニコライエフスクの漁業経営は尼港事件が撤退を決定づけることになります。
　大正十二年八月十日に日誌・漁場建物略図・財産目

「八木明撮影の北樺太住人」（大正11 ～ 13年、八木弥五郎氏所蔵）

録・残留品等の報告が便箋九枚にまとめられています。その「経営年度表」によると、大正十一年度からタムラオへ出漁を開始したようで、同年七月十六日に社員の矢野克太郎が實通へ収穫量の報告を行っています。それによると、克太郎が担当する三号漁場の成果は、鱒の買魚二五〇石・収穫一八五〇石、夏鮭の買魚一万一〇〇〇尾・収穫七〇〇〇尾、夏鮭の筋子二〇樽・鱒の筋子二〇〇樽、塩の現在高が四八〇〇俵でした。担当外の漁場についても報告をしており、同僚の三浦玄三が担当する五号漁場は鱒の買魚が六〇〇石で、ライバル会社の日露実業は三漁場で鱒一五〇〇石、日魯漁業のリーブヌイは鮭二〇〇〇尾、日魯漁業のゾートスバンカは四〇〇〇尾だろうとのことでした。タムラオの八木漁場では、ロシア人・中国人・朝鮮人などが引網サケ漁やサケ桟橋揚げなどに従事していたようで、この時の様子を二年目から現地へ赴任した升屋新宅の八木明が撮影しています。(注3)

八木本店漁業部の大正十三年度「タムラオ漁場計算書」(十一月作成)によると、鱒は六月下旬から八月中旬にかけて三号・四号漁場で三三万五七八九尾を収穫し、各村やグリゴレフカでの買魚が一七万八七四二尾。夏鮭は七月上旬から八月初旬にかけて三号・四号漁場で七万三三六九尾を収穫し、各村・グリゴレフカでの買魚が三万二六九六尾。秋鮭は八月下旬から九月下旬にかけて三号・四号漁場で二五万九二三尾を収穫し、各村と二号漁場からの買魚が六万六六四二尾でした。鮭鱒は冷蔵による生魚や塩蔵として売却し、筋子は樽にして商品とされ、諸経費を引いた当期利益は一三万三八一二円余りだったようです。また、大正十四年に三浦玄三が亀三郎に宛てた書簡がまとまった数確認でき、タムラオの譲渡残留品引き渡しやエストルの漁業権引継ぎなど、樺太漁業が混迷と転換を迎えている様子もうかがい知ることができます。

大正十四年六月一日、露領水産組合本部に対して、同ニコラエウスク支部長の高松松太郎より支部廃止の届出がありました。理由は「労農（ソビエト）政府の法規により黒龍江下流及びタムラオ沿岸の漁区は禁止同様の情況なる」とのことでした。(注4)同年が八木本店のタムラオ漁業経営の最終年となったようで、四万五九四円余りの赤字を計上しています。ただ、南樺太エストル地方の漁業権は持ち続けていたようで、八木本店旧蔵資料には樺太鵜城《うしろ》郡鵜城村字荷負《におい》地先の定第五〇二号・定第五〇三号の漁業権（定は定置の意か）ならびに建築物・漁具等の施設を、昭和十六（一九四一）年四月に他者へ貸し出す「賃貸契約書」（控え）が残されています。この荷負における漁業は、樺太庁提出の「事業報告書」には大正二年七月二十一日が開始時期と記され、八木商店の樺太漁業との関りは大正初期に遡る可能性もあります。

（注1）大正九年七月二十日付の愛媛新報記事を参照。世間を騒がす尼港事件に対して、過去に現地視察をした経験をもつ菅菊太郎が松山地歴学会で講演を行っている。これを愛媛新報が「二港の回顧」と題して四回だての連載記事とし、その三回目で〝ニコライスク王　島田元太郎氏〟というリード文で元太郎の立身出世と尼港事件の悲劇が記されている。四回目は〝ニコライフスク港と伊予人〟というリード文で、その元太郎と八木亀三郎との関係が記され、「島田氏の資本主は越智郡波止浜の八木亀三郎であります。八木氏の持船は之《これ》までニコライフスク港に年々往来して物資の供給積取をして居ります。八木氏なければ固《もと》より島田氏の成功は無いので…」とある。今治市大三島町出身の菊太郎（一八七五〜一九五〇）は、クラークに憧れて札幌農学校へ進学した人物で、卒業後に北海道庁嘱託としてシベリアの農業視察を行っている。島田との接点はその頃のものか。後に農商務省技師となるが、体調を崩して帰郷後は教育者となり、愛媛の社会教育や郷土史研究に尽力した。それだけに、同郷の亀三郎がニコライエフスク王の島田と蜜月な関係を築き、その縁で島田が伊予人を厚遇してくれることが強く印象に残ったものと思われる。

（注２）八木本店旧蔵資料には、井上亀六から八木亀三郎へ差し出された書簡三二点を確認することができる。時期は明治四十年から昭和十二年にかけてのもので、大正十三年から昭和二年、昭和九年から同十二年にかけて定期的に連絡をとりあっていたことが分かる。

（注３）『漁り工る北洋』（會田金吾／五稜出版社／一九八八）の一三〇頁に、タムラオの八木漁場の様子を示した写真が三点掲載されている。これらは、八木實通専属秘書（当時）の八木明が撮影したもので、明が所蔵していたものが同著へ提供されたのだろう。この三点に付随する写真を、明ご子息の弥五郎氏が所蔵していることが分かった。明（一八九八～一九八五）は升屋新宅・八木弥十郎の次男に当たり、八木本家の亀三郎・實通を支えるべく八木本店に入社している。

（注４）八木本店旧蔵資料には、「露領水産組合」の大正十四年度から昭和七年度までの業務成績報告書冊子を一〇点確認することができる。

第四章　蟹工船〝樺太丸〟の船出と今商騒動

①海運不況と蟹工船への挑戦

大正八（一九一九）年以降、八木本店では海運業が不振に陥っていきます。大正八年は樺太丸と池月丸だけが黒字で、ほか五隻の持ち船は赤字となります。それでも樺太丸の収益で海運部門は黒字を保つことができますが、九年〜十一年は戦後不況の煽《あお》りで赤字となってしまいます。一番の稼ぎ頭であった樺太丸も十年・十一年は赤字を計上するほどで、持ち船の数も売却などによって減らしていったようです。

十一年は持ち船三隻のうち、春海丸だけが黒字となり、海運部門の収支が気になったのか、實通が同年上半期の各船の諸経費や航海スケジュールをノートにまとめています。それによると、春海丸は年初から一〇次航海までが記されており、海運会社と定期用船契約を行っているようです。主力となる積荷は石炭で、九州の三池・松島・若松などで積んで、阪神・中京・京浜方面や中国上海などで荷揚げを行っています。七次航海では門司でセメントを積んで韓国仁川で荷揚げ、復路の八次航海で韓国木浦《モッポ》・仁川で米などの雑貨を積んで福浦・大阪などで荷揚げを行うなど、順調な動きが見られます。これに対して樺太丸も石炭輸送を軸に国内と日中航路で動いていますが、途中で三井に船腹貸しを行うなど、不定期の貸上料収入が見られます。燧洋丸は松島・若松など石炭を熱田向けに輸送しますが、第三次航海までしか記されていません。知人が實通へ送った同年二月二十二日付の手紙に「燧洋丸不幸については何ともお気の毒…」とあるので、海難事故で沈んだ可能性が考えられます。そのほか、燃料費・船具代・修繕費・船員費の出費を細かく記しているあたりは、不況の表れなのかも知れません（十年と十二年のノートは確認できず）。

海運不況は深刻で、日本船主協会でも大正十一（一九二二）年七月に同盟繫船《けいせん》を呼びかけるほどでした。これには、船を一定期間港に繫《つな》ぎとめて燃料代や人件費などの出費を減らすねらいがありました。幸運にも、樺太丸は同年八月七日から九月五日まで臨時御用船となり、九月十七からは陸軍戦時用船（撤兵用／ウラジオストク方面か）として貸し上げとなります。御用船は一般貨物の輸送よりも運賃がいいことで知られますが、九月六日以降の十二日間は休航となるため、稼ぎがありません。そこで、配船を担当する杉野正一

「樺太丸模型」（佐藤船舶工芸、2018年制作）

が實通に対し「九月十一日に実施される大演習の兵士運送に継続使用できないものか」と期待を寄せる書簡を送り、「かなわない場合は汽缶の掃除にあてたい」とのことでした。

大正十二（一九二三）年から再び八木本店海運部門は黒字に返り咲きますが、十二・十三年は樺太丸・春海丸・タムラオ漁業の収益が四年ぶりの黒字をもたらしたのでした。十三年時点で八木本店の持ち船は樺太丸（二八三一総トン）と春海丸（一八〇〇総トン）の二隻となってしまいますが、どちらも蒸気機関を有する大型の鉄鋼船（汽船）でした。木造帆船は姿を消し、南洋貿易を手がけた池月丸も大正十年の「収支報告書」には未記載です。尼港事件でニコライエフスクの拠点を失った今、樺太の漁業に活路を見い出しつつ、二隻の大型汽船の運航が八木本店の生命線となっていました。

一方、海運不況のさなか、北洋の蟹漁業で大きな動きがありました。大正十（一九二一）年、和嶋汽船部経営の和嶋貞二が、業者（民間）船として初めて母船

「春海丸」（八木本店「蟹缶詰工船絵葉書」より）

式蟹漁業を事業化しています。和嶋もまた亀三郎同様に、石川県能登半島の小木《おぎ》という地方出身者で、北海道を拠点に海運業で成功し、北洋漁業に活路を見出した実業家でした。すでに北千島水産会長の地位にあった和嶋は、大正三（一九一四）年から千島列島北端の幌筵《パラムシル》島で蟹缶詰事業を営んでいましたが、そのやり方は沖で収穫したタラバガニをいったん陸上工場まで輸送し、缶詰にするというものでした。ただ、蟹の移動にともなって漁場が工場から離れると、工場までの輸送で鮮度が落ちるため、帆船や汽船に缶詰製造設備を載せるというやり方に関心を抱いていたようです。これを農商務省水産講習所の練習船「雲鷹《うんよう》丸」（大正三～／四四八総トン）や富山水産講習所の練習船「高志《こうし》丸」（大正五～／九四総トン）が実用化に向けて試作を重ねたことで、海水を使った缶詰製造に一定の目途がたちます。そこで、商船の扱いになれた和嶋は、堤清六らの力を借りて補助機関付帆船の「喜久《きく》丸」（三〇〇総トン）と汽船の「喜多《きた》丸」（三八九総トン）を用船し、船内に缶詰製造設備を載せて沿海州方面へ出漁する

「タラバガニの標本と缶詰」（八木弥五郎氏所蔵）

ことになりました（用船契約の場合、漁期が終われば設備を撤去して船主へ返す）。目標は二隻合計で七六〇〇函だったようですが、実際は二七五九函でした（函は、箱と同意）。当時は、二分の一ポンド缶×八ダース（九六個）を一函といい、一ポンドが〇・四五キログラムだと一函は約二二キログラムとなります。目標数値は、用船料・艤装《ぎそう》工事費・燃料代・人件費・食糧費・船舶保険料などの諸経費を差し引いてもなお、利益を生み出す製造量とみるべきなので、貞二としては満足のいくものではなかったことでしょう。ただ、前年の富山水産講習所の練習船「呉羽丸《くれはまる》」（一七一総トン）が二八七函、その年が一二六一函の生産だったことを考えると、大きな成果として関係者の目には映ったのです。できあがった蟹缶詰は、英国のセーム商会に輸出されました。(注1)

ここでそもそも、なぜタラバガニ（鱈場蟹）の缶詰が珍重されたのかという時代背景をみる必要があります。昭和二（一九二七）年八月二十五日付の水産新聞に、某農林技師談としてコラム『タラバ蟹の話』が掲載されています。それを要約すると、「名称の由来はタラ（鱈）の棲む場所にいるカニというもので、北太平洋に限って棲息する大形のカニで、ヨーロッパの沿岸には絶えていない。日本では北海道の北見沿岸及び樺太の西海岸において漁獲され、缶詰に製造されてアメリカへ輸出されているが、なかなか高価な売行きという。そのため乱獲の結果、近年は北海道の沿岸ではしだいに漁獲量が減り、カムチャッカ半島の西海岸で盛んに出漁が行われている。カニの缶詰は、カニを獲って即座に製造するため、工船が終始その漁場付近に浮かび、大正十年頃からこの方式が盛んとなった」とあります。

また、漁獲方法や缶詰製造のことについても記され、「タラバガニを獲るには底刺網を海底に敷き、必要に応じてそれを引き揚げると、一つの網に多いときは六〇〜七〇疋《ひき》もかかることがあって、この網の長さは二五軒（約四五メートル）もあり、一度に一〇〇〇も二〇〇〇も海底に敷いておく。工船には何艘《そう》かの漁船が付属していて、網を張ったりカニを捕えたりするが、その漁船が獲ったカニを工船に移して集め、まず甲羅を剥《は》がして捨て、脚の肉はいったんこれをゆでてから冷やし、一つ一つハサミで切って、その中の肉を抜き出す。缶の内面にはラックを塗り、肉の黒変（変色）を防ぐために、肉は硫酸紙で包んで缶内におさめる。そうして蒸気のなかでよく蒸し、これらの作業をすべて工船の中でやってしまう」とあります。

この工船のことを蟹工船（蟹缶詰工船）といい、船団の中で母船の役割を果たしました。また、母船に対して子船に相当するのが、搭載された漁船の「川崎船」でした。やがて母船が大型化すると、母船よりも先に漁場に到着して網をしかける「独航船」や海上の母船と缶詰の受渡しを行って港をピストン運航する「仲積船《なかづみせん》」（積取船）などが加わります。これらが連携して、タラバガニを獲って蟹缶詰にするシステムを〝母船式蟹漁業〟といいます。

一年目の経験を糧に、和嶋は翌大正十一年にも横山商会を共同経営者として出漁を決断します。前年の反省にたって母船の大型化に取り組み、帆船喜久丸と新たに採用した汽船「第一敏《とし》丸」（五八八総トン）の二隻で再び沿海州方面へ出漁します。すると、喜久丸が一五九四函、第一敏丸が四二三九函の成果をあげ、前年度の成績を大きく上回りました。この年は、新潟県水産試験場の帆船「北辰丸」（一一三総トン）が六七函、富山水産講習所の呉羽丸が一〇三九函の生産をあげ、和嶋以外の業者船では日本漁業株式会社の帆船「風鵬丸《ふうぼお》」（三七八総トン）が一三八二函の生産を記録して企業化の道を開くと、翌年以降の蟹工船ラッシュの呼び水となるのでした。

ただ一方で、ロシアの動向に目を向けると、大正十一年十一月にソビエト政府の傀儡《かいらい》政権であった極東共和国（首都チタ）が、ソ連に併合されて解体されます。これは、シベリア出兵で最後まで駐留していた日本軍が、十月末までにウラジオストクから撤退したことで存在意義を失ったからです。八木本店では情勢を把握しようと、極東革命委員会（コボゼフ会長）が大正十一年十二月十五日にチタで決定した「極東漁労業に関する件」という条文（ステパーフ書記）を入手して翻訳を便箋に記しています。北樺太の日本軍が撤兵しないなか、日ソの国交正常化交渉は難航します。

（注1）蟹工船の創始については、岡本正一『蟹缶詰発達史』（霞ヶ関出版／一九四四）、葛城忠男『母船式工船漁業』（成山堂／一九六五）、會田金吾『漁り工る北洋』（五稜出版社／一九八八）、など、水産関係者による文献が多くみられるが、中には記憶に基づいて書かれた記述もあるようである。そこで、宇佐美昇三氏が新たな証言の聴き取りや資料の掘り起こしを通じて『蟹工船興亡史』（凱風社）を出版したのが平成二十五（二〇一三）年のことである。創始から蟹工船の企業化にいたるいきさつ等については、本著を大いに参考にさせていただいた。

② 業界初の三〇〇〇トン級蟹工船の誕生

大正十二（一九二三）年に出漁した蟹工船は、和嶋貞二を含む九社一五隻の業者船と水産校二隻の計一七隻でした。出漁区域も沿海州からカムチャッカ半島西海岸（以下、カムチャッカ西岸）へと広がり、これに先立つ同年三月に政府は、企業乱立の弊害防止や資源の管理を視野に「工船蟹漁業取締規則」を制定して許可制度としています。これによって操業する工船数は一八隻以内と定められ、禁止漁具や禁止区域なども定めて、翌四月には「工船蟹漁業水産組合」（以下、工船組合）が設立されます。組長に男爵・岩倉道倶《みちとも》（岩倉具視《ともみ》の四男で貴族院議員。大成漁業会社社長）、副組長に日魯漁業株式会社の堤清六が選任され、和嶋は評議員となっています。すでに陸上の蟹缶詰で実績をあげていた日魯漁業もこの年から参入し、補助機関付き帆船一隻と汽船二隻をカムチャッカ西岸沖合へ出漁させています。注目すべきは、埜邑《のむら》直次が一二九二総トンの汽船「肥後丸」を、和嶋と共同経営の横山商会が二〇八〇総トンの汽船「俊和丸」を投入し、工船大型化の口火が切られたことです。俊和丸が五八一九函、肥後丸が四六五三函を製造して首位と二位の成績をあげ、同年の蟹缶詰製造数は一七隻で三万五六二〇函というものでした（当初は一八隻だったが、第二萬盛《ばんせい》丸が沿海州の漁場へ向かう途中に嵐で沈没し、六一名の死者をだす）。

　一方で、この年が三年目となる喜久丸の和嶋は、沿海州のウラジオストク近郊のワレンチン湾でソ連艦によって四月初旬に拿捕《だほ》され、取り調べのためウラジオストクに曳航されて二〇日余り抑留を受けるという惨事に見舞われます。共同経営の横山商会も、俊和丸と

「上甲板でカニを蒸す作業」（八木本店「蟹缶詰工船絵葉書」より）

第一敏丸が五月中旬に沿海州沿岸で操業中、密漁船として拿捕され、罰金四〇〇ルーブル・漁網と缶詰八〇函没収などの制裁を受け、約一か月の漁期を逸しています。

亀三郎の地元の愛媛地方紙・海南新聞でも、この二隻の拿捕（五月二十三日付）・出漁違反判決（六月五日付）を報じています。五月二十日時点で、俊和と第一敏丸を含めて四隻の日本漁業船がウラジオストクに拿捕・抑留されていたようで、俊和丸の場合は出漁査証がないという理由のようで、日本政府の漁業許可証を持ち、漁場の借区料納入済みでもこうした事態に遭遇してしまうのでした。

原因の一つに、領海をめぐる認識の違いもあったようで、日本政府は国際通念に照らして沖合三哩《かいり》（約五・五キロメートル）、ソ連は一二哩（約二二・二キロメートル）が自国領という見解でした。大正十一（一九二二）年一月に、極東共和国を合併してソ連がロシア全土を統一しますが、そのソ連との間ではまだ細かな漁業協定が定まっていなかったのです。そこで、日本政府はソ連との交渉を引き続き行う一方で、五月中旬から海軍艦船を派遣し

「捕獲したカニの荷役作業と川崎船」（八木本店「蟹缶詰工船絵葉書」より）

て邦人保護に努める〝自衛出漁〟を展開することになります。

こうして和嶋は、自身が関係する蟹工船三隻の拿捕と、十二年九月の関東大震災によって横浜にあった缶詰倉庫の被災も重なり、翌年からの事業継続が困難となります。そこで、周囲に推されて翌十三（一九二四）年に缶詰輸出組合の理事長となるのですが、三月の設立総会後の懇親会で、脳溢血《いっけつ》で倒れて帰らぬ人となりました。蟹工船業界にとっては、先駆者の一人を失うこととなります。

業界が悲しい空気に包まれるなか、工船組合では大正十三年度の出漁準備が進められます。この年は業者船六隻、水産校一隻の計七隻で、隻数だけで見ると前年度を下回りますが、業者船から帆船が消えて四隻が一〇〇〇総トンを超える大型汽船となります。漁場にも変化があり、沿海州沖合を避けてカムチャッカ西岸沖合への出漁船が増えたのです。これは、沿海州沿岸が単に拿捕の恐れがあるという理由ではなく、漁場が陸岸に沿って狭長で、漁期が春蟹と秋蟹とで二分されて操業期間が短いという効率の悪さがありました。これに対してカムチャッカ西岸沖合は、四月上旬から九月上旬まで継続して操業できる点が魅力でした。前年に続いて埜邑直次の肥後丸一二九二総トンが出漁しますが、これを上回ったのが松崎隆一ら松葉組の門司丸二〇五一総トン、大成漁業の龍裕《りゅうゆう》丸二二一七総トン、そして最大が八木本店の樺太丸二八三一総トンでした。工船組合への加入届は十二年六月に提出し、升八木家新宅の八木明（明治三十一年生まれ）を函館支店での業務にあたらせることになります。

三〇〇〇総トン級の蟹工船出現は、業界を驚かせるには十分で、海運不況で辛酸をなめた八木亀三郎・實通父子は、樺太丸を貨物船から蟹工船へと艤装し、活路を見出しました。この艤装工事の監督を亀三郎より依頼されたのが池山光蔵で、彼は水産講習所製造科出身で缶詰製造の知識を有していました。艤装工事は神戸三菱造船所で出漁に先立つ四月に実施されますが、池山は半年前から樺太丸に乗り込んで船体・船内の特徴をつかみ、水産試験場技師・高山伊太郎、農林省水産局技師・江副元三ら一流技術者の指導のもと、わが国初の本格的蟹工船を誕生させるのです。

『日本汽船件名録』（大正十五年）によると、樺太丸はイタリアの造船所で明治十七（一八八四）年に製造された貨客船（旧名称はエスコッタード）で、全長約九七・三メートル・幅一一・六メートルの石炭を燃料とする一三〇〇馬力の鉄鋼船でした。船型は、側面から見ると三つの島があるような三島《みしま》型と呼ばれるもので、中央の島の部分に操舵室《そうだしつ》などを備えた船橋（ブリッジ）があり、左右は波よけの役割を果たす船首楼と船尾楼が見られます。それら島の谷間に位置する甲板《こうはん》に、貨物を積載する船艙《せんそう》（ホールド）があり、その開口部をハッチといいました。船艙は一番から四番まで四か所あって、石炭だと最大で二八六〇トンを満載することができ、他の積み荷は材木・豆粕・米などを想定していました。石炭を満載にした場合の平均速力が九ノットで、燃料の石炭消費は一昼夜で二五トンでした。汽缶部が明治二十九（一八九六）年にイタリアで製造されたことになっているのは、途中で性能をあげるために改造されたものか。旅客定員は一等六室・二二人、二等がなくて三等三室・三一人というものでした。八木商店は、新造から十数年が経過した中古船として購入し、明治三十七（一九〇四）年には日露戦争で陸軍御用船（病人兵士輸送）として貸船されていました。

　どのように艤装されたのかは、岡本正一編『蟹缶詰発達史』（昭和十九年）に詳しく、「樺太丸はその上《じょう》甲板に漁船収容のダビット八隻分を設備して生蟹煮熟装置二か所を設け、中甲板船首の一・二番ハッチを漁雑夫の寝室とし、船尾の三・四番ハッチを缶詰工場とし、一二五馬力のスチーム・エンジンを艙内に取り付けた。なお蒸気は本船の主機関より、電気装置は機関室の発電機より取る設備を有し、三番ハッチの周囲には肉詰テーブルを取り付け、コンベヤーを装置して四〇人が肉詰に従事し得る設備をなした。

而《しこう》して三・四番ハッチの中間に米国製トライヤフォックスのアストリヤ・クリンチャー、バピーダイヤモンドのチェン・エキゾースト・ボックス、トライヤフォックスのアストリヤ・シーマー各一台及びカン・ワシヤー等を備え、四番ハッチの後方には一車入角型のレトルト四基とその前部には冷却装置を備え、製品は四番ハッチより第三甲板に下ろして放冷し、荷造に便ならしめたもので、七キロの無線電信設備を有し、一九《トン》三〇馬力及び二四《トン》四〇馬力の発動機船と長さ四二尺五寸（約一二・八《メートル》）の川崎船九隻を配属せしめ…」というものでした。自社船を艤装するという点も、新機軸を生み出す点では有利に働いたものと思われます。他社から用船した中古船を大がかりに艤装するのは、船主の意向を気にする必要があったのです。何より設備投資にかける資金力は、並みの漁業家にはできず、さらにこれまでの沿海州や樺太での漁業経験も活かされたことでしょう。

この大きなチャレンジに対して、八木本店では工船部を設け、實通が経営者として采配を振るうことになります。和嶋貞二がそうだったように、實通自ら蟹工船に乗り組み、事業成果を肌で感じることになります。事業主任及び製造主任に池山光蔵、漁労主任に林宗義が就任し、その乗組員総数は二九六名でした。『蟹缶詰発達史』によると、樺太丸は大正十三（一九二四）年五月五日から八月十九日までに八六日間出漁して、刺網六五〇〇反を使用し、一万五二七八函を製造しています。製造量二位の埜邑直次が七三五六函、三位大成漁業が六五五一函だったことを考えると、大型汽船の新時代到来を確かなものとしました。

また、製造函数以外で樺太丸は、罹網率《りもう》三五・八尾、歩留《ぶど》まり五八・四尾という成績でした。罹網率とは、一反の刺網で平均何尾のカニが獲れたかを示す数値で、数値が大きいほど生産性が高くなります。歩留まりは、一函の缶詰をつくるのに何尾のカニを使ったのかを示す数値で、数値が小さいと一尾あたりのサイズが大きいことを意味しました。埜邑の肥後丸が操業日数六七日、罹網率七三・〇尾、歩留まり四八・四尾、大成の龍裕丸が操業日数五五日、罹網率二四・六尾、歩留まり六七・三尾だったことを考えると、罹網率と歩留まりで樺太丸が特別に好成績というわけでもないのですが、一年目から大型汽船の投入を決断し、その準備にこだわりを持って取り組んだ結果が製造量一位の成果を生み出したのでした。八木本店にとっては、まさにカムチャッカ水域のオホーツク海を操業範囲とする北洋漁業の幕開けともなりました。

③ 蟹缶詰製造量日本一の船主　～蟹工船からの手紙～

今日、八木實通の業績は、郷土ではあまり知られておらず、波止浜の龍神社境内の寄付玉垣一本にその名が刻まれるくらいです。蟹工船で成功した船主は、父・亀三郎の業績として語られることが多くなっています。これは、亀三郎が今治商業銀行頭取や今治瓦斯創業者、波止浜村長や社会事業者であったことが大きく影響しているのでしょう。しかし、工船業界の資料などでは、出漁許可を受けた代表者は〝八木實通〟と記されているのです。

大正十二（一九二三）年になると、八木本店は樺太丸の荷動きが回復し、特に春海丸と樺太のタムラオ漁業が好調でした。ただその一方で、赤字の連城丸は売却されたのか、十三年以降の収支報告からは姿を消します。そうしたなか、海運業と水産業のテコ入れで新規事業となったのが、両者を融合した母船式蟹漁業でした。後に春海丸は、樺太丸の仲積船としても活躍しています。一方、日魯漁業は大正十二年度をもって母船式蟹漁業から撤退し、十三年以降は従来の鮭鱒漁業と陸上缶詰事業に専念するなど、水産会社にとって蟹工船のとらえ方も様々でした。

大正十三（一九二四）年四月三十日、樺太丸の出漁準備は函館で最終調整を行っていました。不安と期待が交錯するなか、實通は姪の千菊に樺太丸の絵葉書を投函しています。船尾の艫《とも》側から写した船体は、出航風景を想像する粋な構図で、「祈御健康　出帆に際して」と記されています。当時、千菊は今治高等女学校を卒業し、神戸女学院での寄宿舎生活を始めたばかりで、勇気づける意味もあったのでしょう。これより数か月間は、初めて経験する北洋の海上生活となるため、實通自身も不安と期待が交錯する複雑な心境でした。

實通は、大正六年三月に内田友政次女の松枝と再婚しますが、生涯子宝に恵まれることはなく、夫婦で千菊をわが娘のようにかわいがります。これは、千菊を養女として育てる亀三郎夫妻も同様で、その寵愛ぶりから周囲は千菊のことを千菊嬢と呼ぶほどでした。千菊の実父・通重は健在でしたが、後妻・琴《こと》（深見禹之助長女）との間で円満な家庭生活を営ん

「船上の八木實通（右）」（八木明撮影、八木弥五郎氏所蔵）

でおり、どちらかというと父兄代わりとなって神戸生活の支援を行うのは實通夫妻だったようです。入学当初は、松枝が神戸まで定期的に面会に行くなど、千菊の寂しさを紛らわすよう努めています。その松枝が航海中の實通へ送った手紙（大正十四年七月十六日）によると、神戸女学院の在校生で一番高価なピアノを所有するのが千菊で、これに保険をかけるべきかどうか指南を仰ぐ内容のものもあります。

海上生活が少し落ち着くと、實通は六月六日に千菊宛ての手紙を便箋三枚にしたためます。そこには、五月七日に八六歳で亡くなった祖母・米子《よね》（亀三郎母）のことを、急電で知ったことが記されます。親族の死に目に会えない航海者の宿命を感じますが、悲しんでばかりもいられず、「常々神を信じ、神の国を讃美して永遠の楽土へ神去りましたのですから、私共は感謝する外ありません」と、クリスチャンらしい表現で姪を励ましています。そして自らの近況を記しますが、「その後は何かと多忙のために返って頑健です。海上の単調な、そして緊張した生活が、自然と壮健にする

「實通が千菊に宛てた樺太丸の絵葉書」（大正14年７月）

ものと思はれます。仕事以外には読んだり、見たりする外に食ふという事が一番楽しみです」とあり、美味しい神戸のお菓子や船室に飾る癒しの絵画を送って欲しいと催促しています。漁の成果についても記され、「海上の蟹缶詰事業は予定通り進行して居ますから安心してください。実際、カムサッカ《カムチャッカ》西海岸沖の蟹は無尽蔵です。本船では昨今毎日一日に壱万弐千尾を漁獲して、壱封度缶四打入り函を毎日弐百函ずつ製造して居ります。九月初めにはウント大漁して帰りますから待って居て下さい」とし、帰りに神戸へ立ち寄る約束をしています。一方で、過酷な自然環境についても「五月初頃は毎日降雪あり気温は摂氏〇度位で甲板の上に四、五寸（約一二〜一五センチメートル）の雪が積んで居ましたが、今では余程暖になりました」とあり、この手紙は「前月の三十一日から毎日毎日時化《しけ》ばかり、大浪のうねりに揺られながらしるす」としています。

カムチャッカ半島沖にいる樺太丸からの郵便物は、函館と本船とを運航する仲積船に託すことになりますが、この手紙は二、三日以内にやってくる第一回積取船・福丸に託す予定と實通は記しています。そして手紙の最後に「次回に来る船便は七月十五日頃函館を出帆する予定ですから、神戸を来月十日迄に出した書面は七月末に当方に届くことになります。何でも面白い出来事を通信して下さい、無聊《ぶりょう》（退屈の意）ですから。」と締めくくっています。ただ、『蟹缶詰発達史』によると、福丸の到着は遅れたようで、カムチャッカ西岸・イーチャ沖南方で漁業調査中であった樺太丸付属発動機船・福丸は、午前十時頃にソ連艦ミハイル号に密猟の嫌疑で停船を命じられ、船内取り調べを受けて北方へ曳航されるというトラブルに巻き込まれています。幸いにも、近くで操業中の蟹工船・肥後丸が無電で樺太丸に知らせ、ただちに樺太丸はその追跡を行います。残念ながら、これを発見するにはいたりませんでしたが、曳航中に機関用水が不足したミハイル号は、福丸貯蔵の四トン中二トンを分譲させて、翌三日午後二時に釈放したとのことです。大成漁業の蟹工船・龍裕丸などは、同年八月にカムチャッカ西岸・イーチャ河口の南西一九哩の距岸九哩で付属発動機船がソ連監視船の強奪に遭い、焼玉エンジン・コンパス・油箱などを失って、五〇〇〇円ほどの損害が発生しています。このとき、船体と船員は帝国海軍の駆逐艦が急航して救助しますが、沿海州だけでなくカムチャッカ半島沖もまた、危険と隣り合わせの操業といえました。

この年の樺太丸は、實通が手紙で記した手ごたえの通り、蟹工船として業界一位の成績をおさめることになります。この勢いは二年目も続き、樺太丸は乗組員を二七名増やして三一六人とし、カムチャッカ西岸・クルトコロワ沖に出漁します。刺網を九千反に増やして八八日間操業し、罹網率二九・八尾と歩留まり五六・四尾は前年の成績を下回りますが、一万八六四函を製造して二年連続の首位となります。これは、二位・埜邑直次の門司丸（二〇五一総トン）の一万六六九四函、三位・大成漁業の龍裕丸（二二一七総トン）の一万五六一一函を大きく上回るものでした。

この年、十四年は、出漁した業者船八隻のうち五隻が二〇〇〇総トンを超える大型汽船となり、それらはすべて許可函数を上回る好成績をおさめています（樺太丸の許可函数は一万六〇〇〇函）。八隻の業者船の製造函数は合計一〇万八三七一函で、前年の六隻合計の四万九一七函の二倍以上の数値となり、これらの多くは米国・英国へと輸出されて〝蟹缶詰〟が外貨のポンドやドルを稼ぐわが国の貴重な輸出産業へと位置づけられるようになっていくのです。樺太丸が製造した蟹缶詰が、北海製缶・三菱商事などを介して十三・十四年度はニューヨークへ輸出されたことが、小樽から届いた杉野正一の書簡（業務報告）や實通が波止浜へ送った電報などによってわかります。二年目になると、樺太丸の製品は検査の必要なしと噂されるほどの評判でした。（注1）

大正十四年は、八木本店にとってタムラオ漁業が最終年となって損失を計上していますが、二年目の蟹工船・樺太丸の業績に救われることとなり、新たなテコ入れとして二隻目の蟹工船着業に向けた計画が進められることとなります。杉野が同年七月二十七日に實通に宛てた書簡に、「〝明年度はもう一隻おやりになさるおつもりか〟と村上君から尋ねられたので、〝勿論やるつもりです〟と返答した」とする内容が記されます。（村上君とは、樺太丸機関長の村上美太《よした》〈波止浜出身〉か、それとも神戸三菱造船の村上祥一郎のことか。）これは、二隻目の蟹工船挑戦がこの時点で検討されていたことを物語っており、〝二隻目に挑戦すれば二倍の製造函数を輸出できるだろう〟と村上は自信をのぞかせたようです。

ただこれには（同社の蟹缶詰販売と融資を担う）三菱商事食品部の承諾が求められるだけに、三菱関係者の考えも伝えられています。三菱商事としては緊縮主義をとっているのに、食品部だけが積極主義をとるのはいかがなものかとの意見もあり、逡巡《しゅんじゅん》する三菱重役陣に対して融資金の費用対効果の説明が重要としています。また〝大旦那様も相当に明年度の計画には御思慮〟していると伝え、蟹工船事業を亀三郎が陰ながら見守っている様子も読み取れます。その一方で、十四年は新たな事業として、日本漁業株式会社（加藤郁二）よりスクーナー型帆船「大鵬丸」（一三三総トン）を傭船し、鱈漁業にも挑戦しています。これも、杉野ら八木本店首脳陣のアイデアに基づくものでしょう。ただ、初年度に一万七五二四円ほどの利益をだしたものの、翌十五年は三六七円の赤字をだして辞めてしまいます。

（注1）波止浜町来島出身の杉野正一（明治十七年生まれ）は、八木本店の取締役であった。漁期の間、杉野は小樽などに出張・滞在し、仲積船が持ち帰る缶詰の品質や漁獲高、樺太漁業の動向などを、波止浜にいる亀三郎へ報告をする役割を担っていたようである。大正十三～十四年の書簡は業務報告がほとんどで、大正十三年度の「紐育《ニューヨーク》向輸出品売上表」と「樺太丸成績表」（三菱調査）、三菱印の入った「蟹缶詰ラベル」なども確認できる。古老からの聴き取りでは、

杉野は八木本店の支配人で、スケールの大きな人物だったようだ。北洋漁業へ来島の漁師を雇い入れたこともあったようで、慣れない環境で漁師が凍傷にかかって大変な思いをしたと伝わる。奇しくも、杉野が取締役を辞任する昭和二年一月二十一日は、今治商業銀行が休業に陥る直前にあたり、代わって波止浜の矢野克太郎が取締役となる。来島の八千矛神社・御先神社・村上神社の玉垣などには、杉野正一が寄付額上位者として刻まれている。村上美太（明治三十七年生まれ）は、二四歳頃に一等機関免状を取得し、伯父にあたる樺太丸船長・吉松嘉一郎（来島出身）の誘いで八木本店へ入社している。

④ 美福丸出漁と蟹工船業界の課題

大正十五（一九二六）年に出漁した業者船の蟹工船は、前年よりも四隻増えて一二隻となり、このうち二〇〇〇総トン以上の大型汽船が一〇隻もありました。新たに参入した日正水産会社の厳島丸については、樺太丸（二八三一総トン）を約一〇〇〇トンも上回る三八六四総トンという大きさでしたが、前年度の実績に鑑みて、樺太丸の許可函数二万三七〇〇函に対して、厳島丸は二万三〇〇〇函でした。この年は、八木本店を含めて二隻体制で出漁する漁業者が三社あり、埜邑直次と松田漁業合資会社がそうでした。八木本店としては、樺太丸の実績を新たに購入した汽船「美福《びふく》丸」（二五五八総トン）に投入することで、樺太漁業に替わる事業の柱に蟹工船をおきたい思惑がみてとれます。

美福丸は、明治三十二（一八九九）年に英国の造船所で竣工した日本赤十字社の元病院船「弘済《こうさい》丸」で、北清事変・日露戦争・第一次世界大戦の傷病兵の輸送や関東大震災における避難民の輸送などで活躍しています。平時は使用されることがないため、有事提供を条件に日本郵船に譲渡され、同時期に日本赤十字社の病院船として竣工した「博愛丸」とは姉妹船でした。こちらも日本郵船に譲渡され、両船は大正十五年に入って八木本店と林兼商店（後の大洋漁業、マルハ）に売却されたようです。博愛丸（二六一三総トン）については、小林多喜二の小説『蟹工船』に登場する蟹工船・博光丸のモデルともされ、操業許可を受けたのは中村精七郎（山九株式会社創業者）でしたが、実際の事業主は中村より名義を借りた松崎隆一でした。

　弘済丸は、二月中には八木本店の所有になったのか、同月三日に杉野正一が亀三郎に宛てた書簡には、弘済丸の船籍港の場所や三菱商事の抵当権設定登記などについて相談を寄せています。そして九日には「美福丸船名変更中々暇取りべく申し候につき、まず船籍変更のうえ登記をすまし…」と初めて〝美福丸〟という名称が登場し、船名変更に手間取っている様子がうかがえます。姉妹船の博愛丸が船名変更をしなかったのに対して、時間と費用をかけても新船名にこだわったの

「美福丸」（八木本店「蟹缶詰工船絵葉書」より）

は、船主として何か企図するものがあったのでしょう（博愛丸は、明治天皇の皇后・昭憲皇太后の命名）。四月初めには艤装工事を担当した神戸三菱造船所の関係者「村上祥一郎・郷古潔・徳大寺則麿・大島義胤」から竣工の知らせと贈り物に浜焼鯛をいただいたことへの礼状が届いています。八木本店が製造した蟹缶詰は三菱商事を通じて米国や英国へ輸出されますが、艤装ドックも三菱系列の造船所を利用し、三菱と八木本店との関係はとても密接なものでした。

その美福丸は、前年まで樺太漁業を取り仕切っていた三浦玄三が事業主任となり、一九トン四〇馬力の発動機船一隻と川崎船八隻を付属して、乗組員三一〇名で四月一五日からカムチャッカ西岸沖合に出漁します。八月二十三日に帰港を果たすまで一一一日間操業し、刺網一万反を使用して二万三二七五函を製造しています。これは許可函数一万二四〇〇函の二倍弱に迫る量で、この年の出漁船で二位という好成績でした（漁獲尾数は一一万七七八四九疋で、罹網率二二・三尾・歩留まり五〇・六尾）。

「八木亀三郎・ヨシヱ夫妻」
（東予日報／大正15年12月１日付より）

一方、樺太丸は一隻の発動機船と八隻の川崎船を付属し、乗組員三二一名で美福丸と同じ四月十五日にカムチャッカ西岸沖合へ出漁します。八月二十三日に帰港するまで一〇二日間操業し、刺網一万二〇〇〇反を使用して、首位の二万六七五七函を製造しています（漁獲尾数は一五万六八六五〇尾、罹網率二八・四尾、歩留まり五七・四尾）。この年は、首位と二位を八木本店の蟹工船が占めますが、三位の松田漁業の福丸が二万三二六〇函、四位の博愛丸が二万一五六一函、五位の厳島丸が二万一四八六函…と、二万函以上が七隻もあり、業者船一一隻の合計が二二万九〇七二函というものでした。

前年の八隻合計の製函数が一〇万八五六八函だったことを考えると、大型汽船の実用性が確かなものとなり、資源の枯渇が懸念されるようになってきます。それを暗示するかのように、一函製造するのに必要なタラバガニの数を示す数値〝歩留まり〟が、年々大きくなり、カニの小型化が現場では囁かれるようになりました。そこで農林省水産局では、春から秋までしか稼働できない蟹工船の利便性を高めようと、旧ドイツ領南洋の公海でマグロ・カツオ・トビ魚・亀・貝類などが漁獲できないか、官民一体となった南洋漁業の計画を思案しています。(注1)これに関係してか、南洋セレベス島の山田商店から、その年の五月と八月に遠洋漁業に関する情報を記した書簡が亀三郎に届くのですが、すでに前年七月下旬に(農林省の江副氏との会見を受けて)杉野が實通に宛てた書簡の中で、樺太丸を南洋のセレベス方面で冬期使用できないかの相談が寄せられています

わが国にとっては外貨を稼ぐ貴重な輸出資源であるカニでしたが、領海認識の相違などからソ連監視船の脅威が隣り合わせでした。八木本店にとっては、大正十三年六月の樺太丸付属発動機船「福丸」の拿捕に続く事件に、一年目の美福丸も遭遇します。『蟹缶詰発達史』などによると、大正十五年八月十日午後十一時、距岸八哩沖合にて碇泊中の美福丸をソ連監視船プリユハノフ号が無燈で接近し、書類の検閲を求めてきました。三浦玄三が毅然とした態度でこれを拒否したところ、プリユハノフ号は付近に碇泊中の付属発動機船「宝来丸」を拿捕し、乗組員六名を船内に監禁し曳航したのです。驚いた美福丸は、付近にいた駆逐艦「帆風《ほかぜ》」に急を告げて対応に迫られますが、先方の言い分は「領海十二哩以内での操業のため、美福丸は密漁船である。昼が多忙なため、夜に臨検を行ったが、従わないので宝来丸を

拿捕した」というものでした。乗組員は十三日ごろに解放されたようで、駆逐艦護衛のもと十四日に仲積船の春海丸（一五七九総トン）に収容されています。監禁の際は、美福丸の仕様や製造能力などについて尋問されたようで、先方の目的が大型蟹工船の臨検にあったことがうかがえます。宝来丸も遅れて返還されますが、船体・機関に異常はないものの、備品・燃料・食料等の持ち出せるものはすべて略奪にあっていました。この年の美福丸は二位の製造函数を誇りますが、宝来丸事件の直後はしばらく漁ができなくなり、春海丸の往復費用や盗難船具を加味すると五万円の損害を被ったようです。

同じ年、松田漁業の蟹工船「遼東丸」も、漁労中にソ連監視船の武装兵が本船へ乗り込み、取り調べを行って操業を妨害するなどの行為がありましたが、日本駆逐艦の救難によって大惨事にはいたりませんでした。英航丸・博愛丸も、ソ連監視船による強引な臨検に遭遇しています。こうしたことから、工船組合では三浬外の公海で安全な操業ができるよう、外務省に対して問題の早期解決を陳情したようです。(注2)

大正十五（一九二六）年は、八木本店が三年連続で蟹缶詰製造量首位となった輝かしい年となりました。秋には水産功労者として亀三郎夫妻が赤坂離宮で催される観菊御宴に招かれています。地元紙でこれを報じたのは東予日報（十一月九日・十二月一日付）だけのようですが、十一月十日の宴に合わせて七日夜に今治港発の紫丸で出発し、令息の實通夫妻同伴の上京だったようです。港では深見寅之助ほか十数名の盛大な見送りを受けています。帰郷したのは同月三十日だったようで、尾道経由で今治へ帰ってきています。記者が感想を求めたところ、観菊御会の荘厳な模様をつぶさに語り、参列の光栄に浴したことをこの上なく喜んでいます。これを知った波止浜出身の日本画家・矢野橋村《きょうそん》（当時三六歳）も、自ら校長を務める大阪美術学校（現、枚方市立御殿山生涯学習美術センター）から祝いの便りを送っています。亀三郎はそれから間もなくして六三歳を迎え、水産事業はすっかり實通に任せて隠居といきたいところでしたが、帰郷後に待っていたのは金融恐慌への対応でした。

（注1）大正十五年九月十一日付の愛媛新報記事を参照。
（注2）八木本店旧蔵資料に『労農露国政府ノ公海侵略行為（附）人類ノ生存権ト海洋ノ自由』と題したタイプ打ち資料があり、表紙に〝草案〟と記されるように、各所で手直しが見られる。章立ては【一、露西亜ノ傳統的侵略行為】【二、露国ノ背信的領海拡張政策ノ強行】【三、英露領海問題ノ解決状況】【四、日露領海問題ノ経過及現状】となっていて、【三】では、一九二二～二三年に北海・白海で起きた露国監視船による三哩外での英国漁船拿捕事件が例にあげられている。この事件は、両国間の領海問題にも発展して、英国が補償を求め、露国が一九二三年に譲歩するという結果に終わっている。【四】では、①大正十五年五月に沿海州近海の公海で起きた日本の密猟漁船二隻の拿捕事件、②同年六月の蟹工船遼東丸差押事件、③英航丸臨検事件、④博愛丸事件が紹介されている。

〈コラム5〉蟹工船を支えた乗組員たち　～船頭連中からの手紙～

『蟹缶詰発達史』によると、初期の小型帆船による蟹工船は、一隻あたりの従業者数は一〇〇名前後だったようですが、大正十三（一九二四）年になって二〇〇〇総トンを超える大型汽船が出現するようになるとさらに増え、樺太丸（二八三一総トン）は二九六名、龍裕丸（二二一七総）は二四二名を数えました。これらの従業者を職務別に見ると、事業幹部員としての事業主任が現場の総監督指揮をとり、この下に漁労主任―漁労係、製造主任―製造係、大船頭、事務員、医務係などがおかれたようです。これを大正十四年出漁の樺太丸について見ると、事業部幹部員六名、船員三一名、大船頭一名、船頭一〇名、沖乗四八名、漁具修理及び予備員二六名、その他一名で漁労部は合計八六名となり、さらに職工四名、雑夫長一名、雑夫一六〇名で製造部は合計一六五名、ほかに発動機船員六名、実習生二二名で、全体の総計は前年より二〇名増えて三一六名となっています。このため、大型汽船が一〇隻にもなれば、蟹工船従業者は三〇〇〇名を超えることになり、経営者は人員の手配にも苦労することとなります。このうち漁夫については、函館市内や道内各地より募集されたものが最多で、これに次ぐのが富山県でした。雑夫については、岩手・青森・秋田県などから多く募集されたようで、当然のことながら船上生活に不慣れな季節労働者も含まれました（昭和十一～十三年度の統計）。

小説『蟹工船』（小林多喜二著）初版本

　大正十五年という年は、八木本店の樺太丸と美福丸が製造函数で一位・二位を独占したことは前述しましたが、一方でソ連監視船による臨検・拿捕も頻発しました。また、博愛丸・門司丸・英航丸では虐待事件が起きて新聞紙上を賑わし、小林多喜二が小説を著すきっかけや題材ともなりました。博愛丸では、事業主である松崎隆一そのものが部下とともに漁夫や雑夫の虐待（監禁・殴打）に関与し、死者一名・行方不明一、二名、負傷者延べ一一名をだしています。これは会社の利益を優先するあまり、病人や洋上生活に不慣れな従業員を酷使しようとした結果、招いた事件といえます。松崎については、経営に参画した大正十三年の門司丸（二〇五一総トン）でも、雑夫五一名が労働条件の改善を求めて航海中に労働争議を起こしています。このときは経営者側が示す妥協案で解決をみましたが、その年の製造函数は三五〇二函と振るいませんでした（樺太丸は一万五二七九函）。そうした過去の苦い経験もあってか、強硬な態度で事業遂行を果たそうとし、部下もそれに従ったのでしょう。博愛丸はその年、付属発動機船がソ連監視船の臨検に遭っていますが、松崎の強硬な姿勢でこれを難なく退去させるほどでした。製造函数も二万一三八三函で、出漁した一二隻で上位五番目の好成績でした。

　この年は北東貿易社の蟹工船「秩父丸」（一五四〇総トン、船齢四八歳）が、カムチャッカ西岸沖へ出漁の途上、千島列島・幌筵島《パラムシル》の幌津崎で座礁し、乗組員二七七名中、船長以下一八二名の殉職者をだすという大惨事が起きています。川崎船や付属発動機船の遭難沈没は前年にもありましたが、死者の数があまりに違いました。被害が大きくなった背景には、悪天候で救出活動が遅れたこともありましたが、付近を航行していた英航丸が救難信号を受信しながら〝見て見ぬふり〟をして救助に向かわなかったことや、海軍の出動が遅れたことなども影響していたようです。小説『蟹工船』の題材は、博愛丸だけでなく、英航丸その他の蟹工船で起きた事件などを逐次情報収集するなかで昭和四（一九二九）年に発表されました。モデルは博愛丸以外にもあったのです。ただ、小説で多喜二が描こうとしたのは、蟹工船の詳細な労働環境ではなく、その背景にある社会問題（国際情勢・帝国主義・資本主義などの抱える矛盾）でした。

　これに対して、八木本店の樺太丸や美福丸はどうだったのか。八木商店本店資料館には、樺太丸の船頭連中が大正十五年一月十四日に船主・事業主の八木實通へ宛てた書簡が残されています。彼らは富山県下新川郡《しもにいかわぐん》横山村（現、入善《にゅうぜん》町）の漁師たちでした。内容を要約すると、新年の挨拶から始まり、「昨年来の大船頭・太吉の努力の甲斐もあって、すでに本年は漁夫六〇名・雑夫三〇名・綱係一五名の全員が定まり、貸金書類と重要書類は間もなく本店へ送付予定です（貸金は、給与の一部を前渡しするものか）。しかし、残念なことにその太吉が病魔に侵され、このほど養生かなわず亡くなってしまいました。そこで、私たち下船頭はこの件で会議を行い、太吉の遺子を大船頭とし、私たちが後見人となることで支えようと一致をみました。これまで通り、事業の発展に尽力しますのでご心配なく、お任せいただきたい」とのことでした。そもそもこの手紙を記すきっかけは、前日に漁労主任の林宗義がわざわざ横山村まで出張してきて後見人の件に関して意見を交わし、林が「他市町村から後見人を雇い入れるべき」という考えを示したことでした。そこで、下船頭連中らは自分たちの勤務態度をよく知る實通に対して、「後見人を他市町村より雇い入れた場合、我々

「川崎船と捕獲したタラバガニ」（八木本店「蟹缶詰工船絵葉書」より）

の中から反対意見が多いときは、円満に漁業の従事できなくなりますので、何とぞ当地の人事は我らの心得にお任せいただきたく、重ねてご請願いたします」と送ったのです。手紙は巻紙で最後に六名の署名・捺印があり、これを手にした實通は連判状のような印象を抱いたことでしょう。林としては、同じ漁師町の人間どうしで甘えが生じることを防ぐ考えだったのでしょうが、船頭らは過酷な漁労作業を気心知れた人間どうしでストレスを抱えず助け合って乗り切りたいという意思を示したといえます。

これに対する返答は、その年の漁期を終えた九月十八日に、太吉の息子・佐藤太一が實通に宛てた書簡から推測されます。便箋一枚の簡素なものでありますが、原文のまま記すと「父死去後は種々ご厚情にあづかり本年はからずも太一を以て大船頭の大役を下さいましたる事は誠に感涙のむせぶ処《ところ》で有ります。出漁中は私として力の有る限り活動したつもりで有ります。将来は社会の為め本社の為めそして又自己の為めに、人間無限の活動をして見たいと思って居ます。何卒お引立の程を願ひ申し上げます…」とあり、要求は實通の裁量で聞き入れられ、彼らの尽力もあって樺太丸は製造函数首位を達成したことになります。

船内は閉鎖的な社会のため、たとえ少人数であっても派閥を生じ、人間関係に歪みが生じることもあったことでしょう。方言や生活習慣の違いなどから誤解を招き、人間関係に支障を来たすこともありました。(注1)このとき、相手の素性や生まれ育った環境を知りえて重労働を共にすることは、対人関係で無駄なストレス（不公平感）を受けず、業務に励むことができたと考えられます。

一方、亀三郎にもその年の四月に坂井直人という小樽高等商業学校に通う三年生から礼状の手紙が届いています。どうやら一年間に限って、その父親とも相談のうえ毎月学資金を仕送りすることになっ

――たようで、四月は五〇円を小為替で受け取っています。直人は礼儀として、わざわざ収支報告を記載して五〇円の使途を亀三郎に伝え、感謝の気持ちを伝えています。

（注1）かつて筆者は、家業が内航船の海運業をしていた関係で、五人乗りの貨物船（航海士三名・機関士二名）に当直部員として一年ほど乗船したことがあった。また、陸上勤務で船員の管理業務を数年間担うこともあった。当時の業界の課題は船員不足とその高齢化だったが、元漁船の船員が商船に転業することで、何とか船員不足を持ちこたえている印象を受けた。転業の背景には漁業の衰退が関係していたが、これは全国共通の現象で、宮古・八戸・石巻・能登地方などの元漁師が貨物船の船員として励む姿を目の当たりにした。標準語を話すものは少なく、方言が聴き取りづらい点が気になった。一方、船内の人間関係が原因で退職する船員の事例をよく耳にした。このため船員を新たに雇い入れする場合は、以前の勤め先に辞めた理由や業務態度を確認する同業者もいた。免状の種類や操船技術も大切だが、人間関係を崩すトラブルメーカーや酒癖の悪い人は最も避けたいのが雇い主の心情であったように思う。筆者の経験として、一隻の貨物船を同郷の元漁師で固めたことがあった。互いが素性をよく理解しているため、人間関係でトラブルが少なく、不足する船員のスカウトを親分肌の船長に頼めば、これをすぐに探し当てたものだ。ただ、これへの依存度が高いと、彼らの要求にも従う必要が生まれ、どこまで経営者の威厳を示し、それに従わせるかのバランス感覚を学んだ。實通は、樺太丸に乗船した際、横山村の漁師たちの結束を目の当たりにし、その要求に従う方が会社にとってのプラスと感じとったのだろう。

また、筆者がベテランの船員たちから聞いた話では、気に入らない船員がいてこれを排除する場合、夜間の運航中に海へ突き落すのが一番簡単で、実際にそういう事件もあったという。酔って艫《とも》で小便をしている最中に、本人が足をすべらせて海に落ちたと証言すれば、何も証拠は残らないというのだ。閉鎖的な空間で派閥や恨みが生じたとき、人は何をするか分からず、それは蟹工船だけに限ったことではないのだろう。

⑤ 金融恐慌と今治商業銀行休業

尼港事件や戦後不況で辛酸をなめた八木本店も、大正十五（一九二六）年になって蟹工船事業が軌道に乗り、亀三郎は水産事業を取り仕切る息子・實通を頼もしく感じたことでしょう。ただ、当時の日本の経済全体を見たとき、自社の業績が回復したからといって安心はできませんでした。戦後不況の後で震災恐慌（一九二三年、関東大震災）が起き、この対処が不十分だったことで昭和二（一九二七）年三月、東京渡辺銀行の休業に端を発し、全国各地で銀行の倒産や休業が相次ぐ金融恐慌が巻き起こります。その象徴的存在が、鈴木商店の倒産にともなう台湾銀行の休業でした。鈴木商店は大戦景気で急成長した三大財閥に匹敵する商社で、そのメインバンクが日本統治下にあった台湾の中央銀行〝台湾銀行〟だったのです。同行の休業が同年四月のことで、それよりも少し早く、亀三郎が頭取を務める今治商業銀行にも金融恐慌の波が押し寄せようとしていました。

当時の今治市は、大正九（一九二〇）年二月に四国で六番目の市制を施行し、〝四国のマンチェスター〟と称されるまで、綿業を基幹とする商工都市として賑わいをみせていました。しかし、大正九年は戦後不況に遭遇し、市制施行祝賀会を開けないほど経済界は重苦しい空気に包まれます。これを脱するきっかけになったのが、九年末から十年にかけて生産量（生産業者）が増えたタオルで、それまで綿ネルや大正布が主流であった今治綿業に希望の光が差し込んだのです。ただ、中国などアジアへの輸出が見られたそれらの綿製品は、世界の景気変動や地域紛争の影響に左右される怖さも秘めていて、その兆候が出始めたのが大正十五年の九月ごろでした。中国の内紛（北伐軍の進軍）で同国向けの輸出が滞り、今治地方では八月の成績が約三割の減少となります。それに加えて綿糸相場が漸落歩調をたどり、九月十一日には二二〇円台を割って、一か月前の高値に比べると四〇円安、八月末に比べると二〇円安となり、採算ベースを割ってしまいます（海南新聞／九月十五日付）。そして遂に、地元紙「海南新聞」九月二十一日付・経済欄の大阪市場・三品《さんぴん》市況（綿花・綿糸・綿布）に〝綿糸崩落〟の文字が躍ります。「愛媛新報」は十月七日付で〝綿糸暴落によって伊予絣が不振に陥ったこと〟を報道しますが、これは縞木綿の絣だけでなく、綿ネルもタオルも織物業界すべてに影響が及んでいたのです。

そうした中、今治織物同業組合（深見寅之助理事長）では十一月八日に今治綿ネル創業四〇周年記念式典を開催し、功労のあった機業家と優良職工を表彰するなど、一時的に祝賀ムードに包まれました。ところが実はこの時期、表彰された六名の機業家の一人・岡田恒太《つねた》が、自ら経営する岡田織布合資会社の経営不振の打開策として大阪三品取引所で綿糸相場に手をだし、この投機の失敗で八〇万円の損失を被るという事態が起きていたのです。岡田は、明治二十八（一八九五）年に自社製品「尺六藍棒」の輸出を南清に試みた、伊予ネル海外輸出の元祖で知られました。大戦景気では今治綿業界随一の綿成金ともてはやされたりもしましたが、急激な景気の冷え込みと綿糸相場の暴落で多額の借財を抱えてしまったのです。しだいにこの噂は広まり、岡田が今治商業銀行の取締役を兼ねていたため、預金者の不安をかきたてます。同行は資本金二五〇万円、行員約二〇〇名、大正十五年下期の預金総額一三六七万円を誇る今治地方随一の地方銀行で、今治市風早町の本店以外に県内東予・中予地区に九支店・一〇出張所を構え、地元では〝今商《いましょう》〟の愛称で慕われました。顧客の多くは綿業関係者が占めるため、四国のマンチェスターの金庫番ともいえる存在でした。実際、綿業関係者への貸し出しは全体の六割近くに達し、このうち六割近くの二八六万円余りが回収不能であることが、後（昭和二年二月）になって判明します。岡田の失態は綿糸の投機資金に銀行資金をあてたもので、行員の一部もこれに加担し、公私混同の放漫経営に問題がありました。貸し出しの担保査定もずさんで、無担保の大口の貸し出しが全体の四五％を占め、いわゆる信用貸しの横行です。このため、預金者の取り付け騒ぎが発生すると、支払い準備金が不足して、支払い停止措置を生じる恐れがありました。（注1）

　年末頃から、頭取の亀三郎の身辺も騒がしくなり、この対応に追われるようになります。そして大正天皇の崩御《ほうぎょ》（十二月二十五日）をへて、年が明けた昭和二年一月十四日、新居浜の小学校教員が児童に発した「今商は危ない銀行だから、預貯金の引き出しをした方がよい」の言葉が火種となり、本支店における預金取り付け騒ぎが発生します。このときだけで四五万円が引き出されたようです。当初は県内の仲田銀行・伊予相互銀行からの八〇万円の借り入れで凌ぐことができましたが、担保物件もなくなると、芸備銀行・愛媛県農工銀行・第五十二銀行から借り入れを拒絶されてしまいます。管轄する日本銀行広島支店の目にも、もはやこの苦境を救う道は整理断行しかないと映っていたよ

銀行界に名をなした
今商本支店突如休業
けふから三週間支拂を停止
舊歳末の財界に投げた大渦
不安の預金者達
資本が固定して
此仕末となつた
頭取八木亀三郎氏談
意外な事から端を發す
取附けに遭ふ迄の今治商業の經過
原因は綿糸の大崩落から

「今治商業休業を伝える海南新聞」（昭和２年１月25日付）

うです。一月二十四日には本支店すべてで預金の支払い停止・臨時休業となり、出口の見えない袋小路へと迷い込むこととなります。翌二十五日の海南新聞には、「銀行界に名をなした今商本支店突如休業／けふから三週間支払を停止／旧歳末の財界に投げた大渦」のリード文が躍り、頭取の亀三郎と常務取締役で貴族院議員の八木春樹の顔写真が掲載されます。事態を重く見た香坂昌康愛媛県知事は「地方財界安定に関する声明書」を発表し、今商重役陣（八名）も私財提供によって預金者に一切迷惑をかけないという「誓約書」を知事に提出することになります。

では、その重役陣は当時どれくらいの資産を有していたのでしょう。預金者を安心させようというねらいもあってか、海南新聞の一月二十六日付には記者が税務署の記録や世評をもとにまとめた記事が載ります。亀三郎については、「越智郡波止浜の出身で一時製塩業を営んだ事もあるが其後北海道に於《おい》て樺太丸其他二隻の大漁船を所有して缶詰製造業を開始し莫大な利益を占むるに至り今日にても一日数千円の利益を上げてゐる先《ま》づ五、六百万円資産はあると云はれてゐる」とあり、以下、取締役の八木春樹・矢野通保・長島常一、監査役の越智俊逸・柳瀬存《たもつ》…とつづきます。そして三週間の休業を終えても再開にはいたらず、二月十三日からさらに五週間の延期が発表されるのです。

一方、岡田織布は一月中旬に職工三〇名余りを解雇し、同規模の大手綿織物会社らも漸次解雇を発表していきます。今治織物同業組合でも二月二十一日より賃金の一割値下げを行い、休業や解散手続きをとって細々と稼働する中堅織物会社もありました。今商休業の間は、五十二銀行や農工銀行が今治綿業界の賃金支払いの受け皿となったようです。この間、今商は日銀の支援を得るため、必要書類を提出して調査に協力し、勅撰貴族院議員の井上準之助の協力を仰ぐことに努めます。

井上は震災恐慌の救済・復興で蔵相に抜擢された元日銀総裁で、蔵相辞任後も財界の指導的役割を果たしていました。三月十七日、東京からの急電で「調査終了す／復興に関しては立案中なり／委細は重役帰今の上話す」という報せが今商にあり、翌十八日に亀三郎は事態の進捗と今後の課題を記した書簡をしたためています。現存する下書き（巻紙の長さ二三三センチメートル）に宛名は記されませんが、目上への言葉遣いで文中に〝閣下〟と記されることから、宛先は大蔵官僚出身で大蔵大臣経験者の勝田《しょうだ》主計《かずえ》と思われます。要約すると、そこには「去る十日付にて井上氏へ必要書類を提出したが、救済の同意を得るのは難しい」との観測が示されます。さらに三月九日夜から亀三郎自身は急性胃腸カタルにかかり、しばらく床に臥せる事態に陥ります。快復後、再び井上氏にかけ合いますが、「今商問題は今治地方の重大問題なので、阿部光之助に奮起いただき、片野今治市長の上京をうながすべき」との見解が示されたようです。ただ、光之助は老齢のため、承諾が得られず困っていることを十七日に相談すると、「井上氏から直接、光之助へ連絡をとってくれる」ことになります。さらに「井上氏は閣下の上京もお望みで、近く書状を出したい」とのことでした。なお、「上京の際は仲田氏（愛媛県農工銀行頭取の仲田伝之䭾《じょう》のことか）も帯同のことと思われますが、銀行局は渡辺銀行破綻でそちらに手をとられています。今商の件は、本日井上氏から直接、銀行局

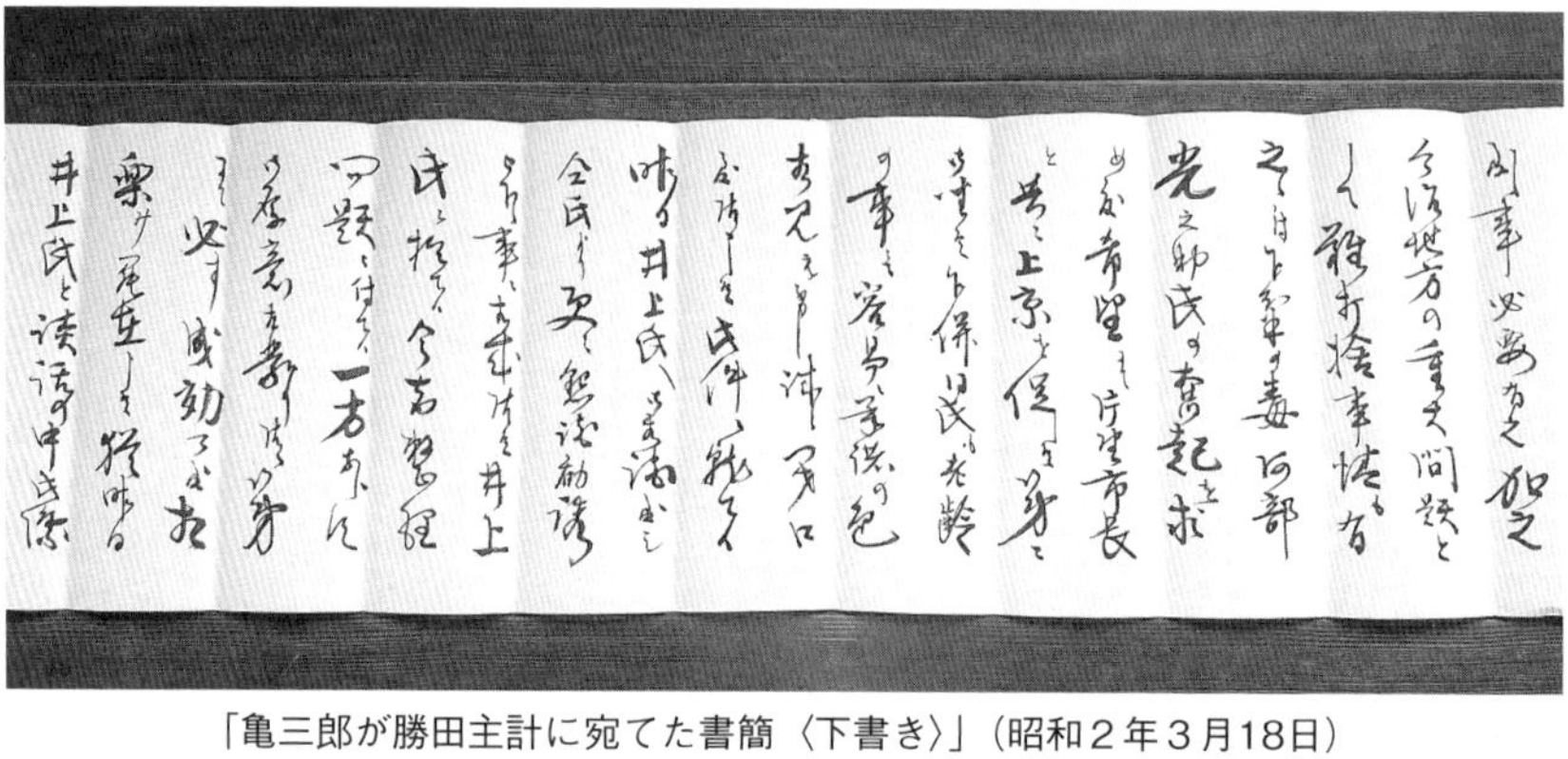

「亀三郎が勝田主計に宛てた書簡〈下書き〉」（昭和２年３月18日）

長へ急促いただいたので、遠からず（再開に向けた共済案が）出来上がるでしょう…」とのことでした。そうして再び三月二十日から五週間の休業延期となりますが、三月末になると井上が今商整理の引受け快諾にいたったようです（三月中旬に、井上は台湾銀行特別調査委員会の会長に就任）。ただし、その前提条件として頭取・専務の改選を行い、重役陣の一掃が求められました。

六三歳の亀三郎にとって、今商騒動の舵取りは心身の健康をむしばむものでした。三月中旬の日銀との交渉にも亀三郎は立ち会いますが、波止浜へ帰ってきた後、どうやら体調を崩したようです。三月二十四日に八木松枝が實通に宛てた手紙の中に、「父上様は昨朝より御熱高く、大いに心配致し候ところ、その許も御承知昨冬より御衰弱なされ、また歳もより候ところへ本年の今商事は長々の事、この間も胃腸悪く御熱あり…」とあり、同日、八木通重が實通へ送った手紙にも亀三郎の容態が記され「日頃の心痛のお疲れ…」とあります。そのとき、實通は四月上旬からの蟹工船出帆に備えて、東京の上総屋旅館に滞在していました。二十六日にも松枝から實通へ、八木芳枝から實通へ手紙が発せられ、熱が下がってひと安心した内容が記されます。ただその後も、体調不良は続いたようで、四月八日にも松枝・芳枝から實通へ亀三郎の病状報告（肺炎）がなされています。そして亀三郎が病床に伏せる間に、今治経済界や愛媛金融業界では、今商重役人事の刷新が行われようとしていました。新頭取には今治商工会長で銀行経営の経験も有する阿部光之助を推す声が大で、常務には日銀広島支店の関係者や元住友銀行行員で今治商工会副会長である丹下辰世《ときよ》の名前が候補にあがっていました（辰世は、建築家・丹下健三の父）。亀三郎については、世評として〝人格者としては何ら欠点はないが、心機一転という理由〟で、交代やむなしの情勢となります。四月十五日には、東京に本店をおき、松山市をはじめ全国主要都市に三五支店を有する共栄貯蓄銀行が東京区裁判所から破産宣告を受けるなど、休業から営業再開への道は決して甘くはありませんでした。

（注1）今治商業銀行の臨時休業から営業再開にいたる経過は、『愛媛県史』〈社会経済4商工〉の第三章第一節に詳しく、この記述は日本銀行が今商整理にあたって作成した調査資料『日本銀行調査局報告書・今治商業銀行の破綻原因及其整理』を出典とする。拙著ではこれを基本資料として、海南新聞記事や八木本店旧蔵資料を加味して本文を作成した。

⑥今商営業再開と重役陣の私財提供

五月に入って、ようやく亀三郎は他人と面会できるまで快復し、香坂知事が病床を訪ねた際は、井上とのやりとりに手ごたえを得ている様子だったようです。(注1) 同じころ帝国議会では、全国的な金融恐慌の善後措置として、銀行救済法案が審議されることとなり、九日には「日本銀行特別融通損失補償法」として成立する運びとなりました。これによって、休業中の銀行は不動産その他担保品をもって支払準備金の融通を日銀から受けられることとなり、営業再開への光が差し始めました。上京中の亀三郎は、早速九日夕方に今商本店へその吉報を伝えています。この法案を愛媛銀行業界では福音ととらえ、愛媛経済界でも井上要（伊予鉄社長）が「これで財界安定、今商も浮かばれん」というコメントを翌十日付の紙面で発表しています。また、今商救済にかかわった元松山市助役の重松清行《きよゆき》もコメントを載せ、それによると二人の元蔵相〝井上準之助と勝田主計《しょうだかずえ》〟の尽力が大であったようです。重松は、後任頭取の行方が大事になるだろうとし、〝今後のことは万事井上氏の肚《はら》の内にあるだろう〟としています。(注2) この言葉の通り、五月十二日に市来日銀総裁の更迭が発表され、新たに井上が二度目の日銀総裁就任となります（香坂知事は五月十七日に退任）。新法による銀行救済の舵取りを、高橋是清蔵相が信頼を寄せる井上に託したのです。この就任に祝辞を送ったのか、上総屋旅館にいる亀三郎宛てに、五月十八日付の消印で井上総裁から封書が届いています。中身は、自らの名刺の右上に〝御禮〟の二字を自書したものです。一方、勝田については、六月八日付の消印で上総屋旅館の亀三郎へ封書が届いています。こちらも自身の名刺のみですが、浜焼鯛をいただいたことへの礼を短文で記しています。

　重松が述べたように、後任人事に注目が集まるなか、今商の整理案が日銀によって作成されていきます。六月一日以降の営業再開にも期待が膨らみましたが、やはりかなわず五月二十六日に六月一杯休業が発表されます。延期の繰り返しに、預金者は七月一日の営業再開までも不安視するほどでした。この間隙を突いて、芸備銀行が一〇〇万円の担保貸出しを目的に今治派出

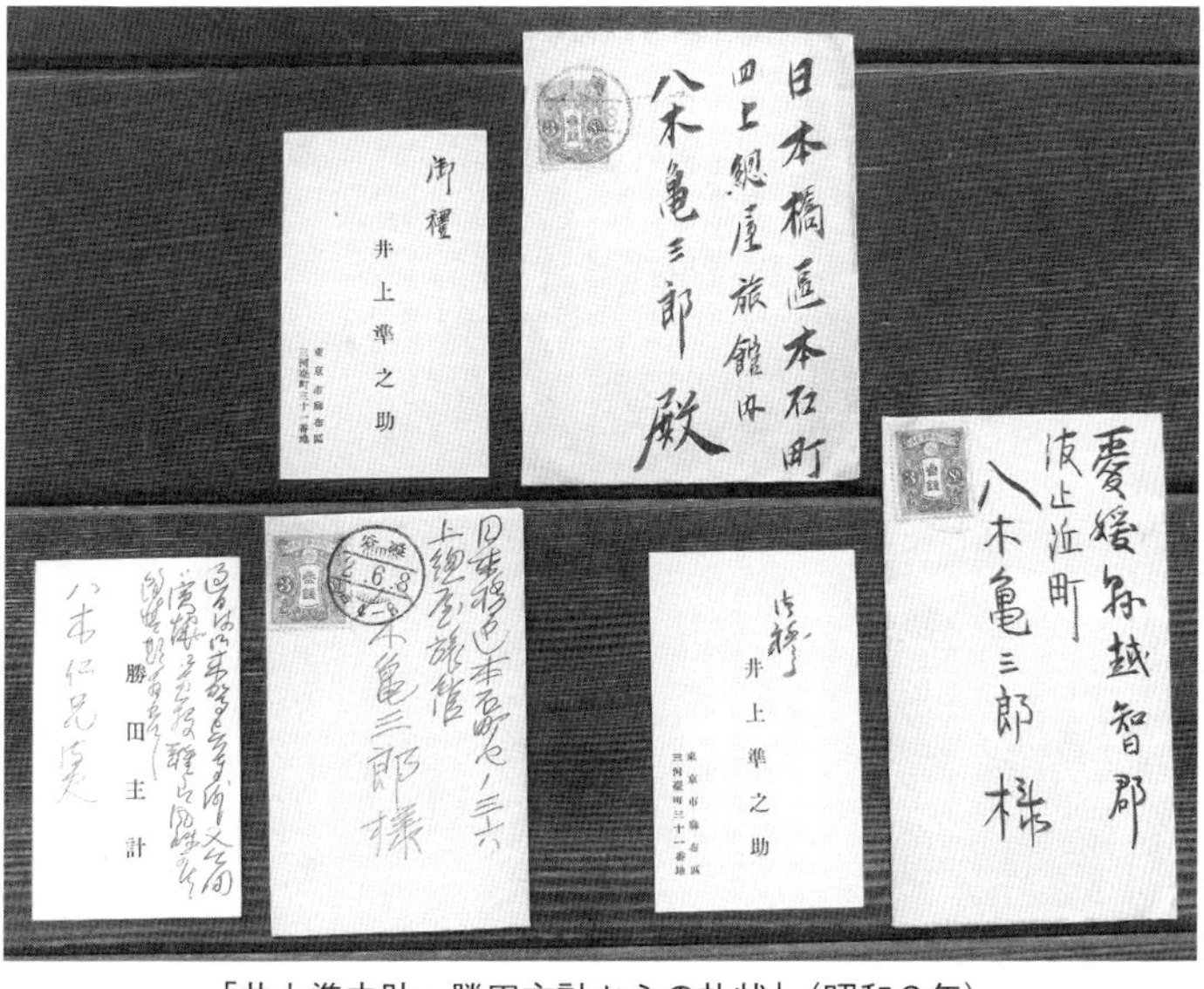

「井上準之助・勝田主計からの礼状」（昭和２年）

所を六月一日に設置しようと画策しますが、これは愛媛金融界と愛媛県の反対で中止にいたります。

今商がなかなか営業再開できない背景には、再開しても再び取り付け騒ぎが起きて休業に陥ることだけは日銀側が避けたいという思惑があったようです。救済の内定は取り付けていましたが、重役陣に対して〝踏み絵〟が求められることとなります。休業当初から、今商重役陣は私財提供を県へ誓約していましたが、その誠意を示すときがやってきたのです。このあと、妥協を許さない私財提供は極限に達し、資本金の減額や積立金・繰越金の取り崩しなど、開店にあたって必要な払戻金七〇〇万円相当に向けた準備が進められていくのでした。最終的な私財提供額は約四五〇万円に達したようで、その凄惨さを物語る象徴が愛媛長者番付の常連であった波止浜の矢野本家でした。六月十六日付の海南新聞に〝今商破綻に涙呼ぶ矢野一家　波止浜町民も貰ひ泣き〟のリード文が載り、矢野通保が家族一同を集めて語った言葉として「今商整理の如きも目前に迫つてゐるため此際場合によつては丸裸にならねばならぬかも知れぬから皆得心してくれ」が紹介され、夫人も悲壮な表情で「家屋敷、倉家畜等には何等《なんら》未練はないが子供の教育費だけは何とかしてやり度《た》いものだ」と語ったようです。これを聞いた小学一年生の三男・嘉六《かろく》は、生まれて初めて涙を流す父親を見たようで、ただごとではないと子供心にも感じるとともに、そのことが生涯忘れられない出来事として脳裏に刻まれるのでした。(注3)

今商が整理案としてまとめた「今治商業銀行重役私財提供ニ就テ」(注4)によると、筆頭株主である矢野通保の提供物件は一〇七万七〇〇〇円（有価証券一〇万円、不動産九七万円）に及びました。亀三郎の提供物件は八四万五五五〇円（有価証券一三万円、不動産四九万八八〇〇円、現金二一万六七五〇円）、八木春樹は九四万七六〇〇円（有価証券一万円、不動産九三万七六〇〇円）、岡田恒太は八四万五五〇〇円（不動産のみ）、柳瀬存は七五万円（不動産のみ）、八木栄十郎は一四万四一〇〇円（不動産のみ）、越智俊逸は七万一〇〇〇円（不動産のみ）という負担を強いられ、長島常一にいたっては資産なく提供不能というお粗末なものでした。監査役の柳瀬・栄十郎・越智は、本来なら取締役ほどの自己犠牲を払う必要もないのですが、取締役全員の私財で不足する分を徳義上負担することになったようです。今治綿業界の不良債権を、どうして波止浜財界があがなわないといけないのか、通保や栄十郎にとっては、とても納得のいくものではなかったことでしょう。岡田と長島の負債については、亀三郎・春樹・通保の三名が連帯で背負うこととなります。亀三郎は私財提供にあたって、自ら所有する田畑・山林・塩田・宅地などの不動産を帳面に書き出し、それらの時価を記しています。処分して現金化したのか、担保物件としたのか、明治十八年から大正八（一八八五〜一九一九）年までコツコツと取得してきた財産の多くが、このとき水泡に帰すこととなります。中には負債を完遂すれば戻ってくるものもありましたが、それは先の見えない話でした。六月十日付の海南新聞には、亀三郎が所有汽船「来島丸」を

「今治港桟橋に到着した日銀特融」（伊予銀行所蔵）
手前右端から丹下辰世・八木亀三郎・阿部光之助

一万四〇〇〇円で売却したという記事が掲載されますが、その売上金を私財提供にあてたのかも知れません。(注5)

六月九日に開催された今治商工会役員会では、七月一日の今商営業再開のため、懸案となっていた後任頭取を誰にするかで協議していました。一時は阿部光之助を推していましたが、ここへきて亀三郎を頭取とし、亀三郎が拒めば矢野通保にするという決議に至り、本人らへその説得を行うこととなりました。同じころ、井上総裁は近親者に不満を漏らし、〝先決問題である頭取が未だ決まらないこと、一部の重役に私財提供をためらうものがあることは、今商救済に支障を来すだろう〟と開店の遅延を示唆しています（六月十二日付、海南新聞）。日銀との申し合わせは七月二日まで及び、七月の開店は間に合いませんでしたが、八月十五日の臨時株主総会で今商整理案は可決され、翌十六日に日銀広島支店から特別融資額のうち五二〇万円が融資されることになりました。これは、全国五〇余りの休業銀行のなか、五月成立の補償法が適用される第一号の事例となり、今商は独力での復活を果たすこととなります。

これで八月十八日からの営業再開が可能となり、日銀補償金が広島から今治へ、愛媛県の警察船「第二愛媛丸」に載せられて、十六日夕方に海路で今治港へ運び込まれることとなります。築港整備中の今治港桟橋には、これを出迎える亀三郎と新たに取締役となる阿部光之助、片野市長ら今治政財界の雄が集い、札束の大金をみようと群がる市民で賑わいました。荷揚げされた補償金は桟橋から目と鼻の先の今商本店へ運ばれ、翌十七には支店に分配されます。十八日の開店は、一月二十四日の休業以来二〇六日ぶりのことで、預金者の殺到を見ることなく安定したすべり出しを見せます。重責を果たした亀三郎は、よほどに嬉しかったのか、開店を記した地元各紙を蒐集し、開店記念としてこれを永久保存することにします。(注6)また、開店初日の営業が終わるころ、井上総裁へお礼の電報を発しています。

九月六日に開かれた今商臨時総会では、定款の変更と懸案だった新役員人事が発表されます。留任したのは頭取の亀三郎と取締役の通保だけで、新たな取締役に阿部光之助・野間岩造・丹下辰世、監査役に軽尾寛治・矢野透・森玄作が就いています。これは整理遂行上の措置でもあり、改めて〝波止浜二明星〟とも謳われた亀三郎・通保の存在が強く認識される結果となりました。ただし、日銀特別融通の償還期限は昭和十二年五月とされ、両名ら旧重役陣の連帯責任はこのあと同十二（一九三七）年十月二十八日をもって解除となるなど、茨の道は一〇年余りもつづくことになるのです。(注7)

（注1）八木本店旧蔵資料を調査したところ、亀三郎の波止浜の住所に届いた四月十六日付消印の封書（差出人無記名）には、井上準之助と愛媛県書記官・内務部長の内海忠司の名刺が二枚だけ入っていた。そして井上の名刺の右上に直筆で〝御禮〟の二字だけが記されていた。内海は、香坂知事とともに五月十七日に同職を更迭され、佐賀県内務部長に転任となっている。

（注2）八木本店旧蔵資料には、重松清行（一八八四〜一九五三）が八木亀三郎に宛てた書簡七通を確認することができる。差出年の分からない一月十四付のものに、「又一案として共同救済案、松山に本店を有する銀行が合併…」とあり、今商が臨時休業を発表する直前にも重松が救済に動いていたことが分かる。昭和三年五月十日付のものは、「御行整理…ウンアレはよかった」と一年前の銀行救済法案成立を振り返っている。それ以降の書簡には昭和八年、同十一年などがあり、資金援助いただいたことへの礼状が二通見受けられる。重松は、若い頃に伊予農業銀行に勤めた経験があり、その才を見込まれて同行取締役支配人・逸見安太郎の娘を嫁に迎えている。同郷の勝田主計代議士（朝鮮銀行総裁・大蔵大臣・文部大臣を経験）と親交があり、その縁で松山市会議員や松山市助役を務めることもあった。人物評は、松山人として非常にスケールの大きい人物だったようで、斎藤実《まこと》首相とも親しかった。昭和十年九月三日付

の海南新聞連載記事「郷土の誇る名士」の中で、友人の阿部里雪が〝重松氏は野球選手だと、大ものばかりをねらう強打者であって、当ればホームランをカッ飛ばす選手〟と評している。

（注3）矢野嘉六氏は大正十年八月生まれ、平成二十一年十月没。平成十五～十六年頃に、筆者が同氏へ聴き取り調査を行う。同氏の名前は祖父・嘉太郎、曾祖父・嘉吉の一字をとり、通保の六番目の子供として誕生したことに由来し、その名づけ親が八木亀三郎であった。嗣子《しし》にめぐまれない亀三郎は、嘉六を養子に欲しがっていたという。通保は叔父の亀三郎を大変尊敬していたようで、そのことが今商騒動で矢野本家を災難に巻き込む要因ともなった。嘉六氏は、父・通保が家族を集めて悄然と語った内容を「これで矢野家は一文なしになってしまった。土地もあるにはあるが、自分のものであって、自分のものではない」と筆者に語ってくれた。亀三郎と通保の家族は、ともに昭和初年に東京に住まいを設け、通保が東京中野から叔母の八木ヨシヱに宛てた昭和九年・同十三年の書簡を八木本店旧蔵資料の中に確認することができる。

（注4）本資料は、複写用の用紙に記され、「最終申合中」や「結論」の言葉とともに、若干赤字で手直しも見られることから、最終段階で作成された資料と思われる。これによると、日銀との重要な申し合わせ資料が二月十七日及び七月二日と交わされたことがうかがえる。日銀との間でどういう取り決めをしたのかを残すため、八木本店として資料を保存していたと思われる。

（注5）戦後不況を契機に自社船の数を減らしていった八木本店だが、汽船来島丸は八木本店資料には登場しない。新聞記事によると「同船は先年好況時代に補助帆船を購入し汽船に改造したるもので、当時は三〇数万円を要したものだと云われてゐる。爾来《じらい》不況のためその後一度も航海せず今日に至った次第である」とある。

（注6）八木本店旧蔵資料には、「昭和二年八月十八日　今治商業銀行　開店祈念新聞」と記された封筒などに、このとき蒐集した地方紙がまとめられている。八月十七日付の愛媛タイムス、八月十九日付の海南新聞・大阪朝日・大阪毎日・愛

媛新報（朝刊・夕刊）、八月二十一日付の今治新聞、八月二十五日付の大阪毎日、九月十七日付の天業民報などである。開店を告げる広告（二四・四センチメートル×二二・七センチメートル）もあり、その紙面には「謹告 日本銀行後援ノモトニ八月十八日ヨリ開店可仕候 株式会社今治商業銀行」とあり、挿絵に打出小槌を振りかざす大黒天が描かれている。休業一年目を特集した今治新聞の昭和三年一月二十九日付には、少し皮肉な記事が掲載され、「今商の命日」や「八木頭取の銅像を建つるか」などの言葉が見受けられる。

（注7）八木本店旧蔵資料には、昭和十二年十月二十八日に旧取締役の八木春樹・矢野通保・八木亀三郎代理人と今商の矢野透頭取・丹下辰世専務が交わした「覚書」が残され、これをもって旧重役陣の連帯責任は解除され、個人責任は完済すれば担保物件を返済するとしている。ただし、第六章⑤でも後述するが、これは波止浜の八木亀三郎邸で上記関係者のみが出席して話し合われた極秘事項で、銀行側にこの資料は残されてはいない。

「今治商業銀行本店に到着した日銀特融」（今治新聞／昭和２年８月21日付）

昭和二（一九二七）年八月十六日午後七時、日銀補償金は今治署の警官一〇数名に護られ、警察船「第二愛媛丸」から今治港第一桟橋に陸揚げされます。このとき山積みされた札束は、七〇〇万円とも一二〇〇万円とも報道されました。桟橋でこれを出迎えた八木亀三郎と阿部光之助は、たちまち報道陣に囲まれ、その高く積まれた札束を背景に被写体におさめられます。このとき、和装の亀三郎（中央）・光之助（左隣）に対して、亀三郎の右隣に立つ洋装の人物が、新たに常務取締役に就任することになる丹下辰世《ときよ》でした。辰世は日銀広島支店から補償金に同行し、第二愛媛丸に乗船して今治まで帰ってきたのです。営業再開後の銀行の舵取りは、辰世が実務の中心となるだけあって、報道各紙の中には彼を被写体におさめるところもありました。

　辰世については、今商営業再開に向けた日銀との交渉の中で、三月末時点で新役員就任への期待が高まります。その背景は、彼が元住友銀行行員で中国漢口《かんこう》・上海の支店に務めた経歴とともに、今治商工会の副会長や今治有数の織物会社「興業舎」の重役であったことが大きく影響しています。今治商工会長の光之助は老齢のため、辰世がその補佐役となって今治経済界を切り盛りしていた様子がうかがえます（光之助は昭和七年一月に七十四才で死去）。その辰世の子が〝世界のタンゲ〟で知られる建築家・丹下健三（一九一三〜二〇〇五）であり、少年時代の多感な時期を健三は今治市で過ごすことになります。丹

丹下　健三

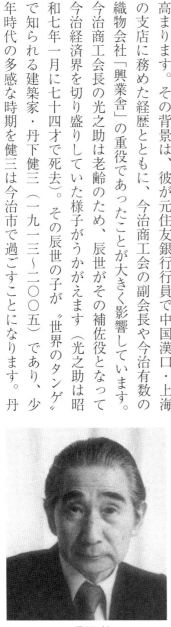

下一族は、もともと今治藩士族で、同藩の勘定奉行を務めたこともある家柄でした。

健三は大正二（一九一三）年九月、住友銀行行員の父の赴任地・大阪府堺市で誕生します（健三は、後妻テイとの間に生まれた三男にあたる。兄二人と姉一人は前妻の子）。本人の自伝『丹下健三 ～一本の鉛筆から～』（日本図書センター／一九九七）によれば、そのときの記憶はないようです。物心ついた時には、上海イギリス租界の煉瓦《れんが》造四階建の住居で暮らしていたそうで、そのことが建築家・都市計画家としての素養を身に着けるきっかけにもなったことでしょう。しかし、健三が小学二年生のとき、辰世は行員を辞めて実家・今治へ転居することになります。理由は、辰世の長兄で今治経済界の要として今商常務・興業舎専務・今治綿練同業組合副組長・今治商工会評議員などを務めていた丹下辰雄が、大正六（一九一七）年十二月に五十二歳で病没したためです。興業舎は、阿部会社（阿部光之助が重役）と並ぶ今治有数の綿ネル会社で、社主の柳瀬氏に代

「昭和初年の今治駅前広小路」（絵葉書より）

わり現場の采配は辰雄が振るっていました。そのため、地元紙・海南新聞はこの訃報を大きく掲載し、辰雄を〝織布界の恩人〟と評し、今治の綿ネルを日本一の名声に高めた功績を称えています（葬儀にあたり、亀三郎は柳瀬義之・阿部光之助らとともに友人総代を務める）。ただ、実際に辰世が帰郷するのは兄死去の三年余り後のことで、今治経済界では辰雄を失ってポッカリ空いた穴を埋める適任者として、実弟で七歳下の辰世に白羽の矢を立てたのでしょう。そうして辰世は健三ら家族をともなって、大正十（一九二一）年に今治へ帰郷を果たすことになるのです。

健三が転居した頃の今治市は、前年の大正九年二月に市制が敷かれ（四国で六番目）、今治港の築港整備が始まったばかりでした。〝四国のマンチェスター〟や〝伊予の大阪〟と称されても、海の玄関口は艀船《はしけぶね》を使った荷役が行われるなど、大型船の入出港には不便を来していました。市制がきっかけとなり、大正十（一九二一）年六月には今治港が国の重要港湾に、翌十一年二月には四国初の開港場にも指定され、国直轄の工事で港の輪郭は様変わりしていきます。さらに大正十三（一九二三）年二月の今治駅開業に合わせて、駅と港を結ぶ一〇間幅（一八メートル）の幹線道路〝広小路〟の整備や瀟洒《しょうしゃ》な市公会堂の建築などが進められ、敏腕の片野淑人《よしと》市長のもと近代都市計画が加速することになります。こうした光景を目の当たりにしながら、健三は大正十五年三月に今治第二尋常小学校（後の美須賀《みすか》小。現、吹揚《ふきあげ》小）を卒業し、旧制今治中学（現、今治西高）に四年間通います。優秀な成績により、昭和五（一九三〇）年三月に今治中学を飛び級で卒業して旧制広島高校（現、広島大学）へと進学し、ここで近代建築の巨匠〝ル・コルビュジェ〟に感銘を受けて建築家を志すようになります。自伝の中で、健三は少年時代を過ごした今治の情景をあまり記してはいませんが、今商の再建にあたって父・辰世が担った重責は大きく、中学校に通いながらその姿を身近に感じていたことでしょう。

やや先の話となりますが、亀三郎一家は千菊の結婚や水産事業への専念に合わせて東京への移住を決断します。少なくとも昭和四（一九二九）年一月には東京に住まいと出張所を持ち、同六年六月八日に八木本店の本店を東京へ移転させます。辰世は東京出張の際に亀三郎を訪ねることがあったようで、昭和六（一九三一）年六月十五日に八木松枝が夫の實通（漁期のため北洋を航海中）に宛てた手紙にそのことが記されます。このとき、八木家では辰世をもてなそうと大相撲観戦のため家族総出で国技館へ足を運んでいます。千菊の嫁ぎ先が古河財閥と縁があることで、古河虎之助所有の席を譲ってもらったそうで、松枝は初めての大相撲観戦に興奮したようです。その辰世の大きな功績の一つが、昭和十六（一九四一）年九月に東予（今治商業銀行）・中予（松山五十二銀行）・南予（豫州銀行）の一行ずつが合併して誕生した伊予合同銀行（現、伊予銀行）の創立にかかわったことです。亀三郎を後見して今商を復活させ、昭和九年に亀三郎が頭取を辞して以降、戦時下の中で同行を軟着陸へと導きます。辰世は伊予合同銀行では代表取締役常務に就任しますが、昭和二十（一九四五）年六月に病気により辞任、八月二日に七二才で亡くなっています。

広島高校を卒業した後の健三は、徴兵逃れもあって昭和八年から日本大学芸術学部映画学科に在籍します。昭和十（一九三五）年に東京帝国大学工学部建築科に入学すると、同十三年には「辰野賞」を受賞して早くも才能の片鱗をのぞかせます。そして、昭和十六年には東京帝国大学大学院に進学しますが、父の職種からすると学生生活で不自由な思いは少なかったことでしょう。そんな中、昭和二十年八月二日に〝チチシス〟の電報が届くと、急いで帰郷することとなりますが、鉄道の切符がなかなか手に入らず、帰宅は六日以降のこととなります。帰り着くまでに広島で新型爆弾が落ちたことを知り、尾道から連絡船で今治へ向かう際には、六日未明に今治が空襲を受けて大きな被害にあったとも耳にします。今治港へ着くと、港から駅までが見渡せるほど、市街の八割近くがB二九の焼夷弾攻撃で焦土と化していました。この空襲で、死者は少なくとも四五四人、重傷者は一五〇人、全焼家屋八一九九戸、被災者三万人以上を数えました。健三の自宅は港と駅の間にある別宮地区にあり、蔵以外は焼失していました（蔵は戦後、今治小学校の体育倉庫に使用される）。健三は今治空襲の被害を見たとき、「母は、郊外の親戚宅へ疎開して大丈夫だろう」と思っていたようですが、実際は健三の帰りを自宅で待っていて亡くなったようです。自宅の焼け跡に着いて、健三は父だけでなく、母の死にも直面する二重の悲しみに打ちひしがれるのでした。

戦後、帰る故郷を失った健三でしたが、昭和二十四（一九四九）年に広島平和記念公園の設計コンペに応募して一等賞に選ばれます。原爆ドーム・原爆慰霊碑・平和資料館が一直線に並ぶ健三の図案は、一四五の応募作品の中で唯一、負の遺産である原爆ドームの保存も含まれていました。平和資料館本館は昭和二十七（一九五二）年に竣工し、打ちっぱなしのコンクリートで垂直と水平の美学が表現され、後に戦後建築の鉄筋コンクリート造として初めて国指定重要文化財となります。三十（一九五五）年完成の公園についても、後に国指定名勝となり、建築家としてだけでなく、都市計画家・丹下の代表作となっています。そんな健三へ、間もなくして今治市から公共建築の設計依頼が届きます。戦後の今治市は、市役所前のロータリーを基点とする戦災復興都市計画を進め、広小路は現在の二〇間幅（三六メートル）に拡張されました。昭和三十年に波止浜町・桜井町・清水村・富田村・乃万村・日高村を編入合併すると、従来の庁舎では手狭となり、新今治市のシンボルにふさわしい新庁舎・公会堂の建設が望まれました。これを、かつて丹下邸の近所に住んでいて、少年時代の健三を知る田坂敬三郎市長が、郷土期待の建築家に託すこととなります。それらが竣工するのは昭和三十三（一九五八）年のことで、公会堂は折り紙のように折れ曲がった折板構造の壁と屋根に特徴が見られました。四十（一九六五）年にはこれに隣接して市民会館も手がけています。市民会館を依頼する際、健三は国家プロジェクトである東京オリンピック屋内総合競技場（現、代々木体育館）の設計・監修にかかわって多忙をきわめていました。この競技場（一九六四年竣工）は、わが国の近代建築のレベルを世界トップクラスに引き上げた最高傑作とも評され、世界のタンゲの名を不動のものとします。建築界のノーベル賞とも称される〝プリツカー賞〟を、日本人で最初に受賞したのも健三でした（一九八七年）。

今治市内で健三が設計を手がけた作品は、他にもあります。昭和三十五（一九六〇）年に愛媛信用金庫今治支店（旧今治信用金庫本店）、同四十二（一九六七）年に愛媛信用金庫常盤町支店（旧今治信用金庫常盤町支店）、同四十七（一九七二）年に今治市庁舎第一別館、同五十九（一九八四）年に徳冨蘆花《ろか》文学記念碑（今治港ふれあいマリン広場内）、

丹下建築が集中する今治市役所本庁舎周辺

昭和六十（一九八五）年に今治商工会議所・今治地方地場産業振興センター、平成六（一九九四）年に今治市庁舎第二別館…と、それらは市中心市街地周辺に集中しています。昭和五十五（一九八〇）年に文化勲章を受章した際は、羽藤今治市長ら市民有志主催による祝賀会が催され、夫人をともない今治へ帰郷を果たしています。水中翼船が今治観光港へ着くと、母校・美須賀小学校の児童がこれを出迎えるのでした。かつて父・辰世が日銀補償金とともに出迎えられた時のように、市民の歓声で包まれました。

文化勲章受章記念祝賀会のため帰郷した丹下健三
（今治港港務所前／吹揚小学校所蔵）

第五章　企業合同へと向かう北洋水産業界で

① 業界勢力図と母船式鮭鱒漁業への挑戦

亀三郎が今商騒動の過労で病床に伏せるころ、實通は昭和二（一九二七）年度の樺太丸・美福丸の出漁準備に追われていました。カムチャッカ西岸沖合へ向け、美福丸が四月六日、樺太丸が四月七日に出航しますが、この年は総トン数にして四万九〇二二トンという蟹工船史上最大数の業者船一七隻が着業することとなり、製造函数は前年度を一〇万函以上も上回る三三万六二二一函を記録します。この中で八木本店の両船は、またも他社船に大差をつけて一位・二位を独占し、美福丸が三万三三五〇函・樺太丸が三万一五三二函という好成績をおさめています（三位の共同漁業・厳島丸が二万七二七六函）。ただ業者単位で見ると、厳島丸・神宮丸・豊国丸・門司丸の四隻を着業させた共同漁業株式会社（後の日本水産）が八万六三七二函で首位となり、一躍蟹工船業界をリードする存在として台頭します。同社はもともと汽船トロール漁業を主業としていましたが、工船蟹漁業の有望さに惹かれ、前年に資本金一〇〇万円の北洋水産株式会社（代表取締役／植木憲吉）を設立し、神宮丸と厳島丸を着業させたところでした。また、陸上缶詰工場で見れば、日魯漁業がそれを上回る一四万函、千島袴漁業が六〇〇〇〇函となり、工船・陸上を合わせた年間製造函数は四八万函以上という供給過多の状態でした。

この状況に対し業界紙の水産新聞は、五月二十七日付の記事で工船の隻数の多さを批判し、さらに制限を加えるよう指摘しています。また、九月五日付では〝造るを知って売るを知らず〟というリード文で、そうした事態に政府・業界ともに配慮し、企業合同への運動がようやく胎動し始めたことを伝えています。実際、前年度の工船製品二二万函を在庫としたまま今年度を迎えたため、市価は蟹缶詰同業組合連合会規定のオープニングプライス（一函最低価格）四一円を下回ること四〜五円に達していました。共同漁業ではこうした事情も踏まえ、制限高を製了した船から帰港するよう指示を送り、市場価格に敏感な動きを見せています（二隻が七月中に帰港）。

史上最高の製造函数でわき上がる一方、商品価格の下落や蟹資源の枯渇が危ぶまれ、小資本の業者はひとたび不漁に見舞われれば自滅さえ生じかない状況となっていました。すでにその兆候は現れていて、北海道北見地方では、明治末期以降の乱獲で大正十四・十五年にタラバガニで著しい不漁を来し、昭和二年二月から蟹漁業が五か年禁止となったばかりでした。タラバガニの減産は、樺太西海岸でも同様の状況下に

北洋警備中の駆逐艦「灘風」〈全長102m、1921年竣工〉
（昭和２年　樺太丸より八木明撮影、『漁り工る北洋』より）

ありました。

　農務省水産局では、大正十二年に制定した「蟹工船取締規則」のもと、タラバガニの繁殖保護と市価安定を目的に、あらかじめ各工船に許可函数を設けますが、後から追加の許可が下りることもありました。昭和二年度は、二万三五〇〇函の追加が内定していたところへ、組合側の働きかけで八月十七日に新たに一万函が追加され、合計は三万三五〇〇函の許可となります。水産新聞は、この背景に組合側の策動があったとし、八月二十五日付同紙でこれを批判しています。一万函の追加理由については、不出漁となった和歌浦丸の分としていますが、この恩恵を受けて一〇隻の工船に追加許可が下ります。各船の割当てを見ると、美福丸が最も多い一万一九〇函、樺太丸がそれに次ぐ五八四〇函で、三番目の釜山丸・四一五〇函、四番目の栄徳丸・三四〇〇函と比べても、八木本店が優遇されているかの印象を受けます。最終的に、八木の両船は追加許可の制限を五六〇〇函超えて製造し、当局から翌年の割当てを五〇〇〇函減らす制裁を科されます。今商騒動で失った資産を取り戻すべく、多少の無理をおかしたのでしょうか。今商が休業に陥る直前に、八木本店では取締役の杉野正一が辞任し、實通の負担と責任は大きいものとなっていました。

　その實通は、蟹工船に一定の成果を感じつつも、新たな試みとして母船式鮭鱒漁業（沖取漁業とも）に高い関心を抱きます。わが国の同漁業は、大正三（一九一四）年に東京水産講習所練習船「雲鷹丸」がカムチャッカ西岸沖合で流刺網を使用したのに始まり、同七年に石崎実三郎、同八年に田原精男・郡司千早らが一〇〇数十総トンの帆船で同沖合へ出漁するも、事業化に失敗するという歴史がありました。そうした中、實通は大正十五（一九二六）年度から樺太丸の蟹漁の合間に、調査船・昭丸（八〇総トン）が流網を使って試験操業を行い、良好な成果を得ていました。そこで昭和二年度は、仲積船の春海丸を母船とし、独航船二隻と川崎船一隻を使って事業化を強く意識した試験操業に挑戦しています。カムチャッカ西岸オゼルナヤからキシカにかけての沖合で七月から八月上旬までの四〇日間実施し、鮭鱒三〇〇石・紅鮭四五〇〇尾を漁獲して、塩蔵品三〇〇石・紅鮭缶詰二七五函を生産。収支は赤字に終わりますが、その缶詰は三菱商事がロンドン市場で試売し、好評を博したようです。

一方、八木本店の蟹豊漁とは対照的に辛酸をなめたのが、竹村組の竹村兄弟（醇多・廣吉）でした。水産局では、取締規則を改正して出漁隻数に制限を加えようとするなか、増え続ける新規出願者への代替案としてカムチャッカ半島東海岸（以下、カムチャッカ東岸）での許可を認めます。その嚆矢となるのが竹村組の札幌丸（二四八三総トン）と富美丸（二〇二四総トン）の二隻でした。両船は、昭和二年から東海岸デジネフ、オユートル岬間の北緯六〇度近海で操業を行うことになりますが、『蟹缶詰発達史』の「母船式蟹漁業着業状況表」によると、札幌丸は四月二十六日出帆し、操業六四日間で二四四六函製造し、八月三日帰港。富美丸は五月十二日出帆し、操業五〇日で三六四五函製造して七月九日帰港となっています。明らかに製造函数が少なく、不漁といえるものでした。その要因は、区域が広大ななか、遊動的漁業に従事し、投網が沖合すぎたことなどがあげられました。

東海岸で両船が獲ったカニは概して甲羅が柔らかく、缶詰に適さなかったようです。そこで竹村は違反操業を覚悟のうえで西海岸キシカ沖へ回航し、水産局監視船「金鵄《きんし》丸」の目をかいくぐりながら、札幌丸が八月十二日出帆～九月十三日帰港の操業日数二六日で八七八函、富美丸が七月十六日出帆～九月六日帰港の操業日数三二日で五二〇六函を製造したのです（水産新聞、九月十八日付など）。同局ではこの事態を重く見て、竹村組に来年度一年間の営業停止処分を下すこととなります。この裁定は厳しく、新規開拓のため全財産を投じてただ一人東海岸へ出漁した貢献度を考えれば、蟹工船殴打事件首謀者への司法判断のように、罰金で許すという方法もあったため同情の声も多く、十月七日付の水政新聞には、翌年の営業停止が決まって、家屋を差し押さえられた竹村廣吉の弁明と落胆の声が紹介されています。要約すると、「この年、当局が東海岸への出漁を許可した業者は六、七隻あったが、危険等の理由から着業を見合わせるもの多く、このままでは国家的損失を招くと考え、自らは財産を投げうって挑戦した。不漁に直面し、このままでは従業員への給与が払えないと判断し、違反と知りながらも西海岸での操業にいたった。罰金は覚悟で、来期も東海岸への出漁は認めてくれると思っていた…」というものでした。さらに十月十六日付の中外新聞によれば、竹村醇多は債務返済の目途がなく、二隻の蟹工船についても差し押さえられるという窮状で、こうした事態を鑑みて、翌年は東海岸へ出漁する業者は出現しませんでした。

また、昭和二年に母船式鮭鱒漁業の試験操業を行った八木本店に対して、その本格的な工船事業化に取り組んで同年に失敗したのが平出《ひらで》喜一郎・高松喜六らの大洋漁業合資会社でした。同社は英国食糧品商社から一三万五〇〇〇ポンドの融資を受け、カムチャッカ西岸オゼルナヤ沖合で二隻の大型汽船「神武丸」（五一六八総トン）・「欧羅巴《ヨーロッパ》丸」（三〇〇〇総トン級）と三隻の運搬船を投入します。その両母船には缶詰製造機械一式が装備され、漁夫三五〇人・雑夫七五〇人を雇用する大がかりなものでした。しかし、九月五日付の水産新聞などによると、空缶一三万函を準備するも（一五万函の生産計画とも）、七〇〇函の製造にとどまり、これに塩蔵品三〇〇〇函などを合わせた収入は五万円というものでした。対する損害は、漁夫ら従業員の給料一六万円・傭船料一四万円・保険料その他約七五万円という惨状で、再起を図るべく来年度は東海岸より着業して西海岸へと移り、工船事業だけでなく陸上缶詰工場を設ける計画であるとしています。そのため、漁期を終えるや、沈碇六五〇〇丁・漁船三〇隻など総価格三二万円に及ぶ諸物資を、神武丸で幌筵島村上湾へ陸揚げし、英国商社と来年の二〇万函の販売予約を取りつけたようです。ではなぜ失敗に終わったのか。同社は八木本店の流網と違い、建網漁法を用いたようですが、魚群来遊の道が判明せず、時化にともなう水温低下などにも見舞われたようです。結局、大洋漁業は英国資本の援助が得られず、翌年の操業を断念せざるを得なくなります。大型鮭鱒工船の先駆けとしてその名を刻むも、わずか一年で挫折という、水産ビジネスの恐ろしさを業界に与えました。

② 合同運動と昭和工船漁業会社の設立

昭和二年度の蟹工船業界は、出漁隻数・製造函数ともに過去最高を記録し、貴重な輸出産業として成熟を見せつつありました。この年から、八木本店では業界の動向を注視すべく、各紙に掲載された関連記事をスクラップ帳に整理しています(注1)。目につくのは、乱獲や市価低落を懸念した蟹工船取締規則の改正や企業合同に向けた動きです。また一方で、前年のような殴打殺傷事件は鳴りを潜め、脚気《かっけ》による漁夫・雑夫の患者・死者多発に関心が注がれています。

脚気は、ビタミンB_1不足によって引き起こされる病気ですが、当時はまだその原因が判然としませんでした。函館毎日新聞の八月二十八日付によると、同月十日に埜邑商会傭船の春陽丸が、蟹工船「廣東丸」「釜山丸」「栄徳丸」の脚気患者二三名を載せて帰港し、うち七名は移乗中に死亡したようです。さらに、昨日二十七日帰港した廣東丸・釜山丸の仲積船「長浦丸」には脚気患者が八四名載せられ（内訳は廣東丸二八名、釜山丸五六名）、移乗中に四名が死亡しています。これらの船主は北海工船株式会社と樺太産業株式会社の二社で、両者は乱獲の影響で蟹の禁漁に陥った北海道北見地方や樺太西海岸の漁業者救済で初出漁した工船会社でした。北海工船の釜山丸は今春三五二名の漁夫・雑夫を搭載して出漁し、八月末時点でその二割の八〇名が脚気で帰還したことになります。このために同船は一日四〇〇函の生産が二〇〇函に減り、一〇万円の損失を被ったうえに遺骨へ五〇円添えて遺族に送付するなど、経営ダメージは大きいものがありました。原因究明が急がれるなか、九月三日付の函館毎日新聞には、「今日まで帰還せる蟹工船中には美福丸の如く一人の患者の発生せぬ船もある」とし、八木本店の蟹工船が優良船として紹介されています。おそらく、船内居住区の環境や食事による栄養摂取など、配慮がなされての結果と思われます。

　漁期を終えると、企業合同へ向けた動きが加速します。九月五日付の水産新聞では、生産過剰による缶詰価格の下落を防ごうと、須田孝太郎（共同漁業関係者）ら有志が合同運動に奔走中であるとし、各関係筋のコメントを載せています。農林省の長瀬水産局長は「合同は結構」、小川清一蟹缶詰連合会は「困れば出来る」、四竈《しかま》孝輔工船組合顧問は「救主の出現を要す」というもので、いずれも合同には前向きでした。また翌六日付

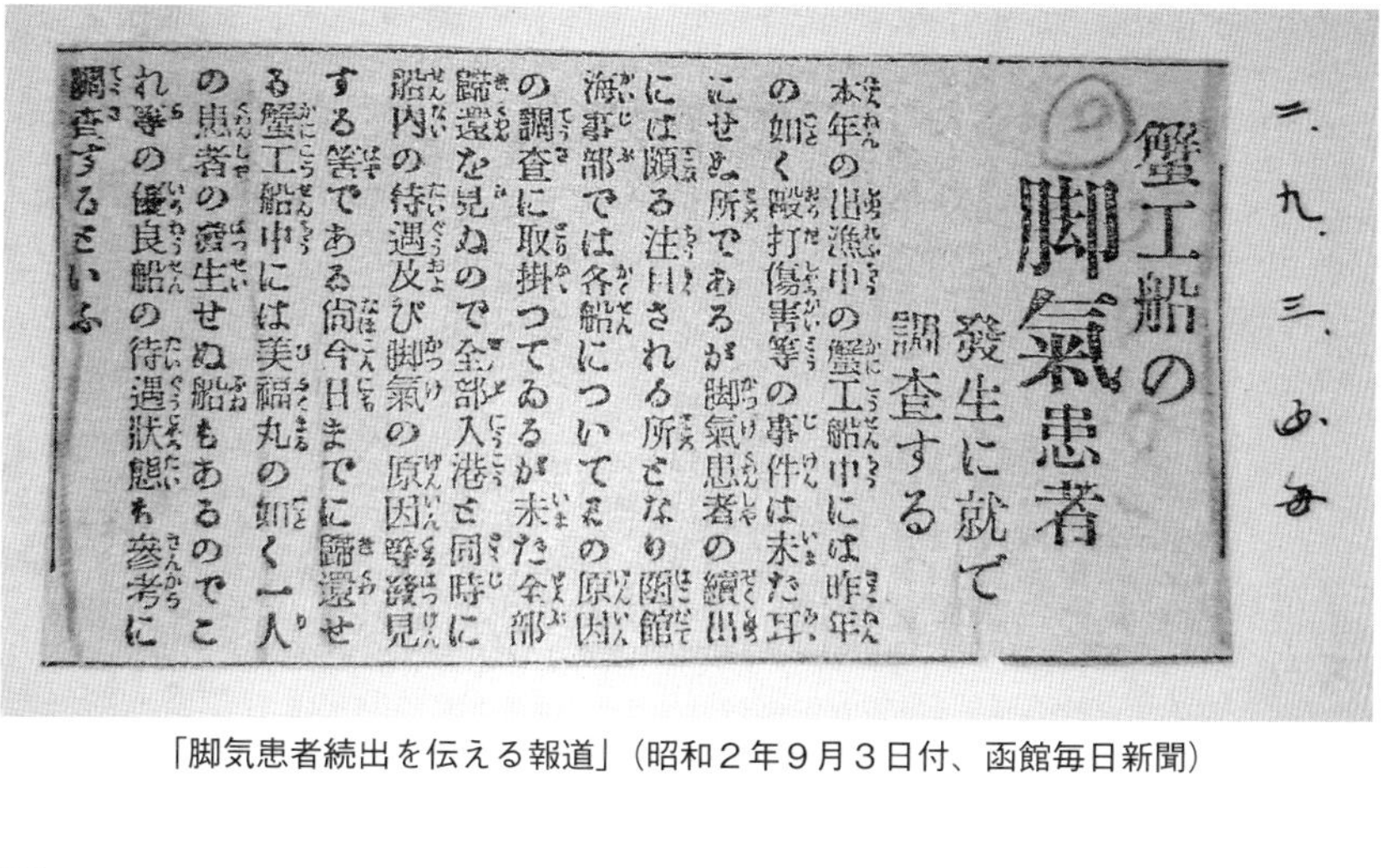

二.九.三.函毎

蟹工船の脚氣患者 發生に就て調査する

本年の出漁中の蟹工船中には昨年の如く毆打傷害等の事件は未だ耳にせぬ所であるが脚氣患者の續出には頗る注目される所となり函館海事部では各船について其の原因の調査に取掛つてゐるが未だ全部歸還を見ぬので全部入港と同時に船内の待遇及び脚氣の原因等發見する筈である尚今日までに歸還せる蟹工船中には美福丸の如く一人の患者の發生せぬ船もあるのでこれ等の優良船の待遇狀態も參考に調査するといふ

「脚気患者続出を伝える報道」（昭和２年９月３日付、函館毎日新聞）

の国民新聞では、工船のみを制限しても事態の解決にはならないとし、農林省では陸上蟹漁業への規制を視野に入れた取締法の改正を検討中としています。陸上蟹漁業は漁区が一五区あるなか、一漁区あたりの製造函数が今では一万函以上に達し、日魯漁業の陸上工場だけでも前年一四万函を製造していたのでした。

その日魯漁業では、蟹に先んじて主力となる鮭缶詰の全国販売統一を構築します。その模様を九月二十八日付の大阪経済新聞は、「近年、内地におけるピンク・サーモン缶詰は、露領産缶詰の外に、青森方面の缶詰製造業がわずかに勃興したため販売戦が激烈となった。今春、日魯漁業と特約関係にあった三菱でさえも、製品の処分に窮して乱売の態度に出たほどであった。そこで今回、本年度の鱒缶詰の先売約定に際し、日魯と三菱との交渉が不調に終わったので、日魯ではこれを機会に全国販売業者を統一する〝日魯会〟という販売連盟を組織した。その日魯会では、日魯の製品七万函、三菱の委託販売品一〇万函、青森産五万函、合計約二二万函を取り扱うこととなり、内地における鱒缶詰の販売はこれによって完全に日魯の手に統一されることになった」と伝えています。ただ、この統一の陰で、翌二十九日付の報知新聞が伝えるところでは、〝三百万円の不正事件　日魯漁業に発覚す〟の見出しで、同社の五〇円株が一躍一五〇円に釣りあがった背景に不正があったとし、警視庁が経理部長・秘書、株屋数名を召喚して尋問を行っています。

蟹缶詰業界の合同についても、誰がキャスティング・ボートを発揮するのか様々な憶測が流れます。九月十八日付の水産新聞は〝蟹工船漁業合同問題　販売系統で分立しのち統一合同か！〟の見出しで、比較的容易に合同の可能性があるのは、御船罐詰を買収した大成漁業と八木本店であるとし、その理由として共に三菱の手によって缶詰が販売されている点をあげています。また、埜邑直次（豊国丸・門司丸）・須田孝太郎（神宮丸）・日正水産株式会社（厳島丸）はすでに共同漁業に買収されており、その共同と林兼商店は堂本商店の手によって販売されているが、これはただちに合同には結びつかないだろうとしています。そのほか、三井に販売していた松田漁業をのぞけば、北辰・北海・北鳳・樺太産業らは工船一隻ずつを所有する小さな会社のため、比較的合同の可能性は高いとしています。以上の理由から、三井・三菱・堂本ら販売系統による合同分立がなされ、しかる後に統一合同が行われるとの推測でした。

そして、業界の役者たちが一堂に介する会合が、九月二十六日に東京丸の内ビルディングの一室で、蟹缶詰同業組合連合会の役員会として開催されます。翌二十七日付の水改新聞によると、工船・陸上の製造業ならびに輸出商の各氏代表が集うなか、工船関係では共同漁業の田村啓三、林兼商店の中部《なかべ》兼吉、埜邑直次、大成漁業の松島、八木本店の池山光蔵らの出席があったようです。議題は、低落する蟹缶詰の市価をどう救済するかというもので、〈蟹缶詰製造業者の合同策〉〈製造業者に対する協同金融会社の設立〉〈輸出組合法により共同施設を行うこと〉などの諸案が論議されるもまとまらず、さらに近く個別で協議会を開き、対策を講じることになりました（注2）。

農林省では、二十九日に山本農相が長瀬水産局長ほか政務官・参与官らを官邸に招集し協議しています。翌三十日付の東京朝日新聞によれば、当局の案としては、工船所有者に合同もしくは強固なシンジケートを組織させ、その事業を独占する必要があるとのことでした。蟹缶詰はわが国特有の産業で外界市場（大半は米国市場）への輸出をその主な目的とするため、独占事業としても国内市場ではその弊害は少ないだろうと考えたのです。そしてその趣旨に沿った工船蟹漁業取締規則に改正し、合同者やシンジケートに加入した業者には特典を用意する方向で調整が図られることになります。そして十月十五日に公布された改正内容の要点は、①カムチャッカ西海岸出漁許可工船一六隻を一八隻に増加することとし、本年度資金繰りの調整がつかずに出漁しなかった今井作次氏の東隆丸（一九〇〇トン）と、先着出願中であった渡辺利郎の海幸丸（一五六八トン）と日魯漁業の豊前丸（二五一九トン）の計三隻は、合同会社に入社することを条件として新たに許可することとする。②これまで製造函数はトン数により各隻ごとにこれを制限していたが、今後は各隻ごとの制限を撤廃し、全体として函数を制限する方針に改めることとし、次年度は本年の許可数と同じ三二万五〇〇〇函を許可することとする。③従来は出漁権の売買貸与がなされた場合も、依然として名義人は以前の被許可者であったが、以後は工船の譲受人または借受人に対して許可を与えるものとする…というものでした。

　同じ頃、工船組合でも合同会社設立へ向け、十月十四日に全組合員が参集して調印する運びとなっていましたが、八木實通の反対で不調に終わったようです。同十六日付の中外新聞によると、〝八木氏の反対で蟹工船　合同会社纏《まと》まらず　色々の資本関係で紛糾〟の見出しが載り、組合員からは八木本店を除外した合同会社設立の動議も出たようです。まとまらない背景には、工船各社が資本関係で共同漁業・三菱・三井・北海拓殖に大きく分かれていることや、工船蟹漁業独占を企図する共同漁業に不信感を抱くものがいるなど、利害関係が複雑だったためでした。また、工船の現物評価が難しく、船齢・総トン数・保険金・資金の融通状態・許可函数などに違いもありました。合同会社案に不賛成を唱えた實通は、大成漁業・御船罐詰合資会社と同じ三菱系のため、八木本店を排除することには大成・御船の反発を招く恐れもありました。この日、實通は三菱と相談のうえ翌十五日に確かな返答をしたいとして退場しています。

　その後、引き続きの協議で歩み寄りがみられるなか、十月十五日に農林省が発表した新規出願の二隻を加えた合同案で、事態は再び停滞したようです。日魯は当初三隻の出願を申請していたようで、ソ連との漁業条約締結後は水陸両方での事業拡大を企図していたのです。十月二十四日付の報知新聞などによれば、こうした状況を打破するため、蟹工船業の融資機関である北海道拓殖銀行の加藤頭取が、二十一日に三菱商事の三宅川《みやがわ》会長と会見し、合同の実現に向けて三菱の同意を取りつけます。これを受けて翌二十二日、工船組合長の岩倉道倶は農林省の長瀬水産局長を訪ね、その週内にも官民合同の協議会を同省で開くことに決定したようです。組合側原案の合同条件は以下の通りでした。①資本金五〇〇〇万円（全額払込）中、三五〇〇万円船体付属船具等及び工船の権利金、一五〇〇万円は現金払込　②株式割当は許可函数に準ず　③加入すべき会社及び船名　共同漁業（門司丸・豊国丸・厳島丸・神宮丸）、北海工船（釜山丸）、稲垣龍（栄徳丸）、樺太産業（廣東丸）、林兼商店（博愛丸）、松田漁業（福一丸・遼東丸）、八木本店（樺太丸・美福丸）、大成漁業（龍裕丸・肥後丸）、北辰漁業（英航丸）以上一五隻で、新規に許可した日魯漁業（豊前丸）、渡辺俊朗（海幸丸）　④重役については組合の内部より自治的に人選を行う予定

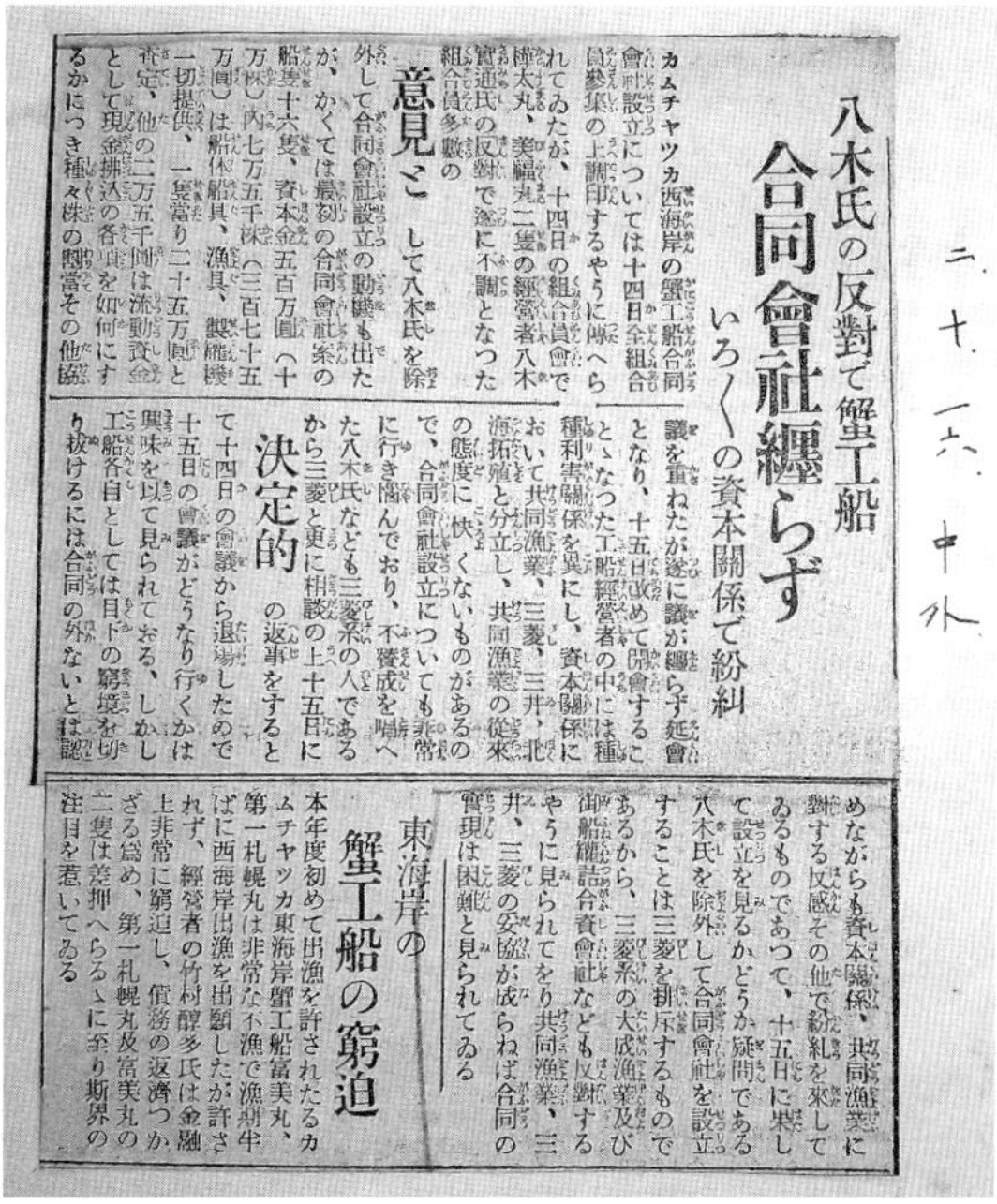
二．十．一六．中外

八木氏の反對で蟹工船
合同會社纏らず
いろ〳〵の資本關係で紛糾

カムチヤツカ西海岸の蟹工船合同會社設立については十四日全組合員參集の上調印するやうに運ばれてゐたが、十四日の組合員會で樺太丸、美福丸二隻の經營者八木實通氏の反對で遂に不調となつた組合員多數の

意見こ

して八木氏を除外して合同會社設立の動機も出たが、かくては最初の合同會社案の船隻十六隻、資本金五百万圓（十万株）內七万五千株（三百七十五万圓）は船体船具、漁具、製罐機一切提供、一隻當り二十五万圓と査定、他の二万五千株は流動資金として現金拂込の各項を如何にするかにつき種々株の割當その他協議を重ねたが遂に議が纏らず延會となり、十五日改めて開會することゝなつた工船經營者の中には種々利害關係を異にし、資本關係において共同漁業、三菱、三井、北海拓殖と分立し、共同漁業の從來の態度に快くないものがあるので、合同會社設立についても非常に行き悩んでおり、不賛成を唱へた八木氏なども三菱系の人であるから三菱と更に相談の上十五日に

決定的

の返事をするとて十四日の會議から退場したので十五日の會議がどうなり行くかは興味を以て見られておる、しかし工船各自としては目下の窮境を切り抜けるには合同の外ないとは認めながらも資本關係、共同漁業に對する反感その他で紛糾を來してゐるものであつて、十五日に果して設立を見るかどうか疑問である八木氏を除外して合同會社を設立することは三菱を排斥するものであるから、三菱系の大成漁業及び御船罐詰合資會社なども反對するやうに見られてをり共同漁業、三井、三菱の妥協が成らねば合同の實現は困難と見られてゐる

東海岸の
蟹工船の窮迫

本年度初めて出漁を許されたるカムチヤツカ東海岸蟹工船富美丸、第一札幌丸は非常な不漁で漁期半ばに西海岸出漁を出願したが許されず、經營者の竹村醇多氏は金融上非常に窮迫し、債務の返濟つかざる爲め、第一札幌丸及富美丸の二隻は差押へらるゝに至り斯界の注目を惹いてゐる

「合同問題の記事」（昭和２年10月16日付、中外新聞）

八木本店の昭和二年度のスクラップ帳は、工船合同の経過については十月二十四日付の記事をもって

最後となります。結末としては、一本化にはいたらず、まずは二社の合同会社が組織されることになります（以下、『蟹缶詰発達史』参照）。共同漁業を中心としたグループは、十一月二十二日に資本金三〇〇万円の日本工船漁業株式会社（以下、日本工船）を創立し、共同漁業の厳島丸・神宮丸・門司丸・和歌浦丸、松田漁業の福一丸・遼東丸、樺太産業の廣東丸、北海工船の釜山丸、北鳳商会の栄徳丸、日魯漁業の豊前丸ら一〇隻の工船が所属することになります。筆頭株主の共同漁業から植木憲吉が専務取締役に、蟹工船業界の重鎮・埜邑直次が常務取締役、田村啓三・渡辺藤作ら四名が取締役、鈴木英雄ら二名が監査役に就任しています。その他グループは十一月十五日に資本金二〇〇万円の昭和工船漁業株式会社（以下、昭和工船）を創立し、大成漁業の龍裕丸、八木本店の樺太丸・美福丸、林兼商店の博愛丸、御船罐詰の肥後丸、今井治作の春海丸ら六隻の工船が所属することになりました。八木實通と大成漁業の岩倉道倶とがそれぞれ代表取締役に就任し、林兼の中部《なかべ》兼吉ら三名が取締役に、八木亀三郎・中部幾次郎ら四名が監査役に就任しています。

（注1）スクラップ帳は三冊（すべてA5版）あり、一冊が昭和二年、二冊が昭和五年の記事を切り抜き、それぞれに八五～一四二点の記事が貼られてある。これらは函館毎日新聞、北海タイムス（後に北海道新聞に統合）など北海道発行紙を中心にした二冊と、報知新聞、国民新聞（東京新聞の前身の一つ）など東京発行紙を中心にした一冊からなり、八木本店の函館出張所と東京出張所の双方で整理されたことが分かる。重要な記事には赤鉛筆で二重丸が記されるなど、業界の動向を絶えず注視し、情報収集に努めていた様子がうかがえる。

（注2）会議に出席した池山光蔵は、早速、話し合われた内容を当日中に封書（便箋二枚）にしたため、亀三郎のもとへ投函している。そこには、蟹工船の融資先である銀行界も合同問題を注視している様子が記され、井上日銀総裁が本年の

蟹市況を非常に悲観視しているのは興味深い。實通へも、九月三十日付で封書（便箋）を宛てている。内容は新聞報道に近く、組合会合の進捗を伝えている。差出日に数日の開きがあるが、両書を比較すると、亀三郎（御主人様）へは全体の大きな流れを伝え、實通（若主人様）へは細かな内容を伝えていることが分かる。八木本店では、昭和三年十一月二十九日に定款の変更を行い、池山を取締役に引き立てている。

〈コラム7〉千菊の結婚

昭和二（一九二七）年という年は、今商休業騒動と蟹工船の企業合同へ向けた動きなど、八木亀三郎・實通父子にとっては大きなうねりの中でもがき苦しむ一年となりました。またその陰で、父子が寵愛する千菊嬢も、神戸女学院の最終学年を迎え、進路問題で進学か結婚かで揺れ、その悩みを祖父（養父）・亀三郎や叔父・實通に十分相談できないでいました。このため、今治高等女学校の恩師・宗雪庄之助に相談の手紙を送るのですが、事態を重くみた宗雪は、実父である通重に手紙を送って、千菊の悩みに応えて欲しいと綴っていま

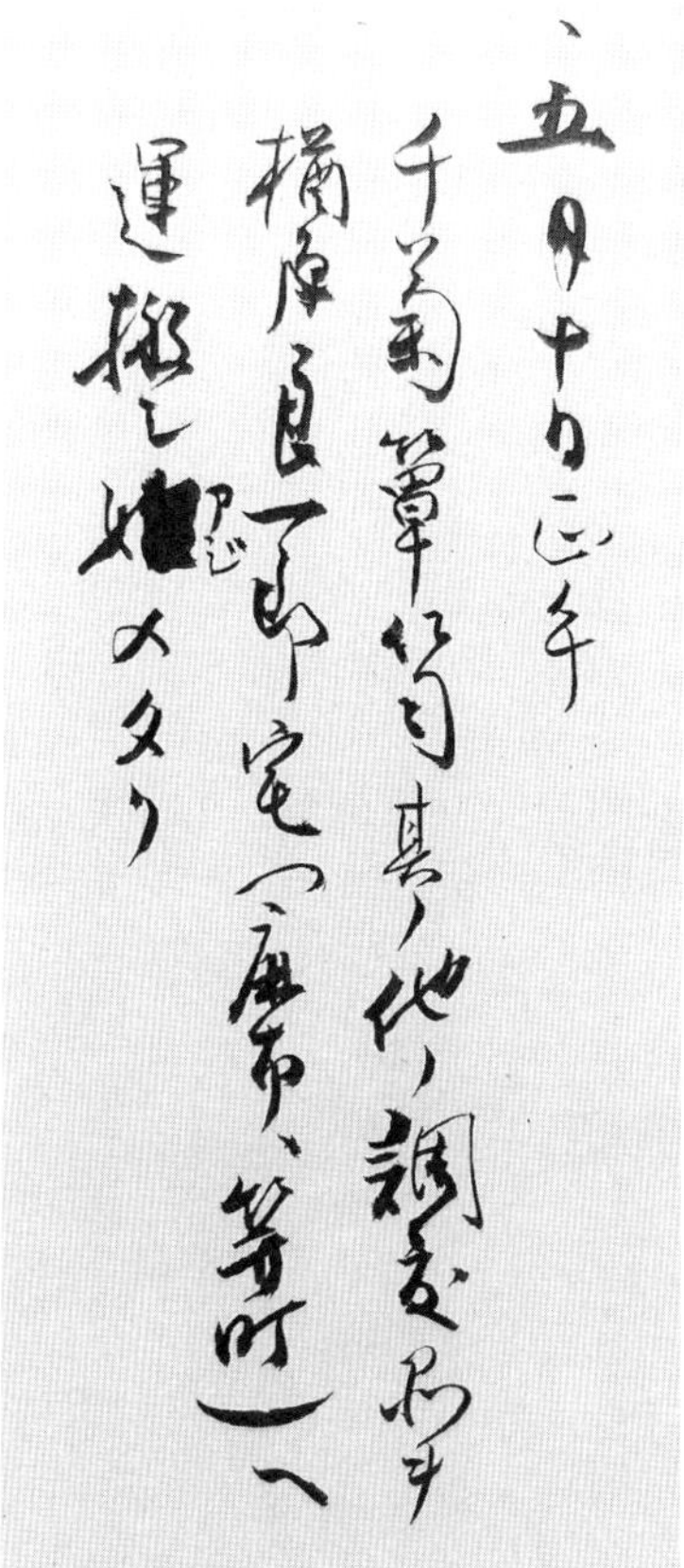

「備忘録に記された亀三郎のメモ」
（昭和４年５月）

す。

　やがて千菊は結婚の意思をかため、亀三郎とヨシヱが縁談の調整役を果たすことになります。昭和三（一九二八）年十月三十一日にヨシヱが亀三郎へ宛てた手紙によると、先方の母親が千菊の写真を見て気に入ったようで、おそらくこれが翌四年四月に結納が交わされる楢原良一郎との縁談話をさすものと思われます。亀三郎の『備忘録』（昭和三年十一月〜）の五月十日の頁に、千菊の箪笥《たんす》その他調度品を楢原良一郎宅（麻布）へ運搬し始めたことが記されています。他の頁には、結婚式にいたる経過が記され、先方が親代わりとして古河虎之助男爵夫妻をたて、媒酌人には古河電気工業会社の中川末吉社長夫妻をあてることを希望したとあります。良一郎（明治三十三年三月生まれ）は、学習院をへて京都帝国大学法学部を卒業し、昭和元年に古河鉱業株式会社へ入社したばかりの古河財閥エリート社員でした。父・楢原陳政《のぶまさ》（旧姓井上）は、伊藤博文の秘書官として下関条約で通訳を務めたこともある学者肌の元外交官で、将来を嘱望されて西郷従道侯爵（隆盛弟）次女・政子を妻に娶るほどでした。しかし、良一郎が生まれて間もない頃、中国で〝扶清滅洋〟を掲げる民衆の暴動「義和団事件」が勃発し、このとき北京日本公使館書記官だった陳政はその負傷がもとで明治三十三（一九〇〇）年七月に亡くなっています。

　そうした華麗なる一族との間で、千菊は新婚生活を東京で送ることになりますが、唯一無二の孫娘（法的には養女）を心配してか、亀三郎夫妻は波止浜を離れ、東京への移住を決断します。昭和四（一九二九）年九月には千菊に妊娠の兆候が見られ、これを喜ぶ亀三郎は岡山の桃を送るようヨシヱに手紙で指示しています。

③ カムチャッカ東岸出漁と島徳事件

合同問題が落ち着き昭和三（一九二八）年を迎えると、八木本店では一月三十一日に實通が代表取締役に就任します。昭和工船の船出にあたって、實通に関係会社との交渉に困らないよう、ふさわしい地位を与えようとするねらいがあったのでしょうか。一方、亀三郎もこれまで通り代表取締役に重任されているので、権限移譲をはかる中で父子そろって代表権のある会長と社長という関係だったのかも知れません。これから先、實通は水産会社大手の共同漁業や日魯漁業と凌ぎを削っていく難しい舵取りを迫られていました。

合同会社の利点の一つは経費の削減がはかられることですが、会社設立からほどなく昭和二年十二月二十三日には、日魯漁業・日本工船・昭和工船との間で「三社共同販売組合覚書」が交わされたようです。そして三年四月中旬になると、日本工船・昭和工船の所有船はカムチャッカ西岸沖合へと出航します。日本工船は、神宮丸・厳島丸・門司丸・和歌浦丸・栄徳丸・釜山丸・廣東丸・福一丸・遼東丸の九隻（合計二万三五五二総トン）が八月末ごろまで着業し、二〇万六一六四函を製造しています。純利益は

「昭和工船漁業会社の宴会」（昭和３年９月19日撮影、八木弥五郎氏所蔵）
漁期を終えて函館某所で開催。前列中央の櫓を持った芸妓の左が實通

八三万九四九八円で、年二割の株主配当があったようです。

昭和工船は、樺太丸・美福丸・龍裕丸・肥後丸・博愛丸の五隻（合計一万一五一三総トン）が四月中旬から九月上旬ごろまで着業し、一〇万四八〇四函を製造しています。着業した一四隻で三一万九六八函を製造したことになり、過去最高だった前年よりも二万五二五三函減産となり、乱獲の抑制効果はありました。それでも、罹網率《りもう》の低下と歩留《ぶどま》りの上昇には歯止めがかからず、樺太丸の罹網率五・九尾は一四隻中最低の数値で、平均の一三・六尾を大きく下回っています（罹網率とは、一反の刺網で平均何尾のカニが獲れたかを示す数値で、数値が大きいほど生産性が高い）。美福丸は一三・八尾で平均並みでしたが、最多の龍裕丸は一九・九尾でした。歩留まりは、樺太丸六四・〇尾、美福丸六一・五尾で、平均六五・七尾をやや上回り、最高の成績は厳島丸の五四・六尾でした（歩留りは、一函の缶詰をつくるのに何尾のカニを使ったのかを示す数値）。樺太丸の大正十三（一九二四）年・初年度の罹網率三五・八尾、歩留り五八・四尾と比べると、乱獲にともなうタラバガニの減少や小型化がみてとれます。製造函数の一位は厳島丸（三八六四総トン）の三万二六一一函で、樺太丸は二位の二万九四六三函、美福丸は四位の二万六二二八函でした。八木本店の両船は、前年度の操業違反で科された五千函の制裁が影響したようで、能力を十分に発揮できないでいました。このため、翌四（一九二九）年三月十四日、實通は山本悌二郎農林大臣宛てに、樺太丸・美福丸への減函解除の「御願書」を提出しています。良船を有しながら漁獲を制限されるのは、船主として不本意で、實通はこれを挽回すべく次の一手に迫られることになります。

合同会社設立から一年が経過すると、両社ともに数名ずつの役員変更がありました。亀三郎は、名誉職に近かった昭和工船の監査役を昭和三年十二月に辞任することとなり、新たに同社専務取締役となった實通から退職記念として懐中時計を贈られています。一方で、實通は一年もたたずに八木本店の代表取締役を十一月二十九日に抹消し、もとの取締役に戻っています。實通は立ち位置を、業界の動向に敏感でいられる東京におく必要が生まれ、八木本店は東京出張所を麹町《こうじまち》区丸ノ内ビルディング内に開設するとともに、住まいを東京市麻布区富士見町に有するべく準備が進められました。(注1)

昭和三年末頃には、八木本店は次年度の計画準備で大忙しとなります。樺太丸・美福丸につづく新たな蟹工船を購入することとなり、昭和二年の竹村兄弟の失敗以降、途絶えていたカムチャッカ東岸沖合への着業に挑むことになりました。西カムチャッカの樺太丸・美福丸が減函されるなか、利益を追求するためリスクは覚悟のうえでした。工船組合でも、富山県水産講習所の補助帆船・呉羽丸（一七五総トン）を購入し、調査船としてカムチャッカ東岸へ出漁する手続きを進めるなど、同海域への開拓は避けては通れない道となっていました。(注2)

八木本店では竹村醇多の札幌丸（二四八三総トン）の漁業権（漁区）を買い取り、当初は本船の傭船を構想に入れていましたが、傭船では思い切った艤装に着手できないため、一八〇五総トンの汽船「八郎丸」の購入にいたります。『八木本店船舶台帳』よると、本船は明治二十四（一八九一）年にドイツ・ハンブルグの造船所で建造された老齢船で、九万一〇〇〇円で昭和四（一九二九）年一月に購入した後、改造費に七万円、工場設備に二万八二〇〇円を費やし、合計一八万九二〇〇円を要することになります。独航船の松丸（六一総トン）・竹丸（四〇総トン）と川崎船八隻は新たに建造することになりますが、独航船二隻の建造費が六万七〇〇〇円を要しました。八郎丸の「事業計画書」によると、年が明けた昭和四年一月二十日から神戸三菱造船所で艤装工事に着手し、二月二十八日から缶詰機械設備の据え付け、三月十日に工事完成、同十五日に試運転終了、同十七日神戸出帆、同十八日波止浜港着、同二十日波止浜発、同二十一日下関着、同二十二日下関発、同二十七日小樽着、同三十日函館着、四月五日函館出帆というものでした。波止浜への寄港は町民へのお披露目や安全祈願の意味もあったことでしょう。ほぼこの予定通りで進捗したと思われますが、実際に函館を出帆したのは四月八日で、九月二十六日に帰港しています。従業員名簿を見ると、事業主任は馬場駒雄、製造主任は鈴木義雄、漁労主任は天木正一、船長は廣瀬金作、機関長は石黒太一となっていて、着業した際は三六四名の乗組員でした。昭和二年に実施した鮭の沖取も兼用すべく、鮭流網六〇〇反・鮭巾着網一統も併設する計画だったようで、その成果は蟹缶詰二万九二九函を製造し、罹網率一二・四尾、歩留り五三・一尾というものでした。二万函を超えたことは、カムチャッカ東岸での事業化成功を示し、業界の注目を集めました。一方、カムチャッカ西岸へ出漁した日本工船九隻を平均した罹網率は一〇・二尾、歩留りは六〇・四尾という成績で、昭和工船五隻のそれは罹網率一三・四尾、歩留り七一・五尾というものでした。一四隻で三二万五八〇三函製造したなか、罹網率の平均値は一一・二尾、歩留りは六四・三尾で、タラバガニの小型化や数の減少が顕著となっていました。

八木本店の挑戦は、カムチャッカ東岸への工船蟹漁だけではありませんでした。北洋捕鯨にも関心を持っていたようで、前年の日ソ漁業条約調印によって捕鯨の漁区貸与の可能性が生まれたこの機会を逃しはしませんでした。昭和三年十二月二十三日、亀三郎名義でハバロフク市にあるソビエト極東漁業庁のゴロフスコイ長官宛てに、沿海区・東西カムチャッカ区における捕鯨漁業の請願書を提出しています。(注3)これは、次項④でも触れますが、東カム陸上缶詰工場の建設と連動したものでした。

一方、昭和四年正月を波止浜で過ごす八木父子に対し、八郎丸艤装監督で神戸出張中の池山と函館出張所の三浦玄三から、国際工船創立に関する書簡がそろって届きます。同封の新聞切抜記事などによれば、同社は東京丸ノ内に創立事務所をおく、創立委員には郷誠之助・田中首相・伊東巳代治・後藤新平らの顔ぶれがそろう資本金三〇〇〇万円の水産会社で、ベーリング、オホーツク海の北緯五〇度以北約三〇万平方里の漁場のトロール漁業権を有しました。同社によって生産される家畜飼料の魚粉はロンドンの食料品会社へ輸出される計画で、すでに二五〇総トンのトロール船一五隻・五〇総トン級漁船を建造中で、一万総トン級の工船三隻を買収まで話に持ち上がっていました。社長には日魯漁業会社の真藤慎太郎の就任がほぼ決定とのことで、日魯を中心とした世界規模の水産会社が出現しようとしていました。業界で圧倒的立場を誇る日魯への警戒心を、同業者として八木本店は絶えず持ち続けなければいけませんでした。

さらに異国の脅威も重なります。昭和二年にソ連極東執行委員会が極東漁業一〇か年計画を発表し、昭和三年度から本格的に工船蟹漁業に乗り出してきたことで、国営汽船ペールウィ・クラブロフ号、アコ会社の汽船カムチャッカ号らがカムチャッカ半島沿岸へ出漁していました。ただ、工船蟹漁業は日本独自の漁法のため、漁夫・雑夫は日本人を雇い、必要資材は日本から輸入して邦人業者に対抗しようとします。埜邑直次などは米国資本と結合し、米国国旗のもとで日本から人員・資材を提供し操業する計画をたて、最大の輸出先である米国への関税がかからない利点をいかそうとしました。しかし、工船組合の陳情によって工船蟹漁業取締規則が改正され、邦人労務者は農林省の許可なく外国工船・付属漁船への乗船を禁止したため、ソ連への対抗措置が図られて埜邑は計画倒れに終わったようです。

そして昭和四年度からは新制度のもとで沿海州漁区の利用権をめぐる入札が行われるのですが、八木本店ではその業務・経営を投機という形で東邦水産株式会社に委託しています。八木本店はニコライエフスク撤退以降もネリミンスキー第一・第三・第四・第十など沿海区に優先漁区を有し、鱒・ショマ漁などに関係していましたが、昭和三年十二月に東邦水産株式会社が創立されると、それらの名義を三浦玄三に譲渡したうえで、同社の株式を六〇〇〇株取得しています。(注4)

四月に実施された沿海州漁区競売で、東邦水産はサケ・マス漁区一三の貸下げを得ることになりますが、このとき業界を震撼させる〝島徳《しまとく》事件〟が発生しています。(注5)これは、日魯漁業に敵意を抱く島徳蔵派グループが、日魯の競落阻止をはかったもので、入札価格を異常なまでに引き上げて島派が七八漁区を競落してしまったのです。その結果、日魯はそれまで一二六あった経営漁区（鮭・鱒・蟹）の多くを失い、二〇の落札にとどまってしまいます。これでは前年規模の操業が実行に移せず、船舶・人・設備などの供給をはかる日魯系列・傘下の業者らにとっても大きなダメージとなりました。とりわけ、北洋漁業の基地・函館市の経済界では、政府へ島派の競落無効を訴えます。島派の目的は日魯への営業妨害が目的でしたが、競落後、遅ればせながらも新しい漁業会社を設立して赤字覚悟で出漁準備を進めようとしていました。島派の中には、島のような元日魯重役や資産家がいて、時の田中義一首相や山本農相らともつながりをもっていました。政友会内部でも、これを支持するものと日魯の現体制を支持するものとに分かれるなど、政権内での事態収拾は難しいものがありました。加えて、日魯の独り勝ちをよく思わないソ連当局の思いもあって、島派の操業能力を疑問視しつつも、競落は有効とされました。最終的には、財界の世話役・郷誠之助と政界の黒幕・杉山茂丸の二人が調停に乗り出し、島派は漁区を放棄して日魯へ譲渡し、日魯の堤は混乱の責任をとって会長職から退任するという幕切れとなります。堤は明治四十（一九〇七）年の堤商会創設以来、二三年間にわたって君臨してきた日魯首脳を去ることになります。着業が遅れた日魯は二〇〇万円近い損失を被り、その年の決算は、前期繰越で六％の配当をだすも、翌五年は無配に転落してしまいます。

牙をそがれた日魯に対して、利を得たのは三菱商事で、もともと日魯の大株主でもありましたが、事件後の後始末で日魯に対して巨額の融資を行い、経営に干渉するようになります。刷新された重役陣の顔ぶれは、郷誠之助と三菱合資総理事・木村久寿弥太の意向が反映され、それまでの日魯の中心的存在であった平塚常次郎専務と真藤慎太郎常務の上位に、外部から社長と専務を迎え入れ、金融資本の目付役として三菱商事の高橋錬逸らが取締役に就任しています。常任監査役の阿部秀太郎は留任となりますが、彼は今治政財界で亀三郎と凌ぎを削る阿部光之助の長男でした(注6)。三菱は、それまでのカムチャッカ東岸の日魯・大北漁業のサケ缶詰の一手販売権に加え、西岸のピンクサーモン、カニ缶詰の販売権も握り、輸出商権を拡張することになります。

島徳事件は、島派による日魯のみを狙った競落妨害のため、八木本店出資の東邦水産は大きな損失を被ることはなかったと思われますが、同社の取締役社長・坂本作平は、当時、函館商工会会頭職にあって、函館市民大会の代表の一人として上京し、政界の元老・西園寺公望へ島派競落無効の陳情書を提出しています。坂本(明治八年生まれ)は、明治二十八(一八九五)年から義父の小川弥四郎とともにニコライエフスクの漁業に従事していた、露領漁業の古参ともいえる存在でした。大正二(一九一三)年に尼港買魚事業からは撤退しますが、明治四十年代以降はカムチャッカ西岸に漁業の拠点を移して鮭鱒漁業にかかわり、同四十四年には小川合名会社を創設します。弥四郎亡き後は作平が事業を継承して露領水産組合評議員を務めるなど、北洋を舞台に漁業で大成した函館財界の雄でもありました。

(注1)八木本店旧蔵資料には、八木松枝が記した差出年不詳・十二月二十六日付の實通宛ての手紙がある。そこには、富士見町の家を視察して、リフォームの相談と送金願いを託す内容が記されている。昭和三年五月十日の時点では、亀三

郎の東京の出張先住所は東京日本橋の上総屋旅館である。差出人が八木本店東京出張所からの書簡については、昭和四年一月以降に確認することができる。

（注2）呉羽丸（補助帆船）を購入し、調査船とする件については、昭和四年一月十日付で日本工船の窪井重男から實通宛てに書簡が届いている。工船組合名義での呉羽丸購入は、農林省水産局長の意向に沿ったもので、富山県の新規出願を防止する口実として廃船にせず、引き続き出漁して欲しいというものだった。本船の収支概算を窪井が計算したところでは、購入設備費に三万円かかり、これとは別に一万円位の損失覚悟が必要になってくるという。運営と費用の負担は、本来なら日本工船と昭和工船が共同で行うのが筋ではあるが、日本工船重役・植木憲吉氏の意見として、運営を両社で行うとした場合、利害関係でやりづらさもあるため、日本工船単独でやりたいというものだった。日本工船が単独経営こだわる理由は自社の調査船をもたないためで、昭和工船には東西カムチャッカを操業可能な富美丸という調査船があった。なお、呉羽丸（三八名乗船）の昭和四年度の成績は、四月八日から六月七日までは沿海州、七月七日から九月一日までは東カムチャッカで操業し、一六二四函を製造している（罹網率五・九尾、歩留り四一・五尾）。

（注3）八木本店旧蔵資料の中に、この請願書の訳文がある。出願人は亀三郎だが、馬場駒雄を代理人とし、ご用向きはウラジオストク市在住の長尾博気付としている。希望漁区は沿海区がワレンチン湾とカドーク湾（もしくはウスペニヤ湾）、西カムチャッカがボリシアヤ、レーチカ付近、東カムチャッカがバロン、コルフ湾というもので、特にワレンチン湾とカドーク湾を切望していることが分かる。使用船舶は捕鯨専用船一五〇トン級汽船二隻および運搬船約一〇〇〇トン汽船を使用し、沿海区の繁忙期は九月から翌年五月までで、カムチャッカは四月から十一月までの操業とする。本漁業が新規着業である点を理由に、当分の間は漁獲制限を設けない点もしっかり要望している。また、昭和四年一月三十日付の海南新聞にも、「八木亀三郎氏が捕鯨大計画　日露新漁業条約により根拠地貸下の出願」の見出しでこの報道が掲載される。

（注4）露領水産組合『昭和二年度業務成績報告附録（漁業統計）』参照。同『昭和三・四年度 組合業務成績報告書』における組合数一二八名（昭和四年三月三十一日現在）中に、八木本店関係では八木本店・八木亀三郎・八木實通・三浦玄二・宮川幸太郎の名が記される。露領水産組合からの「漁区優先権者名義変更通知」（八木本店から三浦へ譲渡）は昭和三年十二月二十九日付である。それら漁区の運営を東邦水産に委託していたのか、昭和四年五月十日付の計算書が同社から八木本店宛てに届いている（八木本店漁場送込船・豊国丸遭難のお見舞い挨拶文含む）。これを見ると、沿海州四漁区優先権料とイーチヤ漁区優先権利・借区保証金が摘要の項目にあがっている。添付のメモには、「沿海州方面は、本年度漁況不順にこれある。八島八郎の六〇〇石を最高とし、当社本月七日迄の生渡七五万九千尾、陸揚八万尾、これに次ぎ。山下漁業部の如き皆無の状況に候…」と自社とライバル社の漁況が記されている。

（注5）以下の島徳事件の内容は、『日魯漁業経営史』第一巻（水産社／一九七一）一五六〜一八三頁を参照。

（注6）『日魯漁業経営史』第一巻によると、阿部秀太郎（一八七七〜一九四七）は、大正十三（一九二四）年十二月から昭和七年三月まで、日魯漁業株式会社の常任監査役を務めている。彼が就任当時の日魯会社の様子は、大正十四年七月六日付の大阪毎日新聞には世界的声価を有する会社として紹介され、〝世界三大漁業会社中、今まさに第一位を占めんとする大会社〟と評されている。日魯漁業に関係する前は、朝鮮銀行の釜山支店長・平壌支店長（大正四年〜）・大連支店長（大正八年）・東京支店長（大正九年）を務めたことが分かっていて、日魯会社の主要取引銀行の一つが朝鮮銀行であった。また『新撰郷土史体系』（昭和八年四月／国民通信社調査部）によると、秀太郎は北進汽船・北海製罐、大北漁業などの重役にも就任しているが、これらは日魯漁業監査役就任以降と思われる。昭和七年八月に日魯会社を辞して帰郷し、伊予鉄道電気会社や愛媛県農工銀行などの重役に就くが、それは翌八年一月に七四歳で亡くなる父・光之助の後継を果たすためのようだ。秀太郎は、昭和十六年十月から同十八年十一月の間に今治市長を務め、今治市立工業学校（現、愛媛県立今治工業高校）の創立に尽力するなどしている。

④ 豊国丸遭難と幻の東カム陸上缶詰工場

八郎丸がカムチャッカ東岸沖に出漁した昭和四（一九二九）年度、八木本店は同地域における陸上缶詰工場にも事業拡大を図ろうとしていました。(注1) 現存する計画書によると、蟹漁場を東海岸オリウトル・ナワリンスキー区（アナシュタシエフスキー第二、西南一二・八〜一八・一三）、鮭漁場を東海岸オリウトル・ナワリンスキー区・三一五（ベオプーハ河口南二露里三二六露間）とし、これは竹村醇多の優先漁区を買収した地域のようです。製造最低目標は蟹缶詰（半斤《はんぎん》）五〇〇〇函・鮭缶詰（半斤）二四〇〇函とし、魚舟は小型機械付川崎船四隻、漁網は五〇〇〇反（仕立上げ二五間）、従業員は幹部員五名・漁夫四六名・職工二名・雑夫七八名・機関士五名・大工一名の合計一三七名という陣容でした。工場設備で高額を要する竪型ボイラーについては、池田鉄工場（貝森平次郎代表）から購入したようです。(注2)

ただ、この計画は実施に移そうとした矢先、思わぬ海難事故に見舞われ、水泡に帰すことになります。昭和四年四月二十二日午前六時に函館港を出帆した漁場送込《おくりこみ》船「豊国《とよくに》丸」（二三四四総トン）が、同日午後七時頃に襟裳《えりも》岬沖に差しかかったとき、暴風の影響でエンジントラブルを起こします。本船には、カムチャッカ東岸に向かう八木本店の従業員一七六名と漁業設備が載せられていましたが、航行不能に陥って座礁し、九時には船体が折れて沈没するという悲劇に見舞われます。時間帯も災いし、暗闇に差しかかった頃に起きた事故のため、救難信号SOSを受電して救助に向かった天龍丸・春山丸・千早丸の三隻も捜索に難航し、翌日未明までに一三〇名が救助されたようです。この模様は現地の函館新聞だけでなく、八木本店の本店がある愛媛の海南新聞においても大きくとりあげられます。(注3) 記者は早速、波止浜の本店を訪ねますが、亀三郎は東京にいて不在のため、従業員も詳細がつかめず困惑した様子でした。
追悼会用に八木本店がまとめた「豊国丸遭難殉死死者及行衛不明者」名簿によると、雑夫・漁夫ら六三名の該当者が記され、住所を見ると秋田県（三五名）・函館市（一一名）・青森県（五名）出身者が多く、年齢別では一〇代（一一名）、二〇代（二九名）、三〇代（一三名）の若い世代が犠牲になったことが分かります。その名簿には記されませんが、船員も貴い命を失っています。本船沈没まで船橋にあって、乗組員の避難を最後まで見届けた高井甚三船長は、川崎船の破片に取りすがり絶命しているところを発見されます。救助信号を沈没まで発し続けた倉田無電長については、遺体さえも発見されなかったようです。船員を含めると計七八名が死亡したことになります。

そもそも豊国丸は、過去にカムチャッカ半島沿岸で操舵機が故障して漂流しているところを、米国船に曳航《えいこう》されて函館へ帰港した船で、その救助費が払えずに競売にかかるなど、曰《いわ》く付《つ》きの船でした。事故当時の所有者は函館市長・長谷川藤三郎で、柿野商会への売船交渉が進むなかで八木本店が傭船したものでした。整備不良のまま安値で傭船した可能性もあり、当時の社会情勢からすると行き場を失った老朽船（一八八六年、英国で建造）を安い傭船料でつかまされた感は否めません。また、付近を航行中だった近海郵船の大冶《たいや》丸

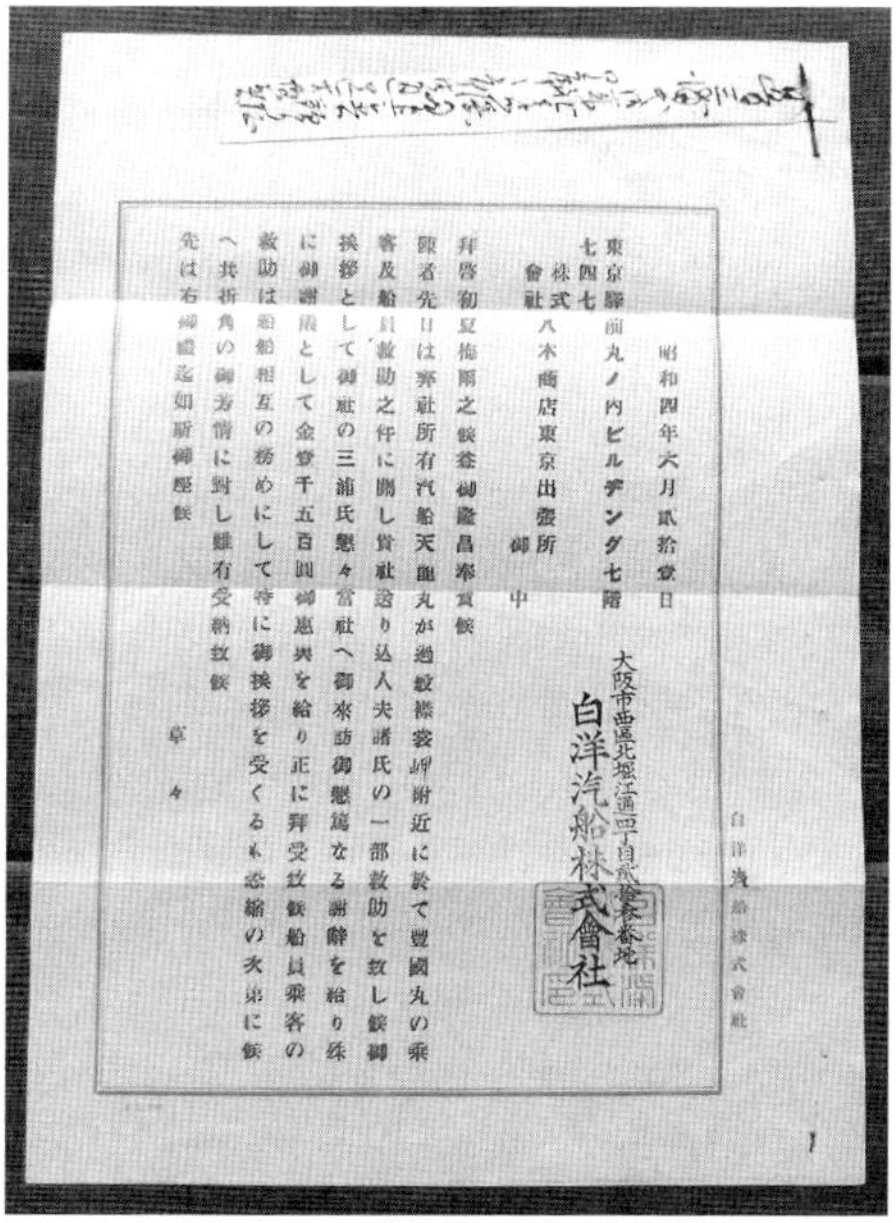
昭和四年六月貳拾壹日
大阪市西區北堀江通四丁目貳拾番地
白洋汽船株式會社
東京驛前丸ノ内ビルヂング七階
七四七
株式會社八木商店東京出張所
御中
拝啓初夏梅雨之候益御隆昌奉賀候
陳者先日は弊社所有汽船天龍丸が過般襟裳岬附近に於て豊國丸の乗客及船員救助之件に關し貴社送り込人夫諸氏の一部救助を致し候御挨拶として御社の三浦氏懇々當社へ御來訪御懇篤なる謝辭を給り殊に御謝儀として金壹千五百圓御惠與を給り正に拜受致候船員乘客の救助は船舶相互の務めにして特に御挨拶を受くるは恐縮の次第に候へ共折角の御芳情に對し難有受納致候
先は右御禮迄如斯御座候
草々
白洋汽船株式會社

「白洋汽船からの礼状」（昭和4年）

（一七九八総トン）は、救難無電を感受し応答しながらこれを見過ごすというシーマンシップに反する行動で、世間の非難を浴びることとなります。

事故後、八木本店函館出張所や柿野商会には乗船者の安否を気遣う家族が殺到し、函館出張所ではこれに対処すべく生存者の名を大きく店内に貼り出すなど対応に追われます。亀三郎・實通が波止浜不在だったことで、事故の経過は東京出張所の矢野克太郎のもとへ逐次の情報が寄せられています。とりわけ、救助に最も尽力した白洋汽船株式会社の天龍丸については、二十八日に釧路を出帆し東京芝浦・横浜での揚荷役を予定している旨を知らせ、お礼の挨拶をするよう促し、救助費と謝礼金を検討中であるとしています。後日、同社から送られてきた礼状（六月二十一日付）によると、三浦玄三自らが大阪市の同社を訪ねて謝辞を述べ、一五〇〇円を謝礼金として手渡したようで、先方は〝救助は船舶相互の務めにして特にご挨拶を受くるも恐縮の次第〟としています。

遭難者のその後については、救助された一三三名は八木本店社員に引率されて釧路から函館へ列車で移動し、駅で家族らの出迎えにあい、夫や我が子の無事な姿をみて喜びにあふれる感動の光景が見られたようです。これら漁夫の生存者については一人平均一二〇～一三〇円の前借金を棒引きにして郷里までの旅費を支給して解雇することになります。行方不明者に対しても、他の前例とあわせた弔慰方法をとったようです。取引先の東邦水産が矢野克太郎に宛てた書簡（五月十一日付）には、「善後処置御手配宜しく一昨日の追悼法会の如き当市（函館）に於て例を見ざる多数参会し丁重を極め市民に頗《すこぶ》る好感を与え八木家の態度を称讃致し居候」と記され、法要も誠心誠意つとめあげた様子がわかります。海南新聞の報道では、八木本店の損害は缶詰工場新設の機械材料・漁網・船具などの流出物だけで三五～三六万円に達するとし、これに遭難者遺族の慰謝料などを含めると莫大になるだろうとしています。積荷の損害は三菱海上保険会社の加入保険でカバーできたようですが、それだけでは足りないことを物語るように、東京丸ビル四階の露領水産組合内に義捐金募集事務所が開設され、愛媛県水産会でも海南新聞などを通じて遭難遺族への義捐金募集をうながしています。このようにして、遭難処理に時間と労力を奪われる中、陸上缶詰工場建設は中止となります。

一周忌の追悼会については、翌五（一九三〇）年三月二十二日に函館市船見町の称名寺で市内在住遺族らを招いて盛大に営まれます。本来なら四月に開催されるところですが、北洋漁業の出漁が四月のため一か月早められました。犠牲殉死者を供養する称名寺に対しては、その後も八木本店（八木家・八木会）は寄進を絶やすことはなかったようです。襟裳岬に「豊国丸殉職者追悼碑」（四竃孝輔揮《き》ごう）が建立されるのは、事故から六年が経過した昭和十（一九三五）年のことでした。

（注1）この陸上缶詰工場に関係してか、昭和四年二月から三月にかけて、池山光蔵が亀三郎へ宛てた書簡が八木本店旧蔵資料の中に何通か残っている。そこには、ロンドン市場への製品輸出を企図し、代理人を通じてギルと交渉している様子が記され、三井物産との交渉が担保で行き詰った内容のものもある。

（注2）東カムチャッカの陸上缶詰工場については、一つのファイルにまとめて綴じられていて、その中に「計画書」は二点確認でき、若干異なる数字があることから、進捗に応じて書き改めたものと思われる。ファイルの中に北洋における捕鯨請願書があることから、捕鯨は陸上缶詰工場と連動した動きだったことも考えられる。竹村醇多との漁区買収及び経営予約に関する契約書（写し）、池田鉄工場とのボイラー購入の契約書（写し）、豊国丸遭難に関する殉死者・行方不明者名簿や追悼会などの資料もこの中に含まれる。

（注3）『蟹工船興亡史』著者・宇佐美昇三氏の情報提供によると、「函館新聞」は昭和四年四月二十三日付夕刊、同二十五日

付夕刊にて事故の様子が報道され、翌五年三月二十四日付には〝涙新たに豊国丸の追悼会〟という一周忌の内容が掲載されている。また、「北海タイムス」の昭和四年二十五日付には、豊国丸が大正九（一九二〇）年まで元ロシア義勇艦隊のヤーナ号であったことや、カムチャッカ沖で遭難し、米国船に曳航されて函館に入港し、救助料が払えずに競売され、この沈没事件以前にも座礁したという噂があると伝えている。八木本店の地元紙「海南新聞」では、昭和四年四月二十四日付〝海軍側救助せず／非難の声高し〟、同四月二十五日付〝遭難者の弔慰は最善を尽くす〟〝駆逐艦が救助／まだ七〇名は不明〟、同四月二十六日付〝八木商店の損害は流失物だけで三五万円／七六名は遂に溺死したか〟、同四月二十七日付〝豊国丸を見殺しにした大冶丸の責任問わる〟、同四月二十八日付〝豊国丸の遭難者涙で迎えられ〟、同五月十八日付〝豊国丸の遭難者に義捐金をつのる〟という報道であった。

⑤ 鮭鱒工船の失敗と八木漁業会社の設立

昭和四（一九二九）年度の八郎丸の好成績を受け、次年度はカムチャッカ東岸への出漁許可出願が相次ぎます。同海域も試験出漁を脱し、西海岸同様の工船蟹漁業の操業に期待が膨らみます。農林省では最終的に、五社六隻に対してベーリング海及びカムチャッカ東岸沖合への出漁許可を与え、八木本店では八郎丸に加えて、汽船「神武丸」（五一六八総《トン》）を出漁させることになります。

神武丸は、英国バーローの造船所で明治二十七（一八九四）年に建造された老齢船で、昭和四年十一月に甘粕《あまかす》合名会社（横浜市、甘粕浅五郎）から一七万二五〇〇円で購入しています。投資を重ねる背景には、昭和二年に自社で事業価値を見出した鮭鱒工船への挑戦があり、本船は八木本店がこれまで有した工船の中で最大規模を誇りました。農林省でも、その実業化をにらみ、昭和四年六月に「母船式鮭鱒漁業取締規則」を公布し、蟹工船同様の許可制を鮭鱒工船に採用しています。しかし、鮭鱒工船については、その実業化を不安視する業者も多く、四年度は日魯漁業の一母船・錦旗丸（九九九総トン）のみの出漁に終わり、五年度になって日魯漁業・八木本店・昭和工船の三社が母船六隻を出漁させることになり、神武丸と八郎丸は鮭鱒工船としての性格も帯びていました。こうして昭和五（一九三〇）年度の工船蟹漁業は、日本工船（八隻）と昭和工船（五隻）の二社一三隻がカムチャッカ西岸沖へ出漁し、約三二万函の蟹缶詰製造を目論見ます。対するベーリング海及びカムチャッカ東岸沖への出漁は、昭和工船の昭平丸（三七〇八総トン）、日本工船の大北丸（七八〇四総トン）、林兼の長門丸（三八二三総トン）、富山工船漁業株式会社の択捉《えとろふ》丸（四一二七総トン）、八木本店の神武丸（五一六八総トン）・八郎丸（二八〇五総トン）の五社六隻で、こちらは約一九万函の蟹缶詰製造を目論見ます。双方合わせて五〇万六三二六函を許可し、これに陸上の一五万函を

「神武丸」（昭和７年撮影『漁り工る北洋』より）

加えると、過去最多の製造許可を農林省が下したことになります。この背景には、ソ連がカムチャッカ西岸に九隻、東岸へ二隻を出漁させることへの牽制もあり、三月二十五日付の国民新聞はその攻防を〝日露蟹工戦〟と報じています。

さて、八木本店両船の動向を見ていくと、八郎丸（乗組員三五七人）は四月十七日から十月二日まで一五七日間操業し、罹網率四・三尾、歩留り六三尾で一万五一〇二函という成績でした。（注1）これは前年度の二万九二九函を五〇〇〇函以上下回り、目標とする許可函数二万一〇〇〇函にも遠く及ばない不漁といえるものでした。神武丸（乗組員四九一人）の方は、池山光蔵を事業主任とし、蟹漁は四月二十日～五月三十日と七月八日～九月三十日の一〇五日間操業して、罹網率三・一尾 歩留り五〇・三尾で一万二六五函という期待はずれの成績でした。鮭鱒漁の成績は後述するとして、他社はどうかというと、日本工船の大北丸が二万八七四五函（許可四万函）・昭和工船の昭平丸が一万四〇〇六函（許可三万函）・林兼の長門丸が一万七五五一函（許可二万五〇〇〇函）・富山工船の択捉丸が七三八七函（許可三万三二〇〇函）というものでした。六隻合計の許可函数が一八万九二〇〇函だったことを考えると、その半分にも満た

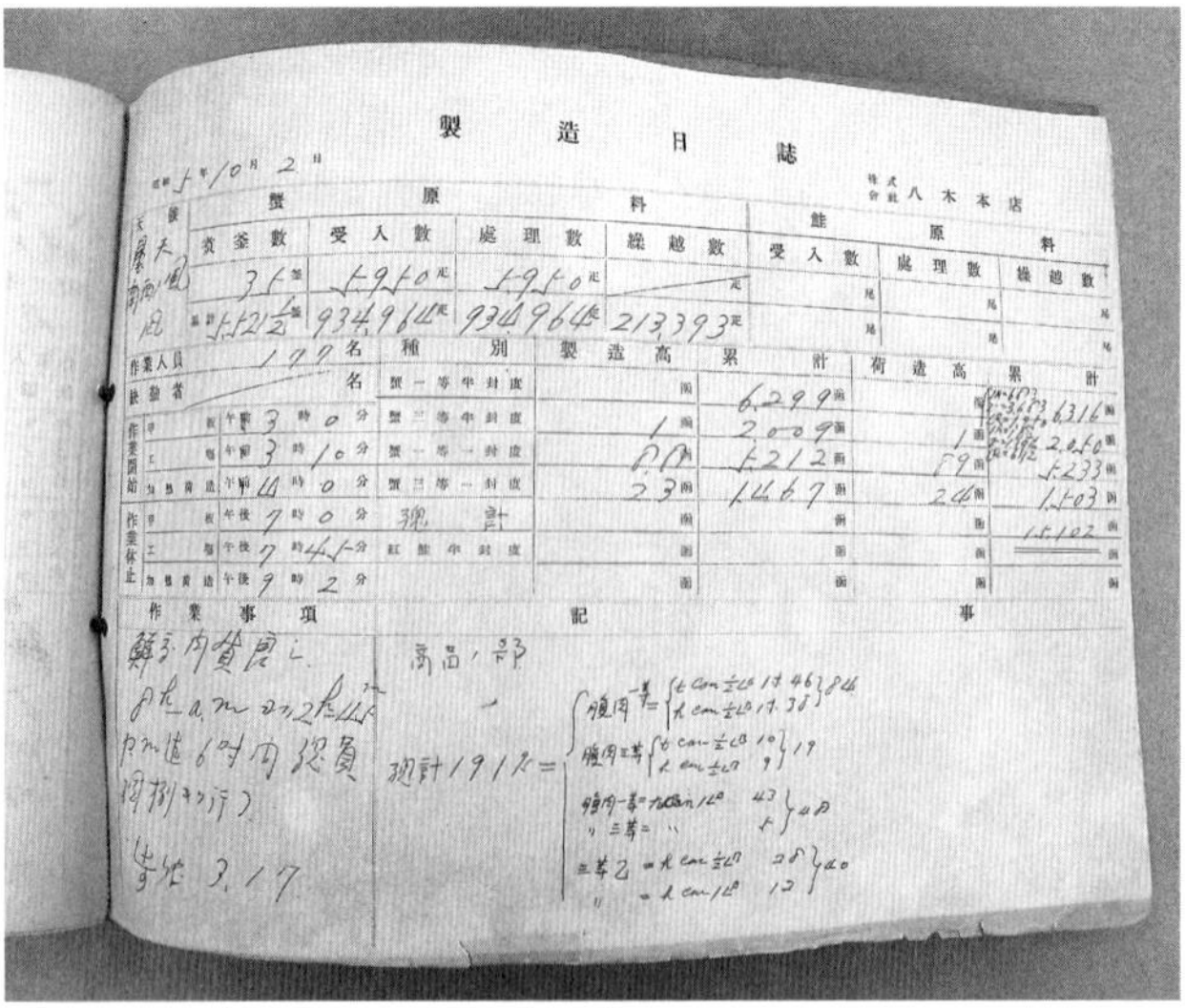

「八郎丸の蟹缶詰製造日誌」（昭和５年）

ない九万三〇五六函（罹網率四・一尾、歩留り五六・四尾）という成績は、次年度以降の着業に引導を渡すものとなりました。同漁場は水深に変化がなく、広い範囲にカニ群が分布するも濃度は薄く、各所に小群をなして分布していたのです。ただ、そこから遠征して北米アラスカ近海のブリストル湾で操業した大北丸だけが、採算ラインを上回ります。最低の製造函数となった択捉丸については、前年発表された小林多喜二の小説『蟹工船』さながらの地獄絵図と化したようで、八木本店東京出張所のスクラップ帳にもその記事を一〇数点確認できます。例えば東京日日新聞の八月三十日付によると、五月の出航後に死去したものが一五名いて、会社側の説明では肺炎・脚気が原因とするも、八月下旬に仲積船で帰還した重病患者からは虐待が原因と報告されています。(注2) とりわけ択捉丸に脚気患者が多かった要因は、各紙報道によれば「医師の資格をもたない船医の乗船」「初めての北洋出漁による船内設備の不備（飲料水の汚れ）」「仲積船の往来回数の少なさ（野菜欠乏）」「富山県内から集めた失業者を雑夫・漁夫として雇ったこと」などがあげられています。病人に長時間労働を強いた理由としては、漁獲高の少なさを焦る事業者側の心理が見

ソ連艦オロスコイ号に拿捕曳航される「遼東丸」の独航船
（昭和５年、八木明撮影、『漁り工る北洋』より）

てとれます。一方、カムチャッカ西岸沖の出漁船一三隻は許可函数三一万九九二六函に対して、やや少ない三一万二八二六函（罹網率九・〇尾、歩留り六二・四尾）という成績でした。

そういう中で、カムチャッカ東岸沖の神武丸は、蟹漁の合間の六月一日〜七月五日にかけて、ウス・カム湾で鮭鱒漁を操業していきます。業界の注目度は高かったようで、五月十九日付の函館新聞からは、鮭鱒工船（沖取漁業）に着業する神武丸に缶詰機械三ラインが備わり、経営者の八木實通自らが乗り込んでいた様子が伝わってきます（一ラインとは、半ポンド缶を一分間に六〇缶以上製造可能な設備をいい、一ポンドは約四五三・六グラム）。本格操業するにあたって、八木本店ではこれまでの経験から〝連結式大謀網《だいぼうあみ》〟という特殊な網を開発し、特許まで取得していたのです。これは数個の大謀網の垣網《かきあみ》を連結した定置漁網（領海外定置）で、魚群がどの方面から来襲しても必ずどれかの網に入る仕組みになっていました（注3）。六月六日付の報知新聞には、神武丸が四日に紅鮭六〇〇〇尾、五日に八〇〇〇尾を水揚げし、鮭缶詰を一〇〇〇函以上製造した内容が記され、出足の好調さが伝わってきます。

しかし、これに水を差す事件が六月十五日午前一時に発生します。濃霧に紛れて露国監視船オロスコイ号が現れ、この網を破って立ち去ったのです。七月十七日付の東京日日新聞には「露国船また暴れ廻る　カムチャッカ東海岸で神武丸の漁網を切る」の見出しでこの事件の顛末が記されます。オロスコイ号は、これよりに先にカムチャッカ西岸沖で邦人漁業者に対して砲撃事件を起こし、その後逃げるように東岸へ廻航中のところ、濃霧を利用して神武丸の漁網を荒らし、三か所を切断し多大の損害を与えて逃走したというのです。神武丸は網が修理できず、その後の銀サケ漁期を見事に逸し、漁の中止を余儀なくされます。

この年、カムチャッカ半島沿岸では露国監視船による邦人漁業者への砲撃・拿捕事件が多発していました。北洋には駆逐艦オロスコイ号ほか監視船六隻、極東義勇艦隊所属船四隻が配属され、これに対する日本も農林省監視船の金鵄丸・白鳳丸、海軍駆逐艦の春風・旗風・松風を配属して警戒に当たっていました。この結果、紅鮭一五〇万尾を目標としていた神武丸は二〇数万尾の水揚げに終わり、八月十七日付の報知新聞には「鮭鱒沖取漁業　失敗に帰す」の見出しで、今漁期中の水揚高は六〇〇〇石、このうち缶詰生産高は二万函、残りの一五〇〇石は冷蔵（塩蔵か）にしたと伝えています。収入については、缶詰一函二五円としたら五〇万円程度であり、これに要した網代だけでも七統四〇万円、その他合計八〇万円にのぼるため、到底採算がとれなかっただろうとのことでした。

ライバル社の日魯漁業の目には、神武丸の成績はどう映っていたのでしょう。『日魯漁業経営史』第一巻には「当初から沖取漁業に主力を注いできた八木実通は、全財産をこれ一本に投じ、自ら陣頭指揮に当って、沖取り漁業の開発に尽くした功績を大きかった。しかし、昭和五年に大規模な定置を操業した無理がたたって、倒産の憂目をみるに至った」としています。元樺太丸機関長・村上美太《よした》の妻・トキが晩年に記した留め書きには、八木本店がこの年に倒産したように記していますが、必ずしも不漁から生じた倒産（閉店・破産）と簡単に片づけられるものでもありませんでした。

亀三郎が晩年に作成した資料には、東海岸蟹漁不漁と蟹缶詰市価低落が破綻《はたん》を招いたとあり、五年初めに実施された浜口雄幸内閣の金解禁も主要因の一つにあげられています。金解禁によって為替が円高に誘導され、輸出産業である蟹・鮭缶詰にとって大きな損失をともなう結果となったのです。

実際に漁期を終えると、八木本店は秋から会社の再建に向けて債権者や融資先である三菱商事との交渉に奔走します。實通にとっては、鮭鱒工船に賭ける思いがひと一倍強く、志半ばで事業継続を断念することは到底耐えられないものでした。このとき、三菱商事以外の債権者は函館製網船具・函館船渠・

北海製缶・東邦水産ら二六事業者におよび、三菱商事だけが八木本店の有する工船（神武丸・八郎丸）・漁船（松丸・竹丸・川崎船）・漁業権・缶詰製品などを優先的に担保として差し押さえることができました。五年度の操業に先立って、八木本店が三菱から受けた融資一一〇万円（仕込資金）に対して、二六事業者の債権もほぼ同額の一二〇万円に相当しました。三菱が法的措置ですべてを回収すると、二六事業者に従事する数千名の労働者に影響がおよび、不況下の中で連鎖倒産もおきかねない状況でした。（注4）

そこで無担保債権者らは一致団結して、八木本店と連携してその解除を願うための請願書を三菱商事株式会社・三宅川《みやがわ》百太郎会長宛てに提出しています。請願書には、共存共栄の大方針のもと、債権者が損失を相互に負い、有望な鮭鱒工船事業の継続と工船漁業の創始者・八木本店の救済を図るよう求めています。三菱としても、永年のパートナーの八木を見捨てるわけにもいかず、担保を解除してこれを新会社の原資とするなど、寛大な処置でこの請願を承諾しています。同財閥の要職にある三宅川（越智郡富田村出身／現、今治市）や、この翌年に三菱合資会社理事に就任する船田一雄（上浮穴郡

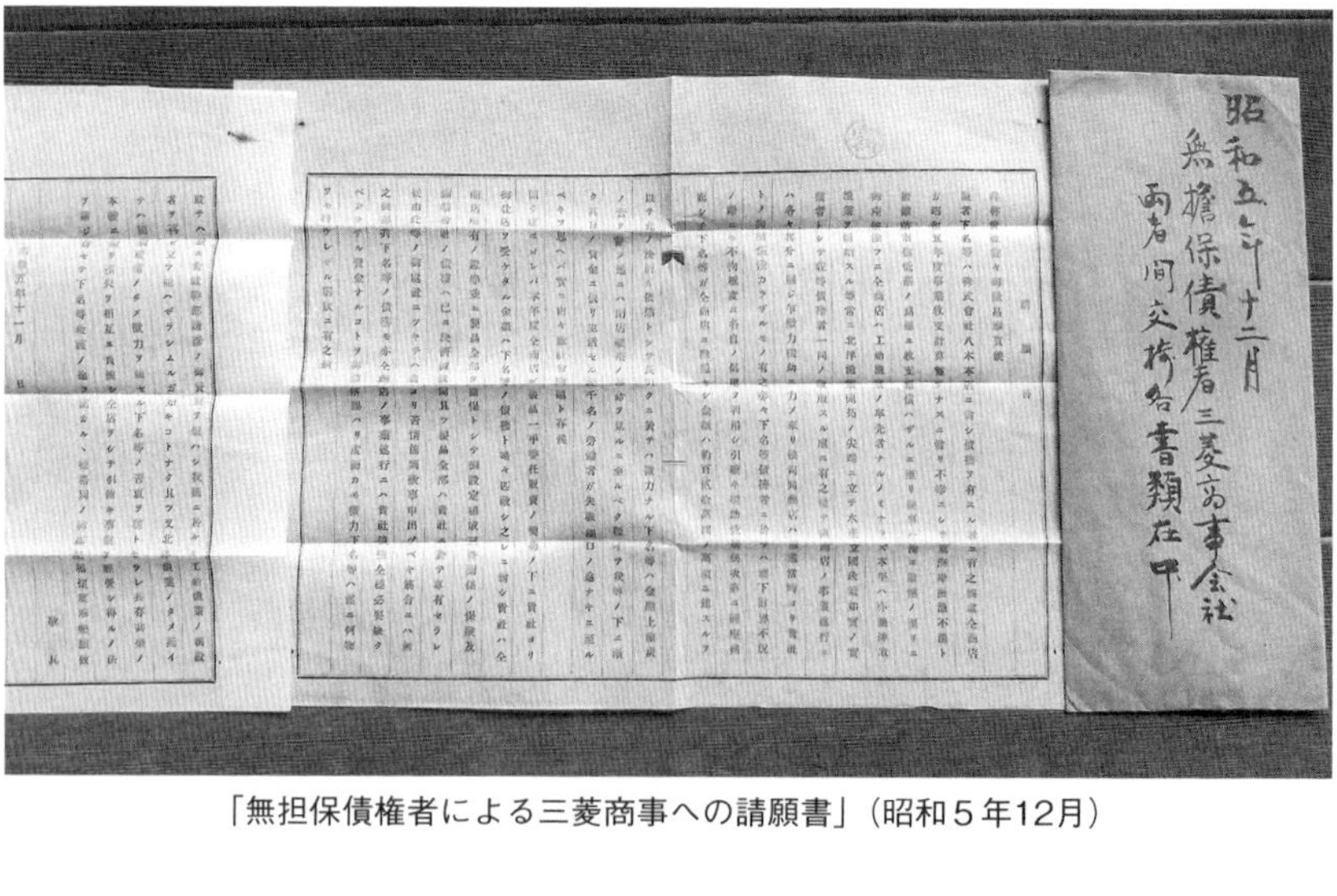

「無担保債権者による三菱商事への請願書」（昭和５年12月）

明神村出身／現、久万高原町）は、八木家と同郷の愛媛県出身者でした（注5）。請願書は十一月頃からとりまとめられたようで、債権者団体の代表者には八木と親交のある函館商工会会頭・坂本作平（東邦水産社長）の名を記しています。

　十二月になると債権者団体と連携して新会社設立に向けた準備が進められ、発起人には八木實通・三浦玄三以外に、岡本康太郎・大塚巌（函館船渠）・武藤禮二（日本製罐）・野澤弘幸・小川弥四郎（小川合名）・鈴木英雄・高碕達之助らの名前がありました。新会社は十二月中に實通との間で契約証（船体・漁業権等の所有権の提供）を交わし、同社の本店は函館におき、取締役社長には函館製網の岡本康太郎が就くことになります。實通ら八木本店スタッフも経営にたずさわれるよう、社名は八木漁業株式会社に決まります。年末になって八木本店が三菱商事へ提出した最終書面には、昭和六年度の仕込金五〇万円の融資承諾が得られたことへのお礼や、同五年十二月二十二日までの借用金が利息も含めて一五六万円余りにのぼっていることへの確認などが記されました。返済できない場合は、担保物件をどう処分しようとも異議を唱えないこと、それでも足りない場合は亀三郎・實通・通重が連帯して債務の返済にのぞむ覚悟が記されます。このようにして、三菱商事の温情を背景に八木漁業会社は誕生し、八木本店が謳う〝八木家畢生《ひっせい》の事業たる母船式鮭鱒漁業〟は、債権を株式に変えた債権者とともに継承されることになるのです。八木本店は、北洋漁業界における長年の功績と信頼関係に助けられ、倒産を免れることができました。

（注1）『蟹缶詰発達史』によると、八郎丸の昭和五年度の操業は四月十五日出帆・九月三十日帰港となっているが、現存する『八郎丸　製造日誌』には製造初日が四月十七日・最終日が十月二日と記録されている。最終日のページには、製造函数

の累計は一万五一〇二函で、蟹一等半封度六三一六函・蟹三等半封度二〇五〇函・蟹一等一封度五二三三函・蟹三等一封度一五〇三函となっていて、紅鮭半封度の欄には記載はない。

（注2）八月二十七日付の報知新聞には「カニ工船漁雑夫八名撲殺さる／なお十数名は重態／択捉丸乗組幹部の暴行」の見出しで、以下のような記事が掲載される。函館電話＝富山工船株式会社カニ工船択捉丸（四一二三トン）は去る五月上旬漁雑夫三百名と富山水産学校練習生十五名を乗せカムチャッカ東海岸に出漁したが、同船幹部は漁雑夫に一日二十時間労働を強要し虐待至らざる所なき為め、漁雑夫は労働時間短縮、食料改善を要求し同盟してこれに対抗した所、漁撈長宇野善九郎外五名の幹部は臨床中の漁雑夫を殴打し全員をほとんど昏倒状態に陥らしめ、これが為め三日後に至りて漁雑夫頭清水某は死亡し次で重態の五名も死亡し更に重態者十一名は便船明治丸にて函館に送還中二名死亡しなほ船内に残れる漁雑夫中十五名は重態であるとの報あり。函館水上署は関係方面に手配して同船の帰港後取押ふべく手くすね引いて待構へてゐる。

（注3）八月七日付の水産新聞に「連結式大謀網と曳網を発明／這入った魚を一尾残さず捕る大謀網」の見出しで、この網の解説が挿入図とともに紹介されている。また、もう一つの曳網の特許は、貴族院議員・加藤政弘氏の令息・憲章氏によるもので、速度が減少しても魚を逃さないのが特長という。神武丸の漁獲が少なかった原因として、本紙は露国監視船オロスコイ号が網を破ったため修理ができず、サケの漁期を逃した不運を紹介している。この年の神武丸が実施した大規模な建網の状況は、『日魯漁業経営史』第一巻の三〇五頁にも記載される。また、昭和工船の美福丸も西海岸ボリシヤ河口において建網漁を実施したことが記されるが、こちらの出漁にも實通の意向が働いていた可能性が考えられる。

（注4）新たに見つかった八木本店旧蔵資料の中には、表紙に「八木漁業株式会社創立ニ係ル参考書類在中」「昭和五年十二月　無担保債権者三菱商事会社両者間交渉各書類在中」「三菱へ差入レタル最終ノ書面写在中」と記された封筒があっ

て、請願書・八木漁業株式会社定款・誓約証・覚書の素案や写しなどが確認できる。請願書については下書き（手書き）と写し（タイプ打ち）が残っていて、新会社設立後に代表に就任する岡本康太郎（函館製網船具株式会社社長）とも連絡をとりあっていたことが分かる。請願書（写し）冒頭の一部を以下に記すと「陳者《のぶれば》下名等ハ株式会社八木本店ニ対シ債権ヲ有スル者ニ有之候所同商店ガ昭和五年度事業収支計算ヲナスニ当リ不幸ニシテ東海岸蟹漁不漁ト蟹缶詰市価低落ノ為遂ニ収支相償ハザルニ至リ候事ハ洵《まこと》ニ遺憾ノ至リニ候　惟フニ同商店ハ工船漁業ノ率先者ナルノミナラズ本年ハ亦鮭沖取漁業ヲ開始スル等常ニ北洋漁業開拓ノ尖端ニ立チ水産立国政策如実ノ実業者トシテ我等債権者一同ノ敬服スル所ニ有之　従テ同商店ノ事業遂行ニハ各々其分ニ応ジ乍《なが》ら微力援助ニ力メ来リ候　尚同商店ハ創業当時ヨリ貴社トノ御関係浅カラザルモノ有之　旁々下名等債権者ニ於テハ刻下財界不況ノ際ニモ不拘極度ニ各自ノ信用ヲ利用シ引続キ援助致居候次第ニ御座候…」とある。二六事業者は、函館市の業者が岩永呉服店・函館製網船具会社・函館ドック会社・函館国油組合・日本製缶株式会社・北海炭鉱株式会社・東邦水産株式会社・小川合名会社・笠巻造船所・玉茂吉・小林薬店・寿鉄工所・寺井商事株式会社・浅岡商店・新商店・七星商事株式会社・瀬崎材木店、小樽市の業者が北海製缶株式会社・大西汽船株式会社で都道府県では北海道が最も多く、その他は古屋商店（横浜市）、東洋製缶株式会社（大阪市）、巴組・荒田造船所（神戸市）、岩崎一高（松山市）、丹下辰世（今治市）、日本漁網船具株式会社（下関市）となり、各社へ請願書の素案と委任状を送付したようだ。

（注5）『越智郡々勢誌』（渡部幸四郎編／一九一六）や『愛媛県紳士録』（愛媛新報／一九三四）などによると、三宅川は明治二（一八六九）年生まれで、東京高等商業学校卒業後の同二十六年に百十九銀行（三菱銀行前身）に入社し、同二十八年に三菱合資会社神戸支店長代理に抜擢される。その後、同社漢口・上海・北京支店長などをへて同四十五年に本社営業部副部長に進み、大正二（一九一三）年から船舶課長・門司支店長に就く。大正六年の三菱製鉄株式会社の成立に際して常務取締役となり、三菱造船常務取締役をへて同十年から三菱商事株式会社取締役会長となって、日

本生糸社長・三菱航空機取締役・三菱造船監査役・三菱製鉄取締役なども務めた。昭和九（一九三四）年二月、三宅川は三菱四代社長・岩崎小彌太の訓示をもとに、三菱商事の経営理念として「三綱領」（所期奉公・処事光明・立業貿易）を制定し、これは今日の三菱グループの企業活動の指針にもなっている。八木本店旧蔵資料には、大正十五（一九二六）年十月二十五日に三宅川が亀三郎に宛てた書簡が残されている。中身は、村上を通じて今治の女学校への寄付を依頼したところ、快諾頂いたことへの感謝が綴られている。なお、三菱合資会社神戸支店次長をへて、昭和四（一九二九）年六月から同十年十二月まで三菱信託銀行株式会社常務取締役の要職にあった三宅川保一（明治十一年生まれ）は、百太郎の弟である。船田一雄については、昭和六年に三菱合資会社理事となり、三菱鉱業・三菱商事・九州炭鉱汽船などの取締役も兼ねていた。八木本店旧蔵資料には、昭和十一（一九三六）年七月に船田が亀三郎へ宛てた、三菱商事会社への転任挨拶状が残されている。

⑥ 蟹工船会社の統一と太平洋漁業会社の設立

倒産を回避した八木本店でしたが、年が明けると新年度の出漁へ向けた準備に追われます。八木漁業の鮭鱒工船については、昭和六（一九三一）年二月二日に三菱商事との間で缶詰製品委託販売や資金融資に関する「協定書」「契約書」など各種契約証が交わされます。その一つ「根担保権設定契約書」によると、同社は神武丸を母船とする鮭鱒漁業の会社と謳われ、担保には神武丸及び缶詰製造機械・母船式鮭鱒漁業に要する漁具漁網・川崎船一〇隻・発動機船二隻・カツラ型自働艇一隻・三羽船一〇隻・磯船六隻・昭和四年から同十四年までの母船式鮭鱒漁業許可権が含まれていました。

一方、前年度に不漁に終わったカムチャッカ東岸沖の蟹漁については、経営難に直面する工船各社との間で企業合同の話が持ち上がりました。昭和五年末より会合を重ねた結果、合同に反対する林兼商店を除き、昭和六年三月四日設立の東工船株式会社（資本金一九〇万円）に合流することが決まります。対象となるのは大北丸・昭平丸・神武丸・八郎丸・択捉丸の四社五隻で、新会社の名称〝東工船〟には、カムチャッカ東岸沖での工船蟹漁の更生の意味が込められていました。代表取締役に西村有作、取締役に八木實通・高碕達之介、監査役に植木憲吉・本川藤三郎、相談役に岩倉道倶が就任することになります。ただ、東工船の経営は日本工船に委任されることとなり、昭和工船についてもそれに同様でした。

東工船設立と並行して、カムチャッカ西岸沖の工船蟹漁二社の間でも合同に向けた動きが進んでいました。日本工船の親会社でもある共同漁業が、林兼と大成漁業の持ち株を買収して昭和工船の支配権を有し、こちらも委任経営の形態をとるようになるのです（共同漁業の田村啓三が日本工船社長に就任。三菱の一手販売は継続）。昭和工船の株を有する三菱・八木としては、共同漁業による乗っ取りに内心穏やかではあ

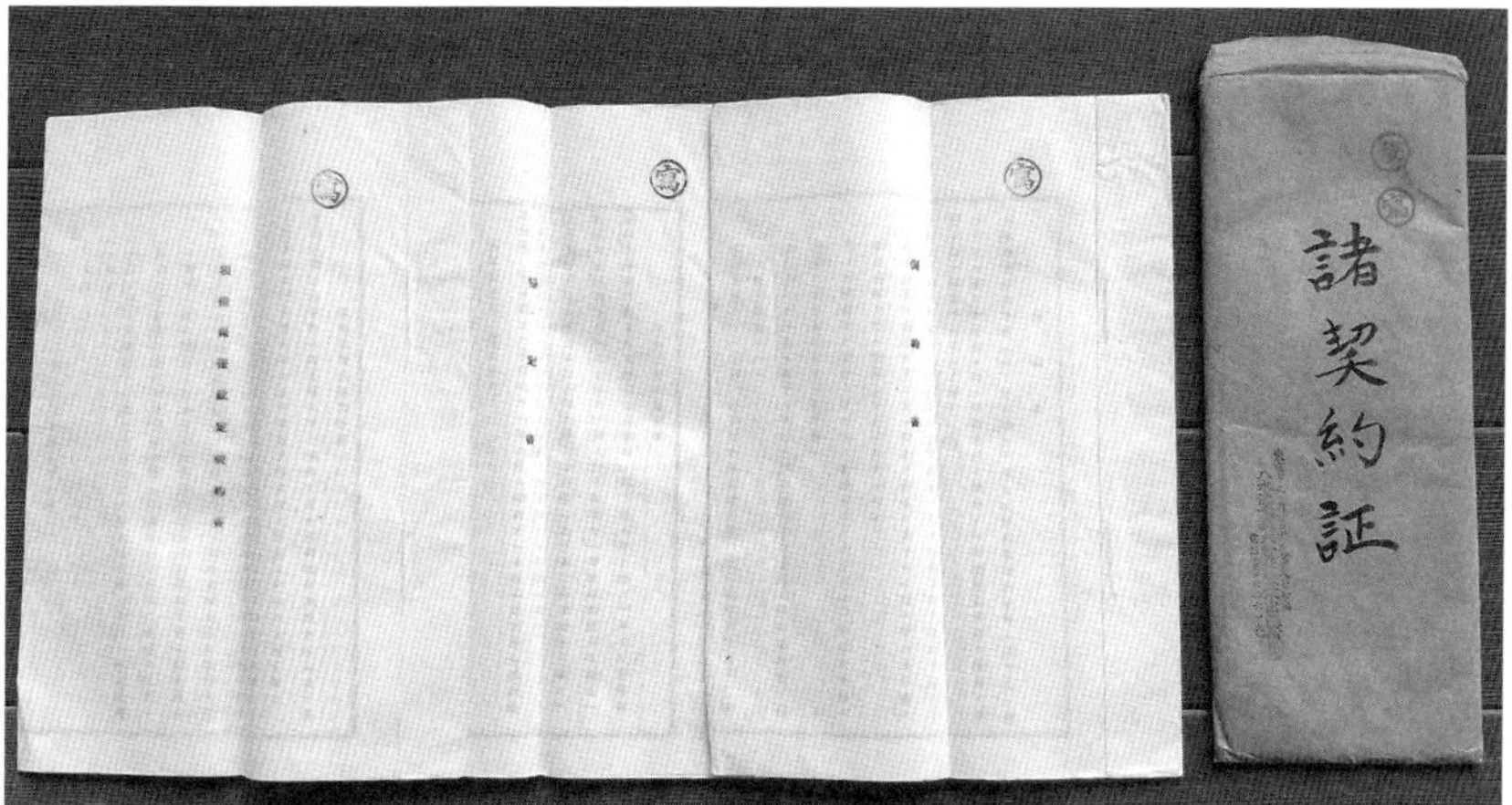

「八木漁業会社と三菱商事の各種契約証」（昭和6年2月）

りませんでした。

さらに實通を悩ませる事態が発生し、東工船の船出は順風満帆とはいきませんでした。動きだそうとした矢先、採算の確実性を欠くとして、ベーリング海・カムチャッカ東岸沖の六年度出漁が休止と決まったのです。

八木本店旧蔵資料には、後に實通が記したメモなのか、八木本店東京出張所の便箋一五枚に東海岸開拓の経過が記されています。同海域への八木本店の挑戦を振り返ると、四年度出漁の八郎丸は、東海岸沖が蟹漁場の実業に向いているかどうかの真価を確かめるものでした。その結果、同漁場（第七区・八区）ではわずか二、三隻の工船収容力しかないことが分かります。ところがこれを公表するも、その思いとは裏腹に各社は競うように出願し、農林省が収容力以上の製造許可を与えてしまったのです。結果は、北米アラスカ近海のブリストル湾へ遠征した大北丸を除いて〝全滅〟に近い状態となります。そして、ブリストル湾への新規許可にあたっては、東工船に優先的立場が与えられるのは当然として、四年度の八木本店の犠牲にかんがみて同社にも許可を与えて欲しいとする心情が赤裸々に綴られています。

実は六年度、ブリストル湾へは林兼の長門丸だけが出漁し、前年度の日本工船の大北丸を上回る好成績をあげることになります。同海域への先鞭をつけた日本工船は、たとえ公海上とはいえ蟹缶詰最大の得意先である米国への配慮から、農林省の指示に従って六年度出漁を見送りました。ただ林兼のみが、沖合での蟹漁は他種沿岸魚類水揚げに悪影響を及ぼさないという見解から出漁を強行していたのです。長門丸は二万三〇〇〇函の許可に対して三万三〇〇二函（罹網率五・八尾、歩留り三一・六尾）を製造し、一万函以上の操業違反を犯しますが、その有望性に實通は惹きつけられます。

昭和六年不出漁の背景には、需給バランスの異変がありました。世界恐慌（一九二九年）の影響による海外輸出の減少があり、またソ連の工船缶詰が海外市場に流通し始めたのです。ソ連の蟹工船は、昭和四年に四隻の出漁だったものが同五（一九三〇）年には一〇隻に増えています。一方のわが国も、農林省の昭和五年度製造許可五三万一二六函に対して、工船四〇万五八八二函、その他陸上工場で一七万六〇〇〇函、合計五八万函という未曽有の製造高を記録し、供給過剰による滞貨が約三二万函も生じてしまいました。この打開策として、日本蟹缶詰業水産組合連合会が出した決定は、昭和六年度は前年度成績より二〇万函減産するというものでした。市価低落は業界全体に悪影響を及ぼす恐れがあったのです。工船組合は一八万五〇〇〇函の割り当てとし、日本工船六隻と昭和工船二隻（樺太丸・美福丸）の計八隻がカムチャッカ西岸沖へ、長門丸一隻がアラスカ近海へ着業することになりました。しかし実際は、工船九隻で約二四万函、その他陸上工場で約一九万函の製造高となり、目標としていた業界全体で三〇万函とする数値を大きく上回る結果となりました。(注1)このため、市価維持のため六年度以降は生産制限が継続されることとなりました。實通ら工船各社はアラスカ近海（第九区・一〇区）への新規出願を希望しており、八木のメモによれば、八木本店では四六〇〇総トンの汽船「黒姫丸」を投入する計画もあったようですが、その計画は幻に終わったことになります。(注2)

そうした中、遂に工船蟹漁業界は日本工船・昭和工船・東工船・林兼の四社を統一すべく動き出します。当初は、林兼だけが強く反対を主張していましたが、六年度の違反操業を重くみた農林省が減産の行政処分を決め、工船組合でも超過一万函に対する約三〇万円の罰金を検討する事態となり、単独操業では採算不能と断念します。昭和七年一月二十九日に合同の調印がなされ、いったん日本工船が昭和工船・東工船・林兼所有の工船および付属漁船を買収する形で、四月十五日に社名を「日本合同工船株式会社」に改称します。重役陣には、取締役に松崎壽三・西村有作・八木實通、監査役に柳瀬篤二郎・本川藤三郎・中部兼吉が就任します。昭和工船から買収された工船六隻の中には樺太丸・美福丸もあり、東工船からの工船四隻には八郎丸が含まれていました。これら合同時の工船一九隻と各社が有する漁業権を株式に換算すると、出資比率は日本工船五八%、昭和工船一九%、東工船一九%、林兼四%となり、日本工船系の共同漁業の持ち株が株式全体の五二%を有し、同社は念願としていた北洋工船蟹漁業をほぼ手中におさめることになります。(注3)

時流と資本力の強さの前に、工船蟹漁業の先駆者・八木の存在感も小さいものとなり、かつて八木本店の社船であった三隻の工船も、合同の名のもとに他社へ移ってしまうのでした。實通としては、日本合同工船の経営にたずさわるとはいえ、経営権は共同漁業に握られて株主の一人に過ぎなくなります。そこで、八木漁業初年度(六年度)の鮭鱒工船に気持ちを切り替え、實通自ら神武丸に乗船し北洋へ船出することになりますが、鮭鱒沖取漁業においても合同の機運が高まっていたのです。同業他社の中には出漁を見合わせ、ひとまず沖取漁業の権利だけを取得しようとするものもありました。

昭和四年度に八木本店(八郎丸)と日魯漁業(錦旗丸)の二社二隻だった母船式鮭鱒漁業の出漁も、五年度は三社六隻で一万六〇〇〇函を製造、六年度は九社一〇隻に増えて六万七〇〇〇函を製造するなど、その実業化に向けて漁法の改良も進んで企業化が進もうとしていました。ただ、缶詰製造機械が整った大型汽船の神武丸を投入しながら、八木漁業は六年度に一〇万円以上の赤字を計上してしまうのです。缶詰数量では紅・白(鮭)を合せると目標に近い成績を達成するも、単価

三浦玄三（八木明旧蔵、『漁り工る北洋』より）玄三は昭和4年5月に八木本店取締役に就任する

の高い紅鮭の収穫が少なく、紅缶が四万四九五八函の予定で一万九五一〇函、白缶が五〇〇〇函の予定で二万四九六二函、ほか助缶が三七二函、鱒缶二一三〇函、銀缶一三〇二函、塩蔵鮭七一六石、筋子一〇一五函というものでした。昭和工船配属の八木明[注4]が、神武丸の實通へ送った七月四日付の書簡によれば、紅鮭の天運に恵まれない實通の心労を思いやる文面が見られ、三菱商事水産部も六月二十九日付で實通に宛てた電報には、その後の漁獲高・製造高の入電がないことを心配する様子がうかがえます。九月十三日に本社で開催された重役会議の決議録からは、本年度（昭和六年）事業報告を説明する岡本社長の苦しい立場が読み取れ、「實通（専務）・三浦玄三（常務）・池山光蔵（常務）の三重役が現場で最善を尽くしてこの結果だから、出席者に承認を求めたい」としています。問題は、今後の金策をどうするかで、先の三重役は〝被告〟のため意見をする立場になく、結局のところは三菱頼みという結論に流れ、日を改めての協議となったようです。

　特殊な事情で誕生した八木漁業には、初年度からの失敗は許されませんでした。しかし、鮭鱒工船に対する信頼性はまだ高いとはいえず、三浦が四月六日に實通へ宛てたと思われる書簡には、〝岡本氏の真意は本年度の結果により日魯に買収せしむる意向なり〟と驚きの洞察が記され、〝本年六月末の成績良好なる場合は迅に岡本氏に直接真意を確かめ適当に取運び願わざれば、同氏一人にて委《ゆだ》ねし置きては取返し付かぬ事になると思う（一般に知れる）。日魯平塚・真藤両氏は事実上に就きては相当の権威あるも買収等の問題に就きては金融上三菱に左右せらるるものと思う〟と、最悪の事態を見越した予測を述べています。事態はまさにその通りに展開し、打開策が日魯へ持ち込まれることになります。これに対する日魯は、自社の鮭鱒漁の主力は沿岸建網漁業であったため、その沖合で流網漁業をすることには積極的ではありませんでした。しかし、鮭鱒工船の企業化が進むと、鮭が河口へたどり着く前に捕獲されてしまうため、自社の沿岸漁区に悪影響がでる恐れもありました。自己防衛上にも何かしらの手を打つ必要に迫られ、流網漁業に関心を持つ真藤慎太郎と、空缶の販路拡張を目指す北海製缶の松下高の意見を汲み入れ、八木漁業の救済を引き金に本格的に鮭鱒工船事業へ進出することに決まります。こうして、日魯の工船・信濃丸(注5)と漁業権を六〇万円、八木漁業の漁業権と残留資産を一〇〇万円と評価して昭和六年十一月に誕生するのが太平洋漁業株式会社（資本金一六〇万円）で、同社は東西カムチャッカ、オホーツク及びベーリング海における鮭鱒蟹沖取漁業権及び工船を利用して沖取工船漁業の事業などを営むことになります。経営の人事は、代表取締役社長に岡本康太郎（函館製網船具社長）、常務取締役に八木實通と真藤慎太郎（日魯常務）、取締役に三浦玄三と平塚常次郎（日魯専務）が就き、現場の指揮は八木側から池山光蔵、日魯側から鎌田武三と山田勝衛が出向して当たることが決まります。(注6)昭和五年から続く恐慌のなか、日魯漁業との歩み寄りをみせ、八木本店はどうにか二年続けて窮地を切り抜けることができたのです。

（注1）『北洋漁業総覧』（農林経済研究所／一九六〇）二〇七～二〇八頁を参照。

（注2）ブリストル湾への操業区域拡張についての運動は、『蟹罐詰発達史』六九二頁にもわずかに記されるが、新規出願の詳細な記述は見られない。八木のメモに従えば、第九区・第十区を操業区域とする出願者は日本工船三隻（孟買《むんばい》丸・印度丸・富丸）、昭和工船二隻（金龍丸・昭久丸）、八木本店一隻（黒姫丸）、林兼商店三隻（暁光丸・北光丸・第一長門丸）、竹村廣吉一隻（第六室蘭丸）の五社一〇隻で合計三七万六〇〇〇函の製造許可を求めるというものである。

（注3）日本合同工船設立の背景は、『蟹罐詰発達史』六九一～六九二頁、『日魯漁業経営史』第一巻の一四六～一四七頁を参照。

（注4）八木明は、八木本店従業員（元社員も含む）で組織される親睦会「八木会」の幹事の一人でもあった（同会の成立時

期は不明で、会則を記した資料が八木本店旧蔵資料の中に確認できる）。ご子息の八木弥五郎氏によると、實通の専属秘書として大正十二年から八木本店の函館支店に勤務していたが、樺太丸・美福丸が昭和工船漁業株式会社に編入されるにあたって同社へ転籍をしている。昭和六年七月四日付の書簡には、カムチャッカ西岸沖へ出漁した工船八隻（昭和工船二隻・日本工船六隻）の六月三十日までの缶詰製造高と、日本工船各船の評価額表（昭和五年十一月末現在）を報告し、實通のことを〝御主人様〟と称している。「改めて同社漁業権の評価額も調べて報告する」とあるので、昭和工船と日本工船の合併に向けた調整がすでに行われていたものと思われる。昭和六年度の昭和工船の経営は、日本工船に委任されているため、この書簡の便箋は昭和工船用紙だが封筒は日本工船社名入りを使っている。明はこの翌年に日本合同工船へ移ることになるが、親戚筋にあたる八木本家・八木本店への忠誠心からか、實通のため業界情報の伝達役を果たしている。その日本合同工船も、最終的には日本水産株式会社となるが、明

蟹工船を視察する貴・衆両議員団
（昭和５年、八木明撮影／八木弥五郎氏所蔵）

は日水の社員として継続雇用されている。

八木明が撮影・提供した樺太丸や八木本店関係の写真は、『漁り工る北洋』（會田金吾／五稜出版社／一九八八）に掲載されている。同著で、昭和五年に貴・衆両議員団が樺太丸を視察したとする写真については、宇佐美昇三氏の指摘で樺太丸と同じ昭和工船所属の博愛丸のものと分かった。この時、議員団はカムチャッカ半島西岸沖で操業する蟹工船二隻（博愛丸と日本工船所属の讃岐丸）の労働実態を視察しているが、船内作業員は視察当日だけ白衣を着せられたようだ。この様子を明が撮影し、八木實通が視察に立ち会った写真も残されている。ちょうどこの前年に小説『蟹工船』が発表されたばかりで、公海上で絶えないソ連監視船とのトラブルにも関心が高まっていた。

（注5）宇佐美昇三氏の著作『信濃丸の知られざる生涯』（海文堂／二〇一八）によると、信濃丸（六一五五総トン）は昭和七（一九三二）年二月から四月にかけて、函館で鮭鱒工船に艤装され、船内に二ラインの缶詰製造設備を搭載することになった。八木本店旧蔵資料には、昭和四年十月八日に東京逓信局が発行した信濃丸の「私設無線電信検定証書」が残される。本船は、昭和五年七～八月に貴・衆両議員団がカムチャッカ半島沿岸沖を視察した際の宿泊船に使用された。

（注6）太平洋漁業株式会社の設立背景は、『日魯漁業経営史』第一巻の三〇八～三〇九頁を参照。八木本店旧蔵資料には、発起人名を記した同社定款と株主申込証がある。発起人は、川上俊彦・平塚常次郎・真藤慎太郎、岡本康太郎、八木亀三郎・八木實通・三浦玄三、大塚巌・外山源吾の九名となっている。

第六章　解散へと向かう八木本店と父子の死

①　八木漁業会社解散と八木本店整理

昭和七（一九三二）年度の着業にあたり、太平洋漁業は三菱商事から五五万円の融資を受けます。神武丸・信濃丸の二隻の母船に独航船一〇隻を従え、建網八か統を併用、漁夫六〇〇名の規模で出漁することになります。同社以外にも、七業者一一母船の出漁が見られましたが、出漁せずに沖取漁業の権利だけの取得にとどまる業者もありました。この背景には、ソ連が五か年計画（一九二八～一九三二）発表以降、邦人漁業者への圧迫をつづけたことがあり、借区料の値上がり、製品価格の低落、不安定な漁獲、ルーブル換算率問題など、露領漁場における操業が難しいものとなっていたのです。この打開策として、乱立する四〇余りの邦人中小企業の合同が叫ばれますが、これを見すえた沖取漁業への転換や沖取漁業権の転売で利ざやを稼ごうとする動きが昭和六年夏ごろから見られました。

一例として、八木本店（八木亀三郎社長）と日魯漁業（川上俊彦社長）とが取り交わそうとした興味深い「覚書」（案文）があります。[注1] 日付は昭和六年六月十五日で、内容はかつて平出《ひらで》漁業が出願したカムチャッカ東岸カムチャッカ海湾西側の漁業区をめぐり、両社が共同で農林省へ鮭鱒沖取漁業許可の申請をしようとしたものです。許可が得られた場合、六年度は日魯において経営をし、利益がでた場合は補償金を八木に提供するというものでした。覚書協定の立会人および補償金額査定人に、三菱商事常務取締役で日魯漁業取締役を兼務する高橋錬逸の名が記されることから、製品販売に関係する三菱商事もこの出願に対する協同者と見なすことができます。八木と日魯は、こうした事案を通じて太平洋漁業という鮭鱒沖取漁業に特化した合同会社を誕生させていったと見ることもできます。

太平洋漁業の七年度の成績は、紅鮭九〇万尾・白鮭二三万尾・鱒三六万尾で缶詰七万函その他塩蔵魚を生産して、二四万円の純利益をあげて一割配当を達成します。初年度としては幸先のいいスタートで、それを前年度の八木漁業で達成していればと實通も悔しがったことでしょう。その年の出漁した母船一三隻の平均トン数が一二五〇総トンだったことを考えると、沖取漁業の企業化をにらみ、最初から五〇八七総トンの神武丸、六一五五総トンの信濃丸ら大型汽船を投入するという試みが実を結んだことになります。そのタイミングで浮上したのが、八木漁業が抱えたままの債権処理を、日魯の力を借りて解決しようというものでした。

十一月九日付で三浦玄三が亀三郎・實通に宛てた書簡によると、八木漁業の株式と振出手形を日魯漁業に引き取ってもらおうと、玄三が債権者や日魯平塚常務との間で話し合いを進めていました。添えられた「債権額並ニ支払い金額表」によると、債権額の約八割を現金で支払おうとしたようです。この方針に最大の債権者である函館製網船具の岡本社長も、直接会って面談したところ理解を示し、その他債権者からも順次承諾が得られていきました。そして全債権者からの承諾を得て、八木漁業株式九九二三株・額面四九万六一五〇円、八木漁業振出手形五六通・五九万六二四〇円一〇銭を日魯が買収することに決まります。さらに日魯は一気呵成《かせい》とばかりに、国際工船漁業株式会社（資本金四〇万円）も合併して、太平洋漁業の資本金を二〇〇万円に増資します。一新された重役は、代表取締役社長に日魯社長の窪田四郎、専務取締役に真藤慎太郎、常務取締役に八木實通、取締役に日魯幹部の平塚常次郎・松下高・有賀篠夫、そして三浦玄三という布陣でした。これによって、太平洋漁業は日魯直系企業となり、このあと合同が進んでいく鮭鱒沖取漁業の中心的存在となるのです。

八木本店が八木漁業の整理を急いだ背景には、今治商業銀行休業騒動以降の借入金が、北洋漁業で生じた損失もあって慢性化していたことがあります。昭和七年十一月十八日付で北海道拓殖銀行東京支店が八木亀三郎宛てに届いた「督促状」には、同行だけで亀三郎と八木本店へ貸し付け中の手形融通が一六万五〇〇〇円とあります。昨春以来遅延のままとなっているため、急ぎ支払いの催促を求めているのですが、一時決裁が困難な場合は整理案をつくって申し出、何の回答もない場合は法定手続きをとると記されます。同行への担保物件は昭和工船株で、過不足はありませんでした。ただ、このとき同時並行で八木漁業の整理を債権者と日魯との間で協議中だったため、日魯への買収が決定となった時点で法的手続きは回避されたものと思われます。しかし抜本的な解決にはいたらないため、八木本店整理は継続され、翌七年二月二十日現在で三菱借入金約五〇万円を含む八木本店債務は一〇三万六〇二一円三三銭、今商関係約四二万円を含む個人債務は七〇万七二七八円七八銭にのぼることが明らかとなりました。

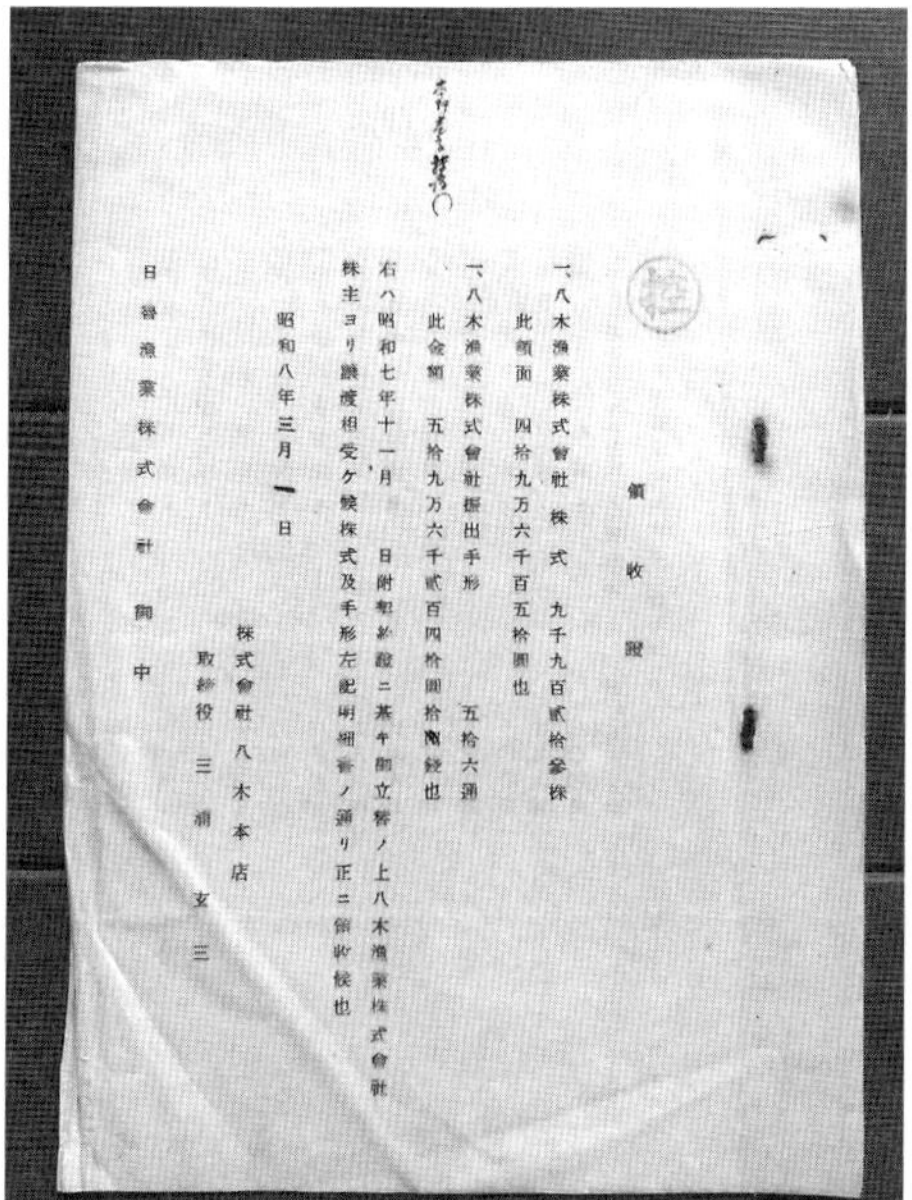
領收證

一、八木漁業株式會社株式　九千九百貳拾參株
此額面　四拾九万六千百五拾圓也

一、八木漁業株式會社振出手形　五拾六通
此金額　五拾九万六千貳百四拾圓拾[illegible]錢也

右ハ昭和七年十一月　日附契約證ニ基キ御立替ノ上八木漁業株式會社株主ヨリ讓渡相受ケ候株式及手形左記明細書ノ通リ正ニ領收候也

昭和八年三月一日

株式會社八木本店
取締役　三浦玄三

日魯漁業株式會社御中

「日魯漁業による八木漁業買収関係資料」
（昭和８年３月）

債務一覧表を見ると、八木本店借入金の担保の多くは、東邦水産・昭和工船・日本製缶・土佐捕鯨らの株式が充てられています。日魯漁業による八木漁業株式・振出手形買収の領収書は、昭和八（一九三三）年三月一日付で八木本店取締役・三浦玄三から日魯漁業に対して発せられています。このあと八木漁業は解散となって八木本店整理も目途がつき、船員を中心とする従業員に対して慰労金・退職金が支払われることになるのです。

八木本店旧蔵資料には、「八木漁業解散」「八木本店整理」にともない、昭和八年三月から五月にかけて届いた礼状・領収書が五〇通ほど確認できますが、八木本店に在籍が長く、会社に近い立場の人間は、同じ文面の礼状を亀三郎と實通それぞれに送っています。すでに八木本店から独立し、今治市内でミシン販売などの経営にたずさわる八木通重に対しては、最高額となる慰労金三五〇〇円が贈られ、通重にとっては営業資金として役だったようです。親戚の八木明や取締役の矢野克太郎に対しても、本人らが〝多大なる御手当〟と感じるくらい、直近の会社の実状からは想像もつかない金額が贈られます。馬場駒雄の礼状によれば、八木本店整理に伴う慰労金と記され、〝感涙！〟とあります。大田憲一も〝八木本店より退職手当、八木漁業より解散手当金頂

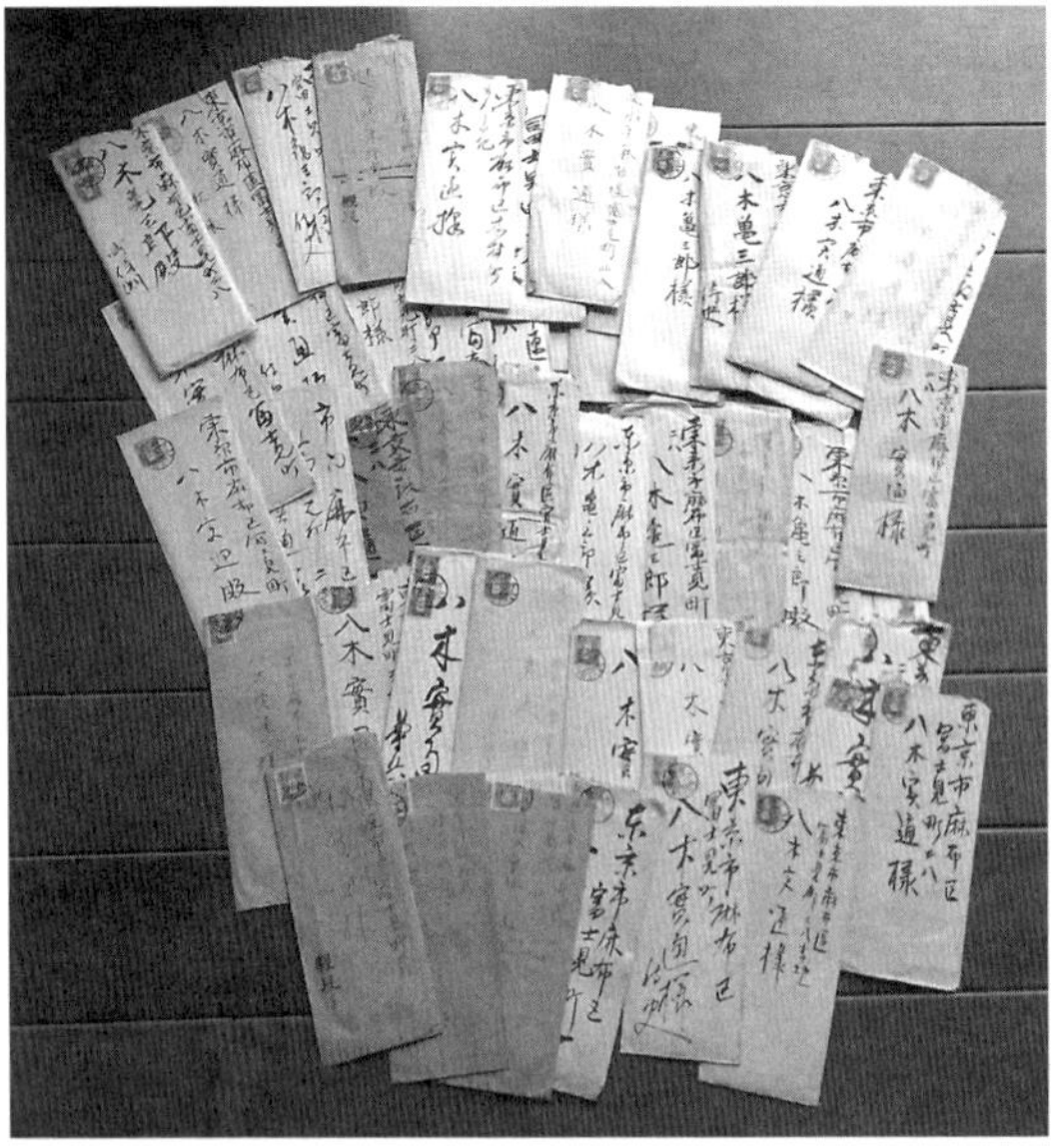

「船員から八木父子へ届いた礼状」（昭和８年）

き〟とあり、八木本店の債務整理が一段落し、そこで得た株の売却利益などが原資となったことが想像できます。大正九年に入社した綿貫庫司は、入社後打ち続く不況のなかでも、八木本店の従業員家族は何不自由なくこれまで過ごすことができたと感謝の言葉を綴っています。綿貫は神武丸に乗船して、前年十二月末にも賞与を受けとっていただけに、八木父子の温情が胸にしみたのでしょう。大正十年入社の里美周造（元船長）もまた、不況の中でも困窮者の立場に寄り添った八木父子の事業精神を褒めたたえています。〝時勢の推移と共に新たなる先端事業をご経営致し、幾多の従業員をお救い下さり、その事業は破竹の勢いをもってせる〟と、北洋漁業のパイオニアとしての八木の活躍も振り返り、燧洋丸や春海丸で損害を与えながらも雇い続けてくれたことに感謝しています。大正十五年に入社した神武丸乗船の大根嘉七は、慰労金に喜ぶ一方で〝遺憾絶えざる…〟と悔しがり、八木本店のためにもう一度働くべき機会を待ちたいという希望を記しています。女性からの手紙も二通あり、函館の中村秀子からは退職手当金三〇〇円を受けとったことに対し、〝ご主人様の御情で私共親子三人どうにか暮すことが出来ます〟とあり、細やかな配慮を感じさせます。

こうした慰労手当や退職金は、三浦玄三を通じて支払われたようで、各船員はすでに新年度の操業に向けた準備で働いており、退職して生活に不自由しているものは見当たりません。継続雇用や転船の働きかけも、實通や亀三郎の意向を受けて玄三が行ったようです。ただ気になるのは、里美ら数名が亀三郎に宛てた礼状のなかに、〝若旦那様の御病状は未だ御平癒の無候由　誠に心痛に堪えざる次第に御座候　何卒充分なる御静養遊ばされ一日も早く御全快の程御願い候〟とあり、實通の病状（糖尿病）を心配する内容が見られることです。その實通は重篤ななかにあって、新年度事業に動きだそうとしていました。

（注1）八木本店旧蔵資料。メモ用紙三枚に丁寧に手書きされたもので、「日魯八木共同許可ノ件　八木ヨリ提出案」と「覚書」からなり、これとは別に漁場の略図を描いた手書きの地図もある。ただし、正式な協定文書のようなものは確認できていない。

②再起をかけた北千島事業計画

昭和八（一九三三）年の八木漁業解散と八木本店債務整理は、八木家が事業家ではなくなり、一株主・一投資家となって北洋の水産事業から撤退したことを意味するものでした。その大事な局面において、これまで先頭になって奮闘してきた實通は病魔におかされます。しかし〝八木家畢生《ひっせい》の鮭鱒沖取工船〟への執着は相当のもので、再び北洋漁業でパイオニアとなるべく、業界で関心が向き始めていた北千島沿岸の鮭鱒漁業に挑戦しようと目論見ます。カムチャッカ半島に近接する北千島が、オホーツク海へ回遊する鮭鱒の通り道であることが分かってきたのです。しかも日本領のため、ソ連の監視船や漁業者とのトラブルも回避できました。昭和六年十月に、北海道庁が同海域の鮭鱒流網漁業に対して許可制をしいたところ（それ以前は禁漁区域）、翌七年には九二件の申請があり、このうち七件の出漁が見られていました。（注1）實通としては、遅れをとっていることへの焦りからか、会社整理中にもかかわらず動かずにはいられませんでした。実は北千島の占守島《シムシュ》や幌筵島《パラムシル》は、蟹工船が台頭する以前は蟹漁が盛んで、實通も大正十四年に関心を示して宍甘《しじかい》平蔵に占守島の調査を命じたことがありました（当時、宍甘は八木本店に新規採用となったばかりの社員）。しかし、亀三郎が海軍や某氏から入手した情報ではその必要性はないとして、取りやめになったことがありました。すでに大正末期には乱獲が響いて資源の枯渇を招き、事業の不振が見られるようになっていたのです。

今度は母船式漁業ではなく、陸上に缶詰工場を設け、中小の漁業者から漁獲物を買魚しての缶詰製造となります。すでに實通は、昭和五年に農林省が発表した〝北千島を北洋漁業の新根拠地とする方策〟に関心を示し、漁業許可の申請をしたことがあったようです。(注2)そこで三浦玄三に指示をし、昭和八年二月十七日に北海道庁根室支庁へ「未開地付与（貸付）願」を提出します。出願者名は八木本店社長の亀三郎、代理人は林宗義、保証人は三浦玄三となっていて、

北千島のサケ・マス漁場（昭和９年）

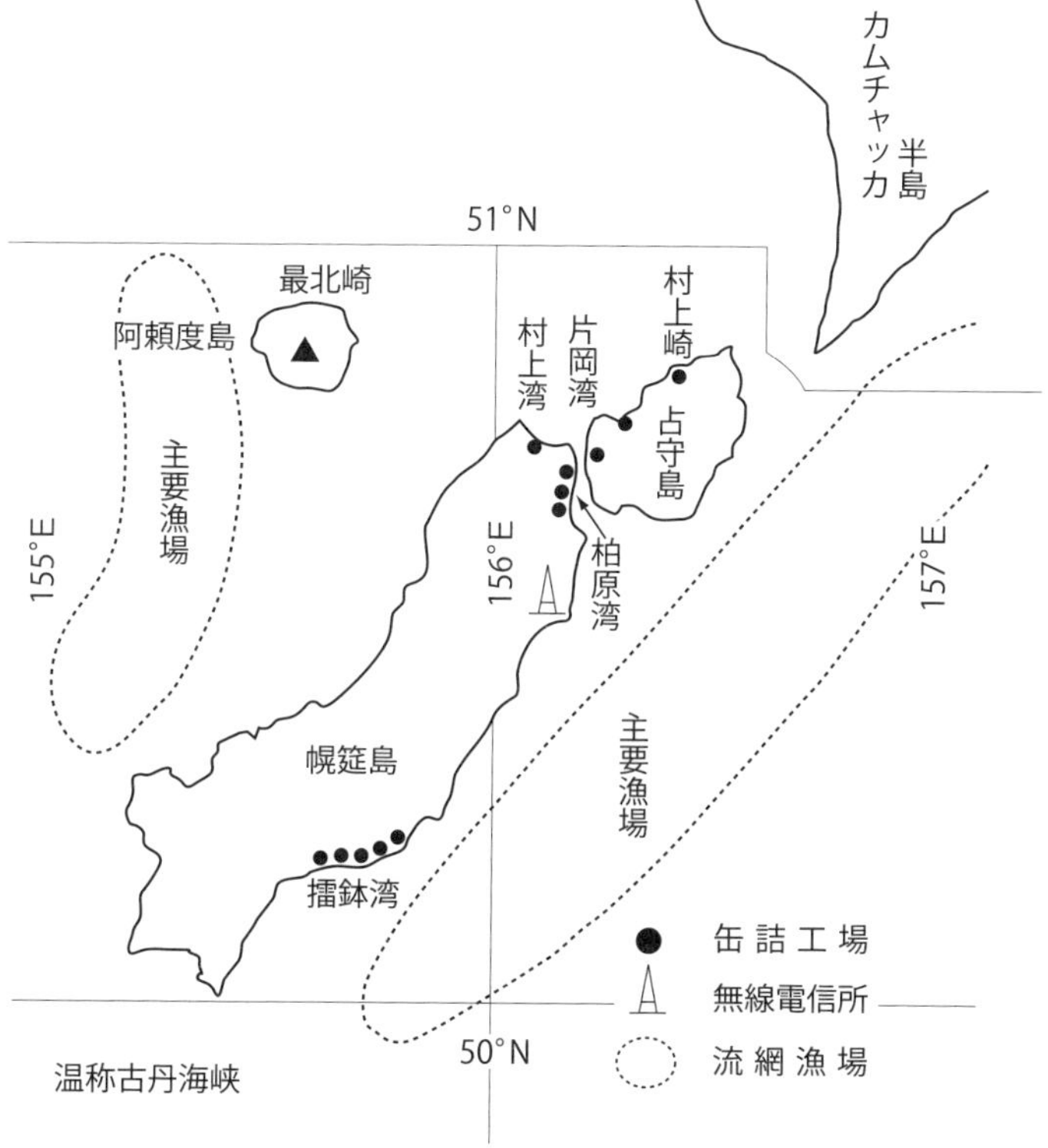

『北千島の水産業概要』（北千島水産株式会社編）参照。※一部修正

千島占守郡幌筵島の鯨湾・武蔵湾それぞれにおいて鮭鱒缶詰工場の操業に必要な二町一反六畝二〇歩の用地貸付（三か年）を願い出たのです。また二月十八日には北海道庁に対して、千島占守郡幌筵島擂鉢《すりばち》湾・柏原湾・武蔵湾の「鮭鱒流網漁業許可願」を提出しています。こちらの出願者名は八木本店社長の亀三郎、代理人は玄三となっていて、實通の名は記されませんでした。両出願書には事業計画や理由書も添付され、どういう意図でどういった規模の事業を企図していたのかが分かります。新設する缶詰工場の従業者は一三五名で、川崎船（七人）は神戸発動機製石油発動機を備えた一二馬力を一隻建造予定（細木造船所の仕様書添付）、流網は八〇杷《わ》、操業期間は六月一日～八月三十一日とあります。理由書を要約すると、「同海域における出願者は多く見られるが、漁獲物の処理方法に適した工場が見られないのが残念である。弊社は多年にわたり北洋缶詰業界において貢献し、先鞭をつけた自負がある。そこで自ら性能の高い缶詰工場設備を新設して、各出漁者と共存共栄の立場で労資協調を図り、缶詰を製造して当該事業の発展に貢献したい」というものでした。

しかし、八木本店の昭和八年度の北千島出漁および缶詰工場新設は実現しませんでした。實通は重篤にありながらも、玄三に対して強硬に出漁・新設を迫ったようです。困り果てた玄三は矢野克太郎・池山光蔵とも熟議を交わし、賛同できないという結論に達し、これを本人に直接伝える前に、昭和八年四月十四日付で三名の意見を手紙にしたため、亀三郎へ宛てています。賛成できない一番の理由は〝實通の健康問題〟で、積極性を評価しながらも、四囲の事情により今は一か年の自重が必要と説いています。また、事業整理がままならない中、今から準備しても漁期の遅れで利益はあがらず、失敗でもすれば今後の進出そのものが不可能になるとも警鐘を鳴らしています。北千島経営には相当の人材確保と資本投下が求められ、世界的に紅鮭缶詰が供給過剰（昨年度、カナダ方面が豊漁）で市況が思わしくないなか、すぐ着業しても甘味は少なくリスクが大きいとしています。最終的には玄三らの意見を聞き入れた亀三郎が、八年度の北千島進出をとりやめたことはいうに及びません。實通は体調を回復させるべく、その夏は長野県軽井沢町で療養に努め、八木明（日本合同工船勤務）からの手紙を通じて北千島や蟹工船の漁況に思いを馳せるのでした。

この年、八木本店を含めた出漁希望者は八〇〇名に達するも、実際には一七一隻の出漁に終わったようです。陸上缶詰工場は、幌筵産業と東邦水産が幌筵島の擂鉢湾に、千島漁業が幌筵島の村上湾に、袴漁業部が占守島の村上崎に全部で四工場四ラインが新設され、八万七〇〇〇函を製造しています。それ以外の漁獲物は、門別・網走・釧路・根室・青森に運んで缶詰にしたようです。

昭和九（一九三四）年は工場の新設出願が相次ぎ、許可数制限二〇〇隻の全出漁が見られるなど、北千島鮭鱒漁業の有望性が確かなものとなります。北海道庁は工場ラインを二五ラインに制限したところ、一二工場一九ラインが操業することになり、出漁者の三分の二はこれらの工場との売漁契約を結んで三一万函を製造しています。一二工場は擂鉢湾・柏原湾・片岡湾・村上崎・村上湾に設けられますが、擂鉢湾には最も多い六工場一一ラインが集中し、幌筵水産（日魯系）二ライン、林兼商店二ライン、北千島漁業運送（林兼系）一ライン、東邦水産二ライン、北千島合同漁業（日本水産系）一ライン、内海・若井・松田の合同工場二ラインというものでした。柏原湾には三工場四ラインが設けられ、北海道漁業缶詰会社の二ライン、八木本店の一ライン、藤野缶詰の一ラインということで、前年度自重した八木本店の進出がここに見られました。片岡湾には太平洋漁業の一工場二ライン、村上崎は袴漁業部の一工場一ライン、村上湾は千島漁業の一工場一ラインが見られ、日魯・林兼・日本水産といった大手資本の触手がのびていました。

この中で早くも主役の座に躍り出るのが幌筵水産株式会社で、同社は幌筵産業を太平洋漁業が買収する形で同年二月に誕生し、この交渉役を担ったのが三浦玄三でした。八木本店の影響がなくなった太平洋漁業は昭和八年度に沖取鮭鱒漁業で好成績をおさめ、現場の大型母船には池山光蔵・大田憲一らの八木生え抜き監督が指揮をとっていました。同社における玄三の立場は極めて重要で、日魯漁業の孫会社として誕生した幌筵水産において常務取締役に就任しています。日魯漁業のねらいは、太平洋漁業と幌筵水産が連携して流網漁業で業界の主要な地位を占めることで、昭和九年にはこの二社で流網漁船全体の三五%のシェアを占めるほどでした。

では、八木本店の柏原湾工場の経営実態はどのようなものだったのでしょうか。八木本店旧蔵資料の中には、縮尺一〇〇〇分の一の「工場建物平面図」が残され、海岸沿いに作業工場（ボイラー室・発電所など含む）・製品倉庫・缶冷場・事務所・医療所・炊事室及び食堂・雑夫宿舎などが配置されています。そしてその工場から選別デッキのある桟橋に向かってレールが敷かれ、漁船が桟橋で荷揚げしたら、選別されて工場へ送られる仕組みとなっていました。「事業計画書」も残され、工場を一ラインとした場合、漁船・工場建物・機械器具・漁網漁具・空缶・燃料費・食料費・人件費（九一金含む）・運賃などの支出に二四万七八五八円、紅鮭缶詰・鱒缶詰・白鮭塩蔵・筋子の売上収入で二七万八〇〇〇円を見込み、三万一四二円の利益を生むという予算書でした。五月上旬には工場建屋は完成し、屋内の機械設備は月末には試運転を行ったようです。(注3)

また、これと連動する沖取産業株式会社（東京丸ノ内）の業務用資料も何点か残されています。一つは昭和九年三月三日の「沖取産業株式会社許可操業区域図」で、同社がカムチャッカ半島東西沿岸に漁区を有していたことが分かります。もう一つは「九年買魚仕込みと価格」と記されたメモで、漁業者である山ノ内の二隻と奥川の二隻にそれぞれいくらの前貸金が必要で、漁場となる柏原湾と阿頼度湾《アライト》で獲れた紅鮭・鱒をいくらで買い取るかなどが読み取れます。このメモは沖取産業の便箋に記され、池山の印が押されることから、光蔵が作成もしくは目を通したことが分かります。ほかにも、年月・社名未記載の「独航船流網出願書」と記したメモには、三〇総トン前後の独航船六隻の船名・トン数・船主名が記されています。(注4)

沖取産業は母船式鮭鱒流網漁業を業務の柱とし、太平洋漁業が好成績をおさめた八年度には社名「勘察加沖取漁業」として四二三総トンの松山丸（使用流網四〇〇反）を着業させていました。尾形六郎兵衛を社長とし、彼と真藤藤吉郎・竹村廣吉らの許可を合併して設立した会社でしたが、九年度からはこれに實通が加わり、同社の株式三三六五株（六万八二五〇円）を八木本店が所有することになります。池山が同社函館出張所で指揮をとり、北千島の各工場で生産された鮭・鱒の缶詰については、工場の融資先である三菱商事や三井物産などの商社を通じてロンドン市場に出荷されることになります。

なお、大型母船をもたない沖取漁業者は、獲れた鮭・鱒を船内で塩蔵処理をするか、北海道や北千島の工場に冷蔵運搬するもの、あるいはそれらの工場へ運搬して缶詰にする方法がとられます。この件に関し、昭和九年五月二十～二十二日にかけて、日魯系の函館水産販売会社主催で、日本鮭鱒販売連盟会創立のための会合が開催されました。これは全国有数の塩魚取扱業者が集い、塩鮭鱒及び冷凍魚販売を統一販売しようとするもので、沖取産業にとっても看過できない組織でした。すでに函館には塩魚の有力な販売機関として、北千島合同及び大同漁業製品取扱いの「日本水産会社」（共同系）、沖取合同漁業及び北千島合同漁業製品取扱いの「林兼商店」、東邦水産及び平出漁業製品取扱の「七尾水産販売会社」、日魯漁業・太平洋漁業・樺太共同製品取扱いの「函館水産販売会社」があり、中でも日魯系の函館水産がプライスリーダーとして販売力を誇っていました。日魯系の製品委託には手数料がかからないため、太平洋漁業はその恩恵を受け、系統の違う東邦水産もこれをときどき利用するところがありました。そこで、八木本店の北千島事業を案じる三浦玄三は、亀三郎へ五月二十四日付で書簡を送っています。八木本店が少しでも利益をあげるよう、自らが函館水産の末富社長にかけ合って、一般手数料二分五厘を一分または一分五厘位に勉強させる用意があるとのことでした。北洋漁業で復活をかける八木本店にとって、初年度の経営は失敗が許されなかったのです。太平洋漁業に本腰を入れているとはいえ、玄三をはじめとする〝八木本店従業員たりし者〟は「八木会」という親睦互助会の絆で結びつき、〝八木両主人海岳《かいがく》の鴻恩《こうおん》に感じ八木家永遠の繁栄を願う〟のでした。日本合同工船から日本水産に転じ、最後まで蟹工船事業にかかわり続けた八木明もそうですが、辞してもなお、恩顧によって旧経営者を慕う姿がそこにはありました。八木会において、三浦・池山・矢野が三元老（八木本店取締役）となり、明や元船員の馬場・里見・高索らが幹事を務めることになります。

（注1）以下、北千島の鮭鱒流網漁業の系譜と陸上缶詰工場の各社の動向は、『日魯漁業経営史』第一巻の三二三～三二八頁などを参照。

（注2）八木本店旧蔵資料の『新聞スクラップ帳』に、昭和五年六月一日付の東京日日新聞の切り抜きがあり、見出しに「わが北洋漁業の新根拠地築造計画　千島北端の占守島か幌筵島に　農林省の方策」と記される。また、八木本店が昭和八年二月十七日に北海道庁へ提出した千島占守郡幌筵島武蔵湾の「鮭鱒流網漁業許可願」の意見書の中に、「本社は昭和五年来、北千島沿岸を根拠とする鮭鱒流網業の許可を相受けこれが経営に多大の犠牲を払い来たり。本年も継続許可を得たく出願しおり候」の文面が見られる。

（注3）五月十三日付で、池山光蔵が八木實通に対して柏原工場の工事進捗を報告している。池山は八木本店東京本社の石丸通とも連絡を取り合っているが、このほど容態が思わしくなくて昭和病院に入院した實通のことを心配している。同じころ、池山は八木本店波止浜支店が進める愛媛県三津浜町の缶詰工場の指揮も執っている。

（注4）六隻の独航船については以下の通りである。第五弁天丸（三三・一六総トン／千葉五三郎）、第二琴平丸（三九・七四総トン／山﨑勝次郎）、第八北洋丸（三九・〇七総トン／矢田米次郎）、第一観音丸（二五・五六総トン／斎藤正男）、第五八幡丸（二九・五四総トン／山﨑勝次郎）、大丸（約三一総トン／玉村茂壱）。

③ 北洋漁業の撤退と三津浜の缶詰工場

その後、八木本店の北千島事業はどう展開していったのでしょう。八木本店旧蔵資料に、これを物語る資料は残されていません。三浦玄三と池山光蔵の計らいで、無難に推移したことが予想されますが、昭和九（一九三四）年七月十五日に實通が亡くなると、水産事業撤退の判断に迫られることとなります。實通にとっては、志半ばの四九才で逝く、両親・妻との無念の別れでした。

實通には子がいなかったことで、老齢で持病を抱える亀三郎に、再び社業の重責がのしかかることとなりました。亀三郎には實通の死は覚悟するところがあったようで、亡くなるとすぐに十九日付で今治商業銀行の丹下辰世常務宛てに自身の辞任届を郵送し、二十一日には受理されます。辞任の理由には、自身の健康状態と實通の死をあげています。さらに二十五日付でも、多病その他周辺の状況から頭取の重任は全うできないとして、来る第八四期定時株主総会での正式決定を重役陣に対して要望しています。

今後は一株主としてのかかわりにとどめたいとし、業務上の自身の名義使用は違法にあたると注意をうながしています。文面はタイプ打ちのため、亀三郎の指示を受けて矢野克太郎が作成したものと思われますが、三十数年務め上げた頭取職の引退は、悲しみと虚無感に包まれたものとなりました（登記上は七月二十五日辞任で、十二月一日開催の臨時総会で相談役となる）。このため、十年度の操業を迎える前に、柏原湾の八木本店缶詰工場は日魯系の幌筵水産へ譲渡し、北千島事業からの撤退をはかっています。

一方の沖取漁業経営者らは、国策もあいまって企業合同へと傾き、昭和十（一九三五）年二月二十五日には太平洋漁業会社が沖取漁業のすべてを吸収合併し、〝サケは日魯〟のネーミングを確かなものとしていきます。沖取産業株式会社の清算終了は、昭和十一年十月三十一日に同社監査役・矢野克太郎、清算人・石丸通によって報告され、総資産から事務費を差し引いた四一万円余りが株主へ分配されています。

母船式蟹漁業については、昭和七年に誕生した日本合同工船株式会社が、その後順調に利益配当を継続し、同九年に昭和工船・東工船が解散すると、同社の株式を株主に分配し、資本金を増資しています。資本力の強化はその後も進み、いったん共同漁業と合併しますが、昭和十二年三月には日本水産株式会社に改称されて、こちらは〝カニはニッスイ〟のネーミングを確かなものとしていくのでした。

一方、企業合同と会社整理の過程で大型汽船を失った八木本店は、社員の船員も失って海運会社の機能を有していませんでした。ただ、残された陸上店員(注1)の生活のため、廃業を選択するのではなく、昭和八（一九三三）年以降は新規事業を掘り起こす必要がありました。これには波止浜支店従業員の宍甘《しじかい》平蔵・河野岩男・高岡信一らの奮起が期待されました。

實通に北千島事業を自重させた八年度、河野と高岡は、八木家が所有する上浮穴郡山林の材木販売にかかわり、天然林の檜七万才、桜・モオカ一万才、栗一〇〇〇丁（枕木）、植林の杉丸太三〇万才、檜（間伐材）五万才など四三二〇円相当の交渉を買受希望者と行っています[注2]。当時、満州向けの愛媛物産の輸出が好調で、原田汽船の照国丸（三六〇〇総トン）が専用の貿易船として大連〜愛媛の定期便として運航していました。その主要品目の一つとして、杉丸太や電柱材などの材木に期待が高まっていたようです。宍甘は満州・朝鮮の実状に詳しいことで、現地へ出向いて事業視察まで行っています。宍甘（明治二十一年生まれ）と八木家との関係は少年時代にまでさかのぼるようですが、それを頼ってか大正時代後期の戦後不況のさなか、同家の人脈で求職活動をしています。しかしなかなか決まらないことで、これを見かねた亀三郎が大正十四（一九二五）年六月頃に月給二五円で雇うことになったというものです。その時に千菊の英語学習の助手をし、八木邸で亀三郎の話し合い相手になることも多かったようです。その宍甘が昭和八年六月二十五日付で亀三郎へ宛てた視察報告書には、有望な事業として金鉱・石炭・硫化鉄鉱・製塩などをあげています。これに基づいて、亀三郎は金鉱を選択することになるのですが、八木本店旧蔵資料に残された金鉱事業に関する資料は、宍甘が亀三郎へ宛てた書簡を中心に三〇点余りを確認することができ、期間は昭和八年六月から同十二年六月頃にかけての四年間（一九三三〜一九三七）にわたります。中でも、事業立ち上げの昭和九（一九三四）年が最も多く、これは「外川《がいせん》金山事務所」設立に関係したものです。鉱業権取得に関係して、實通の実印証明書も残っていて、亀三郎は實通に対して事業を残してやりたいという思いがあったのかも知れません。

　朝鮮の外川金山事業についての詳細は後述するとして、河野（明治十四年生まれ）が昭和九年度に手がけようとした陸上缶詰工場は、北洋漁業の経験を活かし、水産事業への関りを波止浜からそう遠くない温泉郡三津浜（現、松山市）で続けようとした意図が読み取れます。

　三津浜は、かつて波止浜と並ぶ松山藩有数の港町でしたが、近代の築港整備では隣接する新浜村の高浜港に遅れをとっていました。明治三十九（一九〇六）年に高浜港が開港し、伊予鉄高浜駅と港が一体化することで、三津浜港の旅客・貨物の取引量は漸次奪われていきます。これに対抗すべく、大正五年から同十二（一九一六〜二三）年にかけて町主導で築港整備事業を進め、国鉄三津浜駅の誘致で離れ業の迂回路を誕生させるなど、巻き返しを図ることになります。昭和初期には、石崎汽船や山谷運送店の洋風社屋が港町の景観に栄え、（注3）周辺には銀行五店舗が出店するなど、海運業者と卸商人で賑わうまちへと再生を見せ始め、機帆船の寄港に対応するため昭和六年からは内港・外港の拡張工事が始まっていました。昭和八（一九三三）年当時、人口一万七〇〇〇人余りを抱える三津浜町にとって、遂行中の港湾整備は〝百

「三津浜の町並み」（昭和10年代、絵葉書より）

年の大計〟ともいえる町民の悲願でもありました。

その状況をよく心得ていたのが河野で、彼はもともと今治商業銀行の三津浜支店長でした。今商三津浜支店の由来は、大正九（一九二〇）年一月に今商松山支店が三津浜出張所を設置したことにありました。預金や融資の取引量が多いことで一年後に支店へ昇格となり、その初代支店長に河野が就くことになったのです。その当時から、三津浜の地場産業は広大な魚市場を背景に、練物・缶詰などの水産加工が盛んでした。魚市場に近い御幸町では、ちょうど海岸の埋立工事が始まり、新たな防波堤も築いて大型汽船を接岸可能とする外港拡張計画がありました。そこへ新たな土地を取得して、缶詰工場を建設しようと河野は考えたのです。

八木本店旧蔵資料には、この三津浜八木缶詰工場に関係する資料が一六点確認でき、その多くは昭和九年四月から六月にかけての工場用地取得に向けた交渉過程のものとなります。残された資料からは、河野が石丸通（八木本店本社）や池山光蔵（沖取産業函館出張所）らと連絡を取りながら、三津浜の〝松田氏〟を通じて町当局と交渉を図っていったことが分かります。河野は同様の書簡を亀三郎・實通へも送り、進捗が分かるよう努めています。その際、實通へは必ず健康状態を心配する挨拶言葉が記され、当時の實通の病状が思わしくないことが伝わってきます。現地交渉人の松田氏は、下の名前は記されませんが、河野とは旧知の間柄と思われます。昭和九（一九三四）年四月十四日に池山が河野に宛てた書簡には、「三津浜土地に関する件」として池山の回答・指示が記されています。予定第四の土地総坪数二九三坪七合五勺を全部買収し、以下の八つの条件を松田氏と相談のうえ、町との交渉をお願いして欲しいというものでした。「①坪当り金一六円にて買取り希望、②一六円は希望で、万一かなわない場合は一八円まで譲歩、③土地前面の新埋立地約一四〇坪を坪当り金一〇円にて売渡し契約を取り付けて欲しい（これは第四の土地が三〇〇坪弱で狭隘《きょうあい》なため、御幸町の道路を距《へだ》ててその前面に将来倉庫を二棟建設したい）、④本業の期間は主として渇水期に属し、万一将来用水量に制限を加われば事業に支障をきたす恐れがあるため、いかなる場合においても豊富な水量を使用できるよう、了解を取り付けること、⑤水道料金は一般料金の半額以下にしてもらうこと、⑥本業に対して十分の理解をもって、直接・間接に援助を得たいこと、⑦本業の製産品は、空缶・原料・工賃の結晶にして、極めて零細な利益を計上し、外国為替の変動によって欠損を招くこともあるため、税金の負担額を調査し、これに対する町の将来の方針を聴き取りすること、⑧各種出費があると思うが、松田氏には世話料として二〇〇円位を差し上げることにしたい」と。

この書簡を受け取ると、河野は早急に松田氏に相談し、四月十九日に回答を池山へ送っています。例えば③については、埋立地は県の管轄となるため契約困難な恐れがあり、松田氏は高価にはなるが代替地として後方の栄町の土地を勧めているとし、④については渇水時に地下水で補うことが可能で、⑤は満州・米国方面への輸出を手がける内海食料合資会社（桂要人代表）ら同業者のデータを参照するなどしています。

四月十九日の回答では、三津浜町長が病気で引きこもって町当局の真意を確かめることができないことを嘆いていますが、松田氏の尽力で四月二十二日に町長との面会がかないます。町長は、その年に就任したばかりの山谷市松町長で、三津浜を代表する海運会社・山谷運送の創業者でもありました。市松は過去に、三津浜の大築港計画の政争に巻き込まれ、恐喝罪で投獄された経験をもち、港湾整備にかける思いは人一倍強いものがありました。三津浜は立憲政友会の地盤で、この点は亀三郎にとって有利に働きます。市松は、八木本店側が心配する各種問題に対して〝何人も異議なく皆歓迎している〟と同席する横田助役・加藤吏員・松田氏・河野を前に力説し、〝二十六日開催の町会で世論を統一し必ずご希望に応えたい〟との誓約が得られました。坪当り金一六円の希望も、一五円以下にて町会にはかる段取りとなり、御幸町の前面新埋立地一四〇坪も、時期が来れば優先的に八木本店へ分譲したいとのことでした。こうして用地確保の目途がたつと、工場の建坪・配置・設備などの検討に移りますが、河野が現地で町技手《ぎしゅ》立ち合いのもと実測調査をしたところ、工場用地は間口二五間・奥行一二間三〇〇坪に決まり、五月十四日には石丸から池山へ略図を送り、建物建設に向けた具体的指示を仰いでいます。同じ頃、池山は北千島柏原湾の八木缶詰工場の建設指揮もとっています。工場法における必要条件など、その方面に社内で最も詳しいのが池山でした。

これが五月三十日に實通に宛てた書簡によると、工場用地を変更する案が浮上し、これに対する本社の反応は価格五〇〇〇円ですぐに譲渡されるものなら構わないということでした。御幸町と新埋立地にまたがっていた四四〇坪を、埋立地一区画五四〇坪に交換するというもので、間口は三〇間・奥行き一八間に広がり三方が道路に面して物資の搬出入にも便利でした。心配なのは西風と脆弱な地盤でしたが、当初の用地でも岸壁に打ち付けた波しぶきをかぶる量は大差なく、新しい埋立地は旧来に比べて強固に引き締まっているから大丈夫とのことでした。町としても、八木本店がそれを希望するなら県当局へその部分だけを急ぎ払い下げできるよう働きかけてもいいとのことで、松田氏と町産業調査委員・村山徳太郎との策動が功を奏したことになります。

工事の作業は秋から着手したいとのことで、この工事請負は地元で土木請負業を営む関谷勝利の手に委ねられます。三一歳の関谷は、昭和九年一月に三津浜町会議員に就任したばかりで、八木本店の三津浜進出は地元の経済効果にも寄与することになったようです。缶詰工場の稼働を示す資料は八木本店旧蔵資料には見当たらず、ただ〝三津浜商界の偉傑〟として関谷が紹介された昭和十年九月十一日付の海南新聞記事に、関谷の最近の主な請負実績として三津浜港湾整備・善通寺山砲隊兵器庫とともに三津浜町海岸の〝八木罐詰《かんづめ》工場〟が見られます。建設を急ぎ、渇水期を心配したことを考えると、工場は遅くとも昭和十年夏には稼働したものと思われます。(注4)

（注1）八木本店旧蔵資料に「昭和六年度　店員支給額」と題された資料があり、店員七名の氏名・給料月額・朝鮮手当・盆手当・年末賞与・支給合計・正味月収入・昇給額・摘要の項目欄が記される。記された店員は宍甘・石丸・塩崎・林・河野・高岡・矢野の七名で、支給額（正味月収）が多いのは矢野克太郎（四〇〇円）・石丸通（二六二円五〇銭）・宍甘平蔵（二四二円五〇銭）・河野岩男（一三六円）の順番で、彼らは昭和八年の債務整理後も、八木本店の新規事業に関係し、業務報告の書簡に名前を確認することができる。矢野・石丸は東京の本店勤務、河野と宍甘は波止浜勤務だが、宍甘は八年度から朝鮮勤務が増えていくことになる。生年は、矢野（明治二十三年）・石丸（明治二十二年）・宍甘（明治二十一年）・河野（明治十四年）で、彼らは八木本店旧蔵資料の「株主印鑑」（株主貳拾名）と記された封筒の中に、八木一族・三浦玄三・池山光蔵・八木明らとともに印鑑登録証（生年月日記載）を確認することができる。

（注2）八木本店旧蔵資料に『八木営林部　昭和拾弐年度金銭出納簿』が残されることから、八木本店が昭和十二年度まで上浮穴郡の山林経営を行っていたことが分かる。

（注3）石崎汽船と山谷運送では、大正十二年に完了する築港整備に合わせて、翌十三年に新港近くへ社屋を新築している。石崎汽船社屋（登録有形文化財）は木子七郎設計による鉄筋コンクリート造二階建（一部三階）、山谷運送店は外観を洋風にあしらった木造二階建で、両店舗が通りを隔てて向かい合っていた。石崎汽船の社主・石崎家は、松山藩の廻船御用商人をルーツとし、当時は汽船相生丸を中心に芸予航路で気を吐く旅客船会社であった。この本家筋の石崎

家も海運業に従事していたが、石崎金久のときに造船業に転進し（三津港山に合資会社石崎船渠創業）、波止浜財界に乞われて大正十二年に波止浜船渠の社長に就任している。山谷運送は明治二十八年に広島から三津浜へ移住した山谷市松が創業した海運会社で、三井物産と特約を結び、小野田セメント・石炭その他海運業務用品の販売経営も行っていた。

（注４）八木本店の『第一六期営業報告書』（昭和九年一月一日〜同年十二月三十一日）には、昭和九年五月二十日開催の臨時株主総会で定款の一部が改正され、事業内容に〝各種缶詰製造業及び販売業並びに受託経営〟が追加されることに決まった（六月六日変更登記）。これは北千島・三津浜のどちらにも適合するものといえる。また、「財産目録」土地建物の摘要欄に〝三津浜町／一万七二四三円七七銭〟と記される。

④朝鮮金鉱開発への挑戦

河野岩男が三津浜工場の交渉で最終調整を図っているころ、宍甘の方は昭和九（一九三四）年四月四日に京城《けいじょう》（現、ソウル）へ到着後、鉱業権の手続きや買収交渉など、鉱山と役所を往来し、その都度進捗を宿所から東京本社へ電報や航空便などで報告していました。宍甘は亀三郎への敬称を、書簡の中では〝老公〟や〝大旦那様〟と記し、實通へは〝若主人様〟と記していました。外川金山の買収手続きを終えるのが五月二十八日のことでしたが、途中経過が〝若主人様〟である實通のもとへ届いていないことで、方向性が定まりつつあった六月下旬に〝大旦那様〟である亀三郎から強い叱責を受けたようです。宍甘としては、實通が入院中のため、療養に専念して欲しいとする配慮から、事案によっては亀三郎と石丸への報告や確認でいいと思っていたようです。ところが実際は、亀三郎と實通との意思疎通が十分ではなく、實通へ伝わっていない案件もあったようです。弁明を記した宍甘の書簡（七月七日付）からは、亀三郎から満朝事業を託されたことへの自負と、少年時代からの八木家への恩顧に報いようとする必死さが伝わってきます。しかし、その報告書が東京に着く頃には、實通は新規事業に未練を残しながらこの世を去ることになります。

宍甘が九年六月十九日に宛てた書簡には、当面は外川金山の採鉱に全力を投入し、その余力で慈山金山を手がけ、亀城金山は保留という方針が示されていました。八木本店が事業化する金山は、鉱物資源が豊富な朝鮮半島にあっては中小鉱山の部類に属し、現地では採鉱と選鉱だけを行って、大手の製錬所へ売鉱する方法をとっていました。外川金山の場所は、朝鮮半島中部よりやや南の忠清北道《ちゅうせいほくどう》清州《せいしゅう》郡にあって、その道庁にあたる現在の韓国清州《チョンジュ》市は、ソウル特別市（当時の呼称は京城《けいじょう》府）から約一三〇

「外川鉱山の現況を伝える写真」（昭和９年４月頃撮影）

キロメートル離れた山間の地でした。朝鮮半島北西部の平安南道順川《じゅんせん》（現、北朝鮮の順川市《スンチョン》）の慈山と平安北道中央部の亀城《きじょう》（現、北朝鮮の亀城市《クソン》）もまた、内陸部の山間にありました。外川金山については、もともと鉱区内には本鐇《ひ》・大正鐇・栄盛鐇と呼ばれる三つの鉱脈があり、水準以上は過去一〇年間にわたって採掘済みで、大正五（一九一六）年にいったん休山となっていました。以後、本鐇と大正鐇の一部については、水準以下を少し掘下げた形跡もあるものの、本格的な採掘にはいたっておらず、機械力を駆使してさらに掘下げれば深部で有望な鉱脈にいたる可能性がありました。鉱石に占める金含有を示す重量比率（品位）が、中央の本鐇では平均万分の二以上が期待でき、過去に万分の八・三を記録したこともあったようです。大正鐇と栄盛鐇は平均万分の一でそれ以下はなく、一か月の売鉱三〇トンで万分の二ならば一万三二〇〇円、万分の一・五で九九〇〇円、万分の一で六六〇〇円の収入が得られるとのことでした。品位が万分の二であれば増収が期待でき、万

「外川鉱山の現況を伝える写真」（昭和９年４月頃撮影）

分の一を最低ラインとしても採算に合う優良鉱山でした。
この鉱山を西崎鶴太郎が手放した背景には、今後の設備投資に費用がかかることと病気のための帰国（事業撤退）があり、朝鮮に残した財産を整理中のところ、宍甘がこの情報を探り当てたのです。宍甘は、その前所有者のもとで採鉱にかかわった小森銀次郎と帯刀大吉から情報収集し、八木本店では同鉱山を熟知する彼らを採用することになります。その復興起業費にはたちまち八二〇〇〇円が必要で、六月末までに電力を引き込み、巻揚機など機械類を注文するため、宍甘は本社へ五〇〇〇〇円の送金を要望しています。そして七月六日にこれを受け取ると、返電で「外川鉱山だけで本年度は一万二〇〇〇〇円が必要になりそうで、当初の目論見より高くなったのは、積極的に採掘し、来年上半期に全投資を償却し、下半期に三万から五万円への純利益をあげんがため」と自信をのぞかせています。（注1）
こうして、外川金山は昭和九年秋ごろから稼働に入ったと思われ、翌十（一九三五）年二月・三月に宍甘が亀三郎へ宛てた報告書からは、亀城の試掘や新たに三鉱区の許可申請を出願するなど、外川鉱山が軌道に乗り、その余力で他鉱山への触手をのばす様子が伝わってきます。しかし、八木本店旧蔵資料の中には、昭和十年の足どりはそれら二か月に限定したもの六点しか見当たりません。翌十一（一九三六）年もわずか二点で、五月には現地事務所名が外川鉱山事務所から外川鉱業所に変わっています。十月九日に宍甘が亀三郎に宛てた報告書には、外川金山への投資額が「十年末は一六万二〇〇〇円」「十一年上半期は設備・事業費五万二〇〇〇円、旭坑・陽往院探鉱費一万円」の合計二二万二二〇〇〇円とあり、このうち二万七〇〇〇円は下期に回収できるため、十一年末は差引純投資一九万五二〇〇円になるだろうとのことでした。ここで記された〝旭坑〟が、翌十二年に八木本店が積極的に採鉱を試みることになる鉱脈でした。

昭和十二（一九三七）年三月一日に宍甘が亀三郎へ宛てた報告書には、採鉱から三年近くを経た外川金山に対して、さらなる活力をもたらすべく製錬所建設に向けた承認を求めています。坑外に搬出した砕《ずり》（低品位の岩石や粘土）の捨て置場が狭隘となっており、これを粉砕するための搗鉱《とうこう》所の建設も必要とのことで、土地の買収・借地や機械の見積り額を提示しています。建築資材の高騰で何度も検討を重ねたようで、代用品や業者選定で削れる部分、優先順位で後に回す部分など、報告書全体にわたって苦労が見てとれます。例えば、金を採取する青化アルカリ希薄溶液を使った採取青化製錬所の建設は、搗鉱滓《さい》が貯まる数か月後でも良いとしています。旭坑の開削も、当初は古軌条《きじょう》で竪坑《たてこう》を組み立て、これをコンクリートで覆う防水工事を計画していましたが、鉄資材高騰で古軌条の入手が困難となり、工作費も安くないことから橋脚式への見直しを図りたいとのことでした。

「外川鉱山旭竪坑の開発状況」（昭和12年４月撮影）

昭和十二（一九三七）年五月二日に宛てられた報告書は、宍甘に代わって石丸庄作が記したものです。庄作は外川鉱山事務所開設当初にはいなかった所員で、旭坑竪坑（坑口内径約三メートル）の開削《かいさく》状況を正確に伝えようと写真と略図が添付されています。防水壁（厚さ約二四センチメートル）は鉄筋コンクリートが採用されていて、五月一日現在の進捗は地表から三二尺（約九・七メートル）までが完成していて、そこから五尺（約一・五メートル）を掘り下げる作業を行っている最中でした。下底の防水工事に苦慮していて、通常なら湧水に対する排水を七・五馬力のポンプで済むところが、一〇馬力ポンプを使用するなど、想定外の水量に悩まされています。請負人夫を使用していては不経済なので、鉱業所職員で対応することになったようです。さらに掘り下げる中で危険箇所を伴うも、岩盤に当たればコンクリート作業が容易となるため、作業に引き続き励みたいとしています。六月四日に宛てられた報告書も、宍甘が京城へ出張中のため庄作が作成しています。冒頭の挨拶文では亀三郎の健康を気遣いながらも、自身の妻の病気に対して亀三郎が何らかの心配りをしたようで、その厚情に対する感謝の気持ちを記し、にもかかわらず、成果をあげられない自身に対して〝旭坑の件、次々御心配相掛け面目次第も御座無候〟と詫びています。掘り下げ工事はさらに進捗し、この時点で五一尺（約一五・四メートル）にまで達していました。減水するも、相変わらず軟岩のため増水の心配があり、鉱床に行き着く樋押《ひおし》探鉱までにはさらに約三〇尺（約九メートル）の掘り下げが必要とのことでした。これまでの作業経過からすると、一昼夜で一尺五寸前後（約四五センチメートル）の掘り下げとなり、当初の予定よりも日数が遅れ、経費が嵩《かさ》む点を陳謝しています。ただ、現時点で本脈でないにもかかわらずサンプルを分析したところ、七五《ななご》グラム（万分の七・五の意か）という高品位を確認するにいたったと明るい展望も記され、本日建物（搗鉱所か）が完成し、五日から機械類の据え付け開始を行うとあります。

これら石丸庄作による二通の報告書以後、八木本店旧蔵資料には金鉱開発に関係する資料は残されておりません。しかし、事業意欲を物語るように、樺太西海岸に位置する好盛炭鉱の採掘にも触手をのばし、昭和十二年一月十八日付で名好《なよし》郡名好村大字名好の官有地山林一〇〇万坪に対して試掘許可の申請手続きを行っています。（注2） 朝鮮の金鉱開発は、その後もしばらく事業は続けられたものと思われますが、間もなくして同年七月七日に起きた盧溝橋事件を皮切り日中戦争が始まり、世の中は戦時体制下の色に染まっていきます。事業継続が困難となる中、亀三郎は病魔に侵されていき、實通や房廼のもとへと旅立つ日が近づいていました。

（注1）後日、本社へ送られた予算計画書によれば、営業支出は一か月二〇七四円一〇銭を見込み、採鉱費一四一六円二〇銭、選鉱費一三三円（手選工賃）、包装費五八円五〇銭、庶費二六〇円（会計主任一人、鮮人監督二人）、運搬費二〇六円四〇銭（山元～芙江、芙江～鎮南浦）であった。採鉱費は一か月精鉱三〇トンとして、坑夫工賃七六〇人（一工一日粗鉱量五〇キログラム）・雑夫工賃二八〇人・爆薬費三〇四発（ダイナマイト）というもので、復興起業予算四二五〇円の中には、設備投資として巻揚機・ワイヤー・坑口装備・軌条（レール）・斜坑改修・工具類などをあげている。電力の引き込みも、隣接する鉱山経営者らと共同で電力会社へ申し込めば、設置費用が安くなるなど、少しでも費用を切り詰め、早期着手で実利をあげようとする宍甘の姿勢が読み取れる。

（注2）この石炭採掘に対して、八木本店旧蔵資料には『好盛炭鉱計画書』と記された綴りと、昭和十二年に矢野克太郎が作成したと思われる「念証」が残されている。この頃、亀三郎は克太郎名義で不動産取得を行っており、樺太の石炭試掘出願権の実際は、亀三郎が十分の七、残りの十分の三を三浦玄三と山口多市が所有する共同権利であった。他にも昭和十一年八月に東京世田谷区玉川の畑・宅地、同年十一月に横浜市鶴見区の畑を克太郎名義で購入している。世田

谷区の用地買収の原資は検討の余地があるが、次節⑤の第三回「尼港事変損害救恤金」の下賜のタイミングと近接している。

⑤ 新規事業の中で続いた債務整理

昭和十一（一九三六）年の八木本店の動向は、八木本店旧蔵資料に残された資料の少なさもあって、つかみづらい状況です。ただ、三津浜の八木缶詰工場と朝鮮の外川金山の経営は続いており、後継者を失った亀三郎は代表職にあって弱音を吐くわけにもいきませんでした。

その頃、千菊と楢原良一郎との間には、良正（長男）・良行（次男）・良康（三男）・常栄《つねよし》（四男）という四人の男児が誕生し、亀三郎夫妻にとっては孫たちとの交流が實通を失った悲しみからの癒しとなっていました。千菊が夫妻の養女となっていたため、実際はひ孫でも法的には孫となる良正や良行らから届く〝おじいさま〟〝おばあさま〟宛ての便りがとても嬉しく感じられたのです。やがて孫たちは、良一郎同様に学習院に通うことになります。同級生には、皇族関係者や企業重役の子弟らがいました。

周囲は次第に、實通に代わる後継者を模索するようになり、昭和十年十月末に三浦玄三が亀三郎へ宛てた書簡の中で、次男良行（昭和六年六月生まれ）を亀三郎家相続人とすることが話題にあがっています。また、亀三郎は矢野通保の六男・嘉六を養子に考えた時期もありました。

そんな亀三郎が、実業家として〝藁《わら》をもすがる思い〟で事業資金を得ようと試みたのが「尼港事変損害救済申請」に関する政府への陳情書でした。この尼港事変（尼港事件ともいう）は、第三章⑤でも前述した通り、シベリア出兵中にニコライエフスクで起きたソビエト・パルチザン勢力と日本軍との紛争事件をいいます。大正九（一九二〇）年五月の戦闘で、日本軍の駐留するニコライエフスク市街がパルチザンによって攻撃・焼き打ちされ、四〇〇名近い日本軍兵士・日本居留民が殺害されています。これによって、八木本店が現地に有する施設も大きな被害を受けていました。その遺族救済団体窓口のリーダー役が盟友の島田元太郎で、彼もまた、再起を狙って「勘察加油田に関する陳情書」（昭和八年六月）を政府へ提出するなど、亀三郎への借金返済を絶えず気に留めていました。このため、何か進展がある度に亀三郎へ情報を寄せてきています。ただ八木本店重役陣の中では、もはや元太郎は再起不能という認識があり、双方にとって尼港事変損害補償にすがるのが現実的な選択肢だったのかも知れません。その陳情書を要約すると以下の通りとなり、ニコライエフスクへ進出してから北洋漁業撤退にいたるまでの苦難の道のりが綴られていました。

尼港事変損害救済申請に関する陳情書

昭和十一年一月十七日

八木亀三郎

外務省尼港事変救済審査会　御中

私は明治二十六（一八九三）年より大正八（一九一九）年にいたる二七年間継続して、尼港方面において国家的事業とでもいうべき漁業を自営で行いました。しかし不幸にも、大正九（一九二〇）年三月の尼港事変に遭遇し、永年の地盤漁業はもちろん残留財産・委託商品などすべてを略奪・焼失し、多大の損害を被りました。

大正九年夏、日本軍の保障占領後は北樺太西海岸タムラオ第三号・第四号の漁場、漁具・付属建物など一切を前租借者サハリン漁業組合より譲り受け、多額の資本を投じて漁業に従事しました。ところが大正十四（一九二五）年、日本軍の撤兵と同時にソビエト政府が日本人の漁業を禁止ししたため、その漁場も放棄する事態となり、さらに多大の損害を被りました。

そうした中、大正十一（一九二二）年に尼港事変による救恤金《きゅうじゅつきん》ご下付の際は、他の事業を営み生活に支障がなかったため、申請書の提出は見送ることにしました。大正十五（一九二六）年の第二回救恤金ご下付の際も、前回と同じ理由で申請を辞退しようと思いましたが、大会社である日魯漁業会社・三井物産会社・日露実業会社らが申請したと聞き及び、小生のみが遠慮するのもどうかと思い、申請書を提出して恩典を受けたしだいです。

大正七（一九一八）年の寺内内閣当時、極東緩衝国樹立の見通しがついたとして、国策上の見地から同地方における事業継承や可及的発展に期待が膨らみました。政府は積極的援助を与える旨を島田元太郎氏にご内命し、これを聞き及んだ小生はその国家的事業の決行に共鳴して、島田氏の事業計画を援助するため尼港事変前後にわたって約三〇万円の投資を行いました。しかし、大正九年三月の尼港事変によって島田商会は全滅し、事変後の投資は日本軍のシベリア撤兵と同時に政権か過激派の手に渡りました。その結果、極東共和政府は自然解消し、個人事業は禁止に追い込まれ、事変後に復興した島田商会の事業・財産は不当なる苛税《かぜい》と没収などにあって再び全滅の状態となりました。このため小生の投資金はすべて回収不能に陥り、大きな損害を被りました。

その後、昭和二（一九二七）年二月の財界恐慌の際、今治商業銀行が取り付け騒ぎにあって一時休業する事態に陥りました。小生は同行頭取としての責任から、所有の動産・不動産など全財産はもちろん家族の預金にいたるまで提供して、日本銀行からの融資の取り付けを実現させました。同年八月から同行は営業再開し、預金者には一切の損害を与えることなく、頭取の職務を全うしたしだいです。

これより先、実子の實通は株式会社八木本店を経営し、不安なソビエト政府領地内の漁業を中止して、大型汽船による蟹工船に挑戦します。カムチャッカ西海岸に出漁して企業価値を確認すると、さらなる事業の拡張を図りました。このことはすぐ話題となり、蟹工船を有望とみた企業者が続出して、十数隻が同海域へ出漁する事態となりました。これを見た政府当局は、統制上の目的で企業合同を強要し、紆余曲折をへて昭和工船漁業株式会社が創立され、事業をこれに合併することになりました。さらに後、蟹工船時代の経験に鑑み、昭和六（一九三一）年に大型汽船を仕立てカムチャッカ沖公海において母船式鮭鱒漁業に着業し、大きな犠牲を払って沖取漁業の礎を築きました。しかし、この間に浜口内閣の金輸出解禁に遭い、為替換算率の影響で輸出販売価格に一大異変が起き、多大の損失を被りました。そのために、昭和工船漁業株式会社と八木本店直営の沖取工船の事業経営に失敗（蹉跌《さてつ》）し、昭和工船漁業会社は解散に追い込まれます。八木本店については、事業成功の見通しがあるにもかかわらず、債権者団体の手によって事業継続が図られているしだいです。その結果、永年の奮闘も何ら報われるところがない状態です。

以上のように、すべての事業に失敗して全財産を失い、唯一の頼みの綱であった実子實通までも去る昭和九（一九三四）年七月十五日に急病のため、五〇歳の若さで失ってしまいました。小生は今、七〇有余歳の老齢で淋しい老後生活を送っています。今後活動すべき資金はなく、生活も困窮状態にあります。どうかこの状況にご同情いただき、何分のご詮議を賜りたく、お願い申し上げるしだいです。

恐々謹言

この文面は、とても亀三郎本人の意思で作成したとは思えず、元太郎ら周囲の勧めでこのようになったものと思われます。亀三郎はこの時点で決して全財産を失ってはおらず、保有する株式や不動産収入などで生活に困ることはなかったはずです。何より新規事業を手がけるだけの余裕があり、親戚からは学業資金や事業資金の依頼をせがまれるほどでした。(注1)この救恤金がいくら亀三郎のもとへ入ったのかは分かりませんが、昭和十一年九月二十八日に元太郎が朝鮮銀行総裁・加藤敬三郎に宛てた書簡では、政府からの下賜があったようです。(注2)元太郎は、大口債務者である同行に対し、今回下賜された一五万九九二〇円を全額同行に払ってしまっては、他の債権者の返済が滞るとし、残額九万八六三二円六六銭のうち利息金二万四七二三円七五銭を免除し、元金七万三九〇八円九一銭の三割五分（二万五八六八円一一銭）をもって減額打ち切りを要望しています。元太郎が抱える全債務額は約三〇〇万円に及び、今回の下賜は〝九牛の一毛〟に過ぎず、そのほか大口債権者の中には亀三郎もいました。これまで前後三回にわたる救恤金を着実に支払ってきたことと、自身が被害者遺族の救済に先頭にたって積極的に取り組んできたことへの同情をうながしたのです。これに対する銀行側の反応は、受け取った二万五八六八円一一銭を貸金残額七万三九〇八円九一銭の内入金とし、貸金残額四万八〇四〇円八〇銭と昭和五年一月一日以降から本日までの延滞利息金二万五一四〇円七一銭は免除するという寛大な措置をとりました。今回が最後の救恤金支給となるため、もはや元太郎からの取り立ては不可能でした。元太郎が下賜金の一部を亀三郎へ支払ったかどうかは分かりませんが、元太郎の債務免除にともない、連帯保証人の足かせが外れることになります。(注3)

一方、八木本店と亀三郎にとっての大口債務の銀行は、自身が長く頭取を務めた今治商業銀行でした。その債務解消・減額に向けた転機がその翌年にやってきます。日銀特別融通の償還期限が昭和十二(一九三七)年五月で終了し、亀三郎・矢野通保・八木春樹ら三名の旧重役陣は、今商(矢野透頭取・丹下辰世専務)との間で債務処理ついて協議することになりました。(注4)この大切な交渉に、八木本店では病気を患う亀三郎の代理人として、八木通重・矢野克太郎の両名が立ち会っています。開催場所は、今商本店や今治市街を避けて八木亀三郎邸(波止浜)が選ばれ、昭和十二年十月二十八日午後一時に八木春樹、矢野通保、今商の矢野頭取・丹下専務が参集します。協議の行方は、旧重役陣の懇請に対し、今商側が大いに譲歩するものとなります。その結果、①連帯責任を解除し、すべて個人責任とすること②岡田・長島両氏の負担金を解消すること　③昭和十二年下半期以降は一切無利息として元本の支払いを迅速ならしむること　④債務は担保物件を有利に処分のうえ順次支払いに努むることという四つの取り決めがなされます。

①については、そもそも旧重役責任云々に関する記録が今商側には残っていないので、各個責任で取り扱って欲しいというものでした。担保物件を最も多く提供していた矢野通保は、自身の負担債務を完

遂すれば、他の重役勘定に関係なく担保物件が返済されることになりました。②については、岡田・長島両名の債務返済を旧重役陣らで分担しあうことになっていましたが、各個の窮状に配慮し、すでに一部の払い込みが見られることから解除に応じることになります。今商は今春の日銀利下げの一部をそれに振り当て、すでに償却を実行しつつあり、今後も長期にわたって順次償却していくとのことでした。③については、一般債務者に対する影響も考えれば、旧重役陣だけを特別扱いするのは難しいとし、今商はそれぞれの経営環境に合わせた協定を要望します。ただ、近い将来において、日銀へ請願すべき救済案件ならびの三宅川氏の側面運動などの解決を待って、順次緩和の方法をとりたいとのことでした（この三宅川氏は三菱商事会長と思われる）。

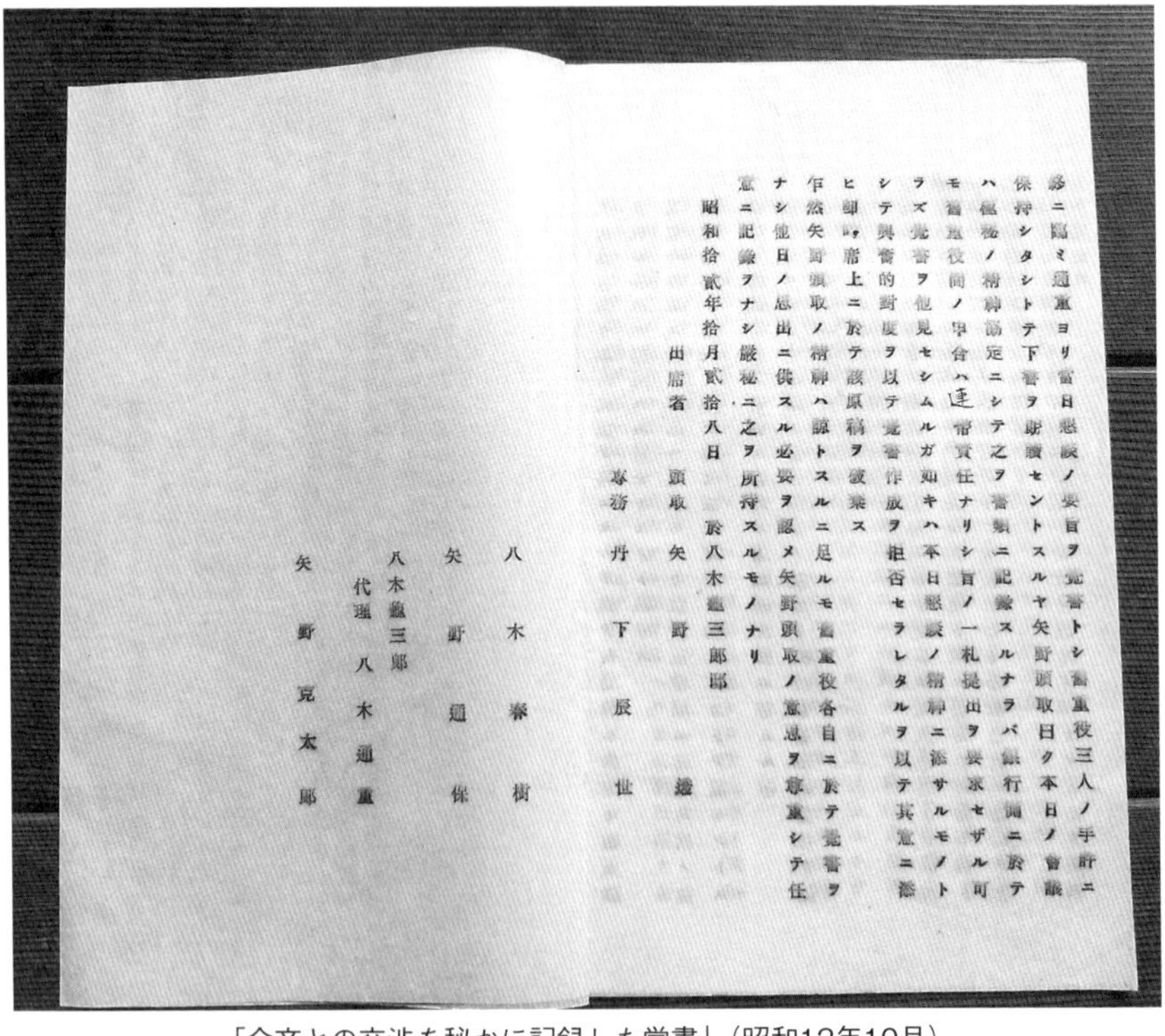
務ニ臨ミ旧重ヨリ當日懇談ノ要旨ヲ覚書トシ旧重役三人ノ手許ニ
保持シタシトテ下書ヲ朗読セントスルヤ矢野頭取曰ク本日ノ會議
ハ極秘ノ精神協定ニシテ之ヲ書類ニ記録スルナラバ銀行側ニ於テ
モ旧重役間ノ申合ハ連帯責任ナリシ旨ノ一札提出ヲ要求セザル可
ラズ覚書ヲ他見セシムルガ如キハ本日懇談ノ精神ニ添サルモノト
シテ興奮的態度ヲ以テ覚書作成ヲ拒否セラレタルヲ以テ其意ニ添
ヒ卸ニ席上ニ於テ該原稿ヲ破棄ス
乍然矢野頭取ノ精神ハ諒トスルニ足ルモ旧重役各自ニ於テ覚書ヲ
ナシ他日ノ思出ニ供スル必要ヲ認メ矢野頭取ノ意思ヲ尊重シテ任
意ニ記録ヲナシ厳秘ニ之ヲ所持スルモノナリ
昭和拾貳年拾月貳拾八日　於八木龜三郎邸
出席者　頭取　矢野　[illegible]
専務　丹下　辰世
八木春樹
矢野通保
八木龜三郎　代理　八木通重
矢野克太郎

「今商との交渉を秘かに記録した覚書」（昭和12年10月）

④については、銀行側の要望として、迅速に担保物件の処分を決行し、整理の実行を促進して欲しいとのことで、旧重役陣はこれを快諾しています。
以上が、旧重役陣と今商との協議内容となりますが、協定書が交わされることはなく、その場〝口頭による〟紳士協定の取扱いとなります。人目につきにくい亀三郎邸を選んだのはそのためで、これを正式協定として今商役員会の審議に諮れば、ハチの巣をつついたような大騒ぎになるのが目に見えていました。このため、協議の決定事項を「覚書」にしようと、通重がその場でメモの朗読を試みましたが、矢野頭取から原稿の破棄を求められたのです。結局、矢野頭取の意思を尊重しつつ、通重の判断で極秘に「覚書」は作成され、八木本店で所持することになりました。つまり今商側には、当日の協議内容の資料は一切残らず、矢野頭取・丹下専務が墓場まで持っていく重要案件となったのです。同行はその後、昭和十六（一九四一）年九月に県内の松山五十二銀行・豫州銀行と合併して伊予合同銀行（現、伊予銀行）となり、今商の色は薄まっていきます。そして、太平洋戦争末期の今治空襲で同行今治支店が焼失すると、しだいに昭和二（一九二七）年にあった今商休業騒動さえもが人々の記憶から消え去っていくのでした。

（注1）八木本店旧蔵資料には、八木安一郎（八木常吉次男）が南洋拓殖株式会社を創業するにあたり、事業資金七〇〇円の借用を昭和十年三月二十五日に願い出た書簡が残っていて、これに対する領収書も残されている。七〇〇円は、当時としては決して安い金額ではない。また、八木實通の未亡人・松枝が、昭和十年三月二十五日に軽井沢郵便局から電話番号（一五六番）加入権を取得しているが、これは軽井沢に別荘をもっていたことを示すものだろうか。八木良雄・七重夫妻は、昭和十二年二月一日に風水害見舞金の礼状を亀三郎へ宛てている。そこには、子供の学業資金のお願い

まで付記される頼られようだ。安一郎や良雄は、八木友蔵の養子であった常吉の家系で、本来なら升八木本家を継承したはずだが、亀三郎の活躍で本家と分家の立場がいつの間にか逆転しているかの印象を受ける。これより時期は遡るが、亀三郎の母親の実家・村地家からの借用書・受領書も残されている。そのまま残されることから、返済されることはなかったのだろう。昭和十二年十二月には、陸軍恤兵部から慰問袋一三五個の寄付に対する感謝状が、海軍大臣からは海軍将兵慰問の恤兵品寄付に対する感謝状がそれぞれ届き、とても生活資金に困った様子は感じられない。

（注2）救恤金下賜に向けた政府の動向について、元太郎が昭和十一（一九三六）年三月二十八日に亀三郎へ書簡を宛てている。そこには、二・二六事件で政局が混乱するも、六月下旬頃には下賜を受けることになるだろうと亀三郎を安心させている。同年十一月二十八日、「尼港殉職者遺族及び被害者救済請願事務所」総代である元太郎は、関係者に対して〝三回目の救恤金が得られた喜び〟と、同月二十二日に築地本願寺にて営まれた「尼港事変殉職者第一七回忌法要」を機に、同日限りでの事務所の閉鎖を書簡で伝えている。

（注3）八木本店旧蔵資料の中に、島田元太郎が朝鮮銀行とやりとりした文書（写し）が残る背景には、亀三郎が元太郎の連帯保証人で、また元太郎の債務者でもあったという事情があった。元太郎からすれば、債務返済の進捗を伝えるのが目的で、とらえようによっては、亀三郎も朝鮮銀行同様に借金の回収をあきらめる判断材料になったことだろう。元太郎は昭和六年六月十五日にも、朝鮮銀行総裁・加藤敬三郎宛てに返済猶予の要望書を提出し、この写しを亀三郎へ送っている。

（注4）矢野透（一八七六～一九五七）は、亀三郎の後任として頭取の地位についた今治の素封家で、その養女・矢野綾子（透の妹・エキノの長女）は堀辰雄の小説『風たちぬ』のヒロイン・節子のモデルにもなった。昭和九（一九三四）年九月に堀辰雄と婚約するも、翌十年十二月に富士見高原の療養所で病没している（秦郁彦『昭和史の秘話を追う』〈ＰＨＰ研究所〉参照）。

⑥逝《ゆ》ける亀三郎と八木本店の解散

亀三郎の健康を心配してか、昭和十二（一九三七）年十二月二十七日に八木本店本社は、東京市麻布区富士見町から栖原良一郎・千菊夫妻が住む渋谷区金王町へ移転登記が行われます。（注1）まだこの時点で亀三郎は健在でしたが、同年中に函館でいとなまれた称名寺観音堂落慶法要には欠席し、その代理として千菊が参列しています。この観音堂には亀三郎が護持信仰していた聖観世音菩薩像が安置されることになり、堂宇建立は亀三郎の寄進によるものでした。（注2）ただ、その翌十三年春に亀三郎は軽い脳溢血《のういっけつ》を患い、東京帝国大学の真鍋教授のもとで療養するも、膀胱《ぼうこう》カタルや腎盂炎《じんうえん》などを併発。最期は肺炎に悪化して手当の甲斐なく、同年七月十九日に渋谷邸で亡くなります。実業家として、明治二十年代から第一線で駆け抜けた〝浮きつ沈みつ〟七四才の生涯となります。ただ、

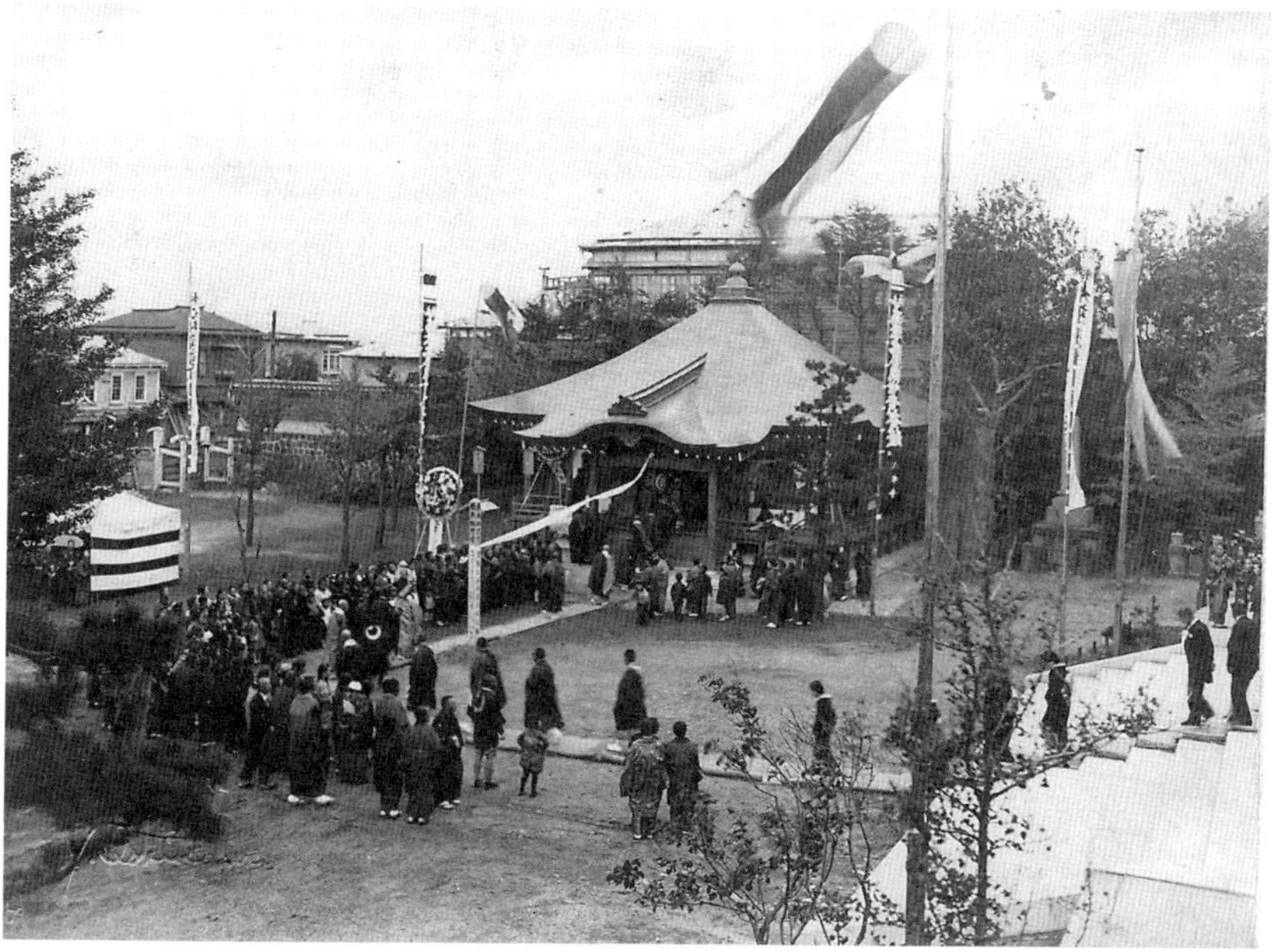

「亀三郎が寄進した称名寺観音堂」（昭和12年、八木弥五郎氏所蔵）

この訃報を故郷の愛媛では「伊予新報」のみが伝え、かつて亀三郎の偉業を称えてきた「海南新聞」に記事が掲載されることはありませんでした。

伊予新報は七月二十日付二面で訃報の第一報を伝え、(注3)翌二十一日付一面で〝逝ける八木氏の大きな足跡〟〝伊予《いよ》が生んだ実業界の巨人〟と題し、特集記事を載せています。コメントを寄せたのは、まず愛媛の政財界を代表して、親交のあった岩崎一高《かずたか》(一八六七〜一九四四)と井上要《かなめ》(一八六五〜一九四三)の両名。岩崎は立憲政友会所属の元衆議院議員として亀三郎と交流があり、・松山市長や道後湯之町町長を務めた人物です。井上は憲政本党所属の元衆議院議員でしたが、伊予鉄道社長(三代・五代)や松山商工会議所会頭を務めています。そして三人目の杉野正一は、昭和二年まで八木本店支配人(取締役)を務めた波止浜出身の人物で、それぞれが知る故人の偉業を称えています。

岩崎は、亀三郎が若い時分から塩を積んでニコライエフスクを拠点にサケの買魚と塩蔵サケの輸入に活躍したことに触れ、その頃に軍事上の目的で同地方を視察に出かけた八代六郎海軍将軍(当時は中佐か)と亀三郎が親しくなったエピソードにも触れています。他には、今治商業銀行を井上準之助と交渉して復活に導いた手腕、息子・實通と手がけた沖取漁業の先見性、水産業撤退後に取り組んだ朝鮮金鉱開発などを紹介し、「八木は度胸もあり見識もあり県内にその型の人を求めて得られぬ偉い男だった。早くから東京に出てれば実業でも政治家でも大をなしていたに違いない」と、稀にみる傑物の死を悼んでいます。井上は、亀三郎が終始、海外に眼をつけて汽船を使った海運業で活躍し、北洋漁業の発展に寄与した功績を称えています。地方への貢献では今治商業銀行と予讃鉄道計画のことに触れ、国鉄予讃線の早期実現に亀三郎が果たした役割は大きく、「波止浜に迂回したのは八木君の功に報いたものだ」と、関係者しか知りえない情報にも触れています。元八木本店支配人としてコメントを寄せた杉野には、今商復活のために亀三郎と矢野通保が熱誠を傾けて安定に導いたことがまず思い出されたようです。つづいて、ロシア貿易漁業商として北洋漁業の開拓にあたった点を高く評価し、「露領沿海の漁業開発は八木氏を嚆矢とするものでニコライエフスクに根拠を置き、カムチャッカ方面まで手を伸ばした、これが漁業条約の出来る前のことだ。公海問題が台頭してくると、巨船を仕立てて蟹漁業や鮭・鱒漁業などの沖取漁業を制肘《せいちゅう》受けずにやられるという覇気満々さであった。八木氏は我々の進言をよく聴かれた。そして何十万、何百万円の事業でも任してくれた」と述べ、頼もしい上司・経営者・郷土の誇りとしての亀三郎の姿が浮かびあがってきます。

葬儀は昭和十三（一九三八）年二十二日に東京で厳かに執行され、亡骸《なきがら》は著名な人が多く眠る青山霊園に葬られることになります。(注4) ヨシヱや千菊ら八木家女性たちが悲しみに暮れる中、関係者は速やかに亀三郎の遺言に従って八木本店解散と八木家遺産相続に向けた作業に取りかかっています。遺言執行人に選ばれた矢野通保と矢野克太郎は、亡き亀三郎・ヨシヱ夫妻と楢原良一郎・千菊夫妻の次男・良行（昭和六年九月生まれ）との養子縁組を同年八月十七日に東京市渋谷区長へ届け出し、入籍が八月二十日に認められています。この結果、遺産相続の対象者は八木ヨシヱ・千菊・松枝・良行の四名となります。相続人の良行が幼くて、親権を有するヨシヱが高齢ということで、後見人には楢原良一郎が就くことに決まりました。

八木本店の臨時株主総会が開かれたのは昭和十三年十月二十八日のことで、この日をもって解散が株主に承認され、東京本社取締役の矢野克太郎が清算人となって、解散手続きと息の長い相続処理を進めていくことが決議されたのです。解散届を東京区裁判所渋谷出張所に登記したのは同年十一月十日で、自社の定款に従って愛媛の地方紙「海南新聞」へ広告を載せる手続きをしています。(注5) 残債があれば、その広告を見た債権者との間で返済方法の協議が行われることになります。八木漁業解散後は毎年利益を出すものの、すべてが多額の前期繰越損失金の補填に宛てられ、解散時点の繰越損失金は三三万八四四〇円四七銭となっていました。(注6) 所有する有価証券や土地建物を処分していくことになったのではないでしょうか。その清算に加えて克太郎を悩ませたのは、亀三郎個人が取得していた不動産・有価証券・漁業権の名義変更でした。相続人の良行が未成年者のため、後見人以外に未成年者親族会員三名（西郷豊彦・船田瑞穂・八木通重）を立てることになり、その都度彼らの承諾と署名が求められたのです。その一人の西郷豊彦は、西郷従道侯爵《こうしゃく》の次男（華族）で、楢原家との縁戚で選任されました。

　不動産の動きとしては、今商との極秘協定で進められていた担保不動産の売却を進めることになります。大分県別府市南立石（旧石垣村）・別府太呂辺の田地一二九〇坪を処分すべく、昭

「函館の称名寺観音堂落慶法要」（昭和12年、八木弥五郎氏所蔵）
中央中段の着物服姿の洋髪女性が千菊で、八木会の会員も参列

和十四（一九三九）年十二月に河野岩男が現地へ出張し、仲介業者らとの交渉にあたり、「すべての土地を一度に売却するのか、もう少し地価が上がるのを待つのか、南立石は近い将来に水道開設の予定があるらしく、湯の権利を取得すればさらに高く売却できるだろう」と克太郎へ報告しています。一度に売却すれば、得られた売上金二万五〇〇〇円を今商へ支払う算段でしたが、このときは南立石だけを売却したようで、八木本店旧蔵資料には昭和十六（一九四一）年一月に二万四三九〇円で売却された太呂辺（田一反七畝三二歩）の領収書だけが残されています。[注7] 波止浜の旧八木亀三郎邸（八木本店支店）も昭和十四年八月に売却され、他人の手に渡っています。購入者は、今治市別宮でタオル製造業を営む合資会社藤高商店（現、株式会社藤高）の藤高豊文代表でした。その頃の藤高商店は、戦時体制下で不振となった綿織物業に代わる事業として不動産売買を始め、八木邸を転売目的で購入したようです。[注8] 千菊は後年、藤高雅子に宛てた手紙で当時を回想し、「(亀三郎は) 生前、あの家まで手放す気持ちはありませんでしたが、死亡後、心ない親類の者達によって手放されました」と記し、とても悔しがっています。[注9]

会社が所有する有価証券には、日魯漁業株式会社・太平洋漁業株式会社・日本鉱業株式会社の株式がありました。[注10] 太平洋漁業の株は二六四〇株を所有していましたので、水産事業撤退後も、三浦玄三らが漁獲や配当を伝える書簡を送ってきていました。その玄三も昭和十二（一九三七）年八月十八日に五四才で亡くなっています。

玄三と八木家とのかかわりは、資料上では大正五（一九一六）年の池月丸の運航手配にまで遡ることができます。蟹工船事業に着業後は實通をそばで支え、老体に鞭打って北洋の第一線で活躍する姿は、ライバル各社にとっては脅威の的でもあったことでしょう。八木の沖取漁業を日魯漁業へ吸収させ、八木の窮地を救った手腕は、玄三の強《したた》かな戦略ともいえました。八木父子と玄三とが三位一体となって、八木本店の存在感を内外に示すことができたのでした。

その〝三氏追悼会〟が函館市船見町の称名寺で開催されるのは、昭和十六年四月十五日のことでした。これは北洋漁業界あげての式典となり、真藤慎太郎追悼会委員長（日魯漁業副社長）のもと、発起人委員には田村啓三（日本水産社長）・平塚常次郎（日魯漁業社長）・坂本作平・岡本康太郎・小川弥太郎・西村有作・田中丸祐厚・山田勝衛・経原弥三・池山光蔵・昭和会・八木会が名を連ねました。古くは沿海州の尼港漁業に始まり、母船式蟹・鮭鱒漁業へと凌ぎを削ったライバルでもあり盟友たちでした。〝八木老未亡人〟宛てに届いた案内状には、「北方産業開発の礎石となり之が発展に寄与多かりし三氏の偉業を讃え…」と開催の趣旨が記され、ヨシヱが千菊と良行をともなって参列に浴したであろうことが想像されます。

まだその時点で、八木家は北洋にわずかながらにも漁業権を有していました。南樺太鵜城村荷負に所有していた漁業権・土地・建物は、他者へ貸し出していたようで、昭和十六年四月に八木良行代理人が借人・佐々木敬一と交わした漁場賃貸契約書には、一か年八〇〇円の賃料収入がありました。それも昭和十七（一九四二）年末に「樺太定置漁業水産組合」が企業合同されるにともない、一万三三〇〇円の価値と見なされます。そして企業合同によって「樺太漁業株式会社」が創立されると、翌十八年二月に同社から良行へ二六六株の株券が発行されています。

八木本店の清算決了がいつ行われたか、それを示す資料は見つかっておりません。資料は清算過程の中で不用なものは処分され、残りは楢原家がしばらく所蔵することになります。解散して落ちぶれたように見えても、八木良行の名で郷里への寄付金も欠かすことはなく、礼状や感謝状も残されています。

昭和十六（一九四一）年四月三十日に波止浜在住の浅海透がヨシヱに宛てた手紙には、大正五年九月に浅海が生活に困窮した際、亀三郎へ波止浜の家屋敷を売り渡して一一五〇円を得た内容が記されています。しかし、その後も浅海家はそこに住み続けたようで、亀三郎の死後、後始末をどうするかで矢野通保へ相談しています。すると、ヨシヱが浅海へこれを譲渡する意思を示したため、浅海は〝せめて元値の半分だけでも支払いたい〟という思いを綴っています。情の厚さは八木家の家訓なのか、ほかにも亀三郎の遺言に従って克太郎（遺言執行人）らが、元船員の村上美太に対して五〇〇〇円を贈ろうとした資料なども残されています。これらの資料は、太平洋戦争時の東京大空襲でも焼失を免れることができました。その理由を示すのが昭和十八（一九四三）年十二月十五日に記された「賃貸家屋覚書」（案）で、翌十九年二月一日から戦争終結後一か年までの契約で、神奈川県内の物件へ疎開していたようです。戦後、ヨシヱが亡くなった後も、資料価値をよく知る千菊がこれを継承し、千菊の子供たちが亡くなるまで楢原家で保管されることになるのでした。

　時は流れて昭和六十一（一九八六）年五月頃、千菊の三男・良康夫妻が波止浜を訪ね、旧八木亀三郎邸の見学を懇願します。当時の旧邸は雨戸に閉ざされ、誰も住まない空き家となっていました。離れは借家として貸し出されていましたが、屋敷内の様子についてはベールに包まれていたのです。所有者は購入時と同じ藤高家で、豊作の孫・豊文が社長を務める藤高興産株式会社の管理となっていました。あいにく豊文が出張で不在のため、知らせを聞いた母・雅子がわざわざ出向き、鍵を開けて屋敷内を案内しています。庭や裏山は雑草・雑木で荒れ果てていたようですが、建物は往時と変わらぬ姿をとどめていました。帰京後に良康から報告を受けた千菊は余程に嬉しかったのでしょう。感謝の気持ちを便箋五枚に綴り、後から森英恵《はなえ》デザインのバッグを送ってきたようです。（注11）その文面からは、本当に訪ねたかったのは千菊であり、その母の思いを酌んで息子がルーツ探しの旅にでたということがうかがえます。手紙には、またいつの日か子孫が訪ねてきた際には、見学を許可願いたいという思いもあったのでしょう。〝手書きの系図〟まで添えられ、亀三郎の直系子孫が、今では自分と四人の息子たちだけになってしまったことを書き記しています。系図を見ると、難読の實通には〝まさやす〟とルビがふられ、八木家の養子となっていた千菊次男の良行は楢原姓に復していました。実業家・亀三郎の偉業も、直系子孫が地元に残らず、矢野本家との交流も絶えていったことで、地元では年月の経過とともに忘れ去られようとしていました。千菊が天寿を全うするのは、それから三年後の平成元（一九八九）年三月七日（享年八一歳）のことでした。

（注1）昭和六年六月八日に本店は東京市麹町区丸ノ内二丁目に移転されていたが、水産事業撤退の理由などから、昭和十年八月一日に亀三郎自宅の麻布区富士見町へいったん移されていた。

（注2）八木本店旧蔵資料の中に、称名寺観音堂建立寄付の感謝状が二通残され、一つは昭和十二年十月十八日に同寺住職・小川隆誠から亀三郎に宛てられたもの、もう一通は同年十月二十五日に浄土宗管長・岩井智海より亀三郎に宛てられたものである。管長からの感謝状に記された亀三郎肩書は、函樽教区函松組称名寺教会衆である。「浄土宗称名寺案内」によると、昭和九（一九三四）年の函館大火で、大森浜で新造中の八木本店の船が奇跡的に焼け残り（北千島事業用の漁船か）、亀三郎は平素から信仰する観音菩薩の霊験と感じての観音堂建立となったようだ。称名寺は函館市船見町十八番十四号に所在し、函館開港時は英国・仏国の領事館に利用され、高田屋嘉兵衛の墓や新選組土方歳三の供養碑があるなど、函館の著名な寺院で知られる。昭和四年には、八木本店の漁場送込船「豊国丸」遭難者の追悼会も同寺で開催された。この観音堂は、昭和四年に竣工した大本堂（鉄筋コンクリート造・銅板葺き）とともに現存している。

八木会の幹事であった八木明の子孫宅に落慶法要の写真が伝わり、明夫妻（当時、函館在住）も法要に参列している。

（注3）見出しに「八木亀三郎氏」の名前が大きく記され、「けさ波止浜の自邸で逝く」とつづくが、これは誤りで〝東京の自邸で逝く〟が正しい。本文は「越智郡波止浜町船舶業八木本店社長、元今商頭取八木亀三郎氏は今春二月以来波止浜町の自邸で宿痾《しゅくあ》加療中であったが十九日朝九時三十分永眠した、享年七十六」と記され、詳細は翌日一面にて親しき友人のコメントと本人の正装姿の写真とともに報道され、前述の誤りも訂正されている。また、葬儀翌日の同紙二十三日付三面記事には、遺族を代表して妻ヨシヱが葬儀と生前ご懇情のお礼広告を載せている。

（注4）八木家の墓所は、東京都港区南青山の青山霊園（一種ロ二〇号二七側四・五番）にあって、千菊家族が眠る楢原家墓所に隣接する。亀三郎夫妻と實通夫妻は別々の墓石からなり、いずれも高級石材の本御影石（現在の神戸市垂水区産出）が用いられている。墓石の管理は、現在は楢原家が行っていると思われる。

（注5）八木本店旧蔵資料の中には、黒江清（弁護士か）の指示に従って、克太郎が十一月十二日に松山市の海南新聞社に宛てた書簡の写しが残されている。同紙上へ三回分掲載し、広告掲載証明としてそれらの送付を依頼している。提出した広告文の写し（十一月十五日付）によると、「債権者は昭和十四年一月二十五日までに清算人に対して申し出ない場合は、債権を除斥する」という内容が記される。

（注6）昭和十三年十月二十八日現在の「財産目録」によると、所有有価証券一五万七八二〇円／土地建物四万九四六七円八五銭／什器二八〇〇円／銀行勘定四円三一銭／立替金二〇万円／仮払金一二三八円二六銭／前期繰越金三三万五七〇五円六二銭／現金二二九円一一銭／当期損失金二七三四円八五銭／合計七五万円となる。

（注7）不動産の売却に際しては、親族会議が開催されて、西郷豊彦・船田瑞穂・八木通重の未成年者親族会員三名全員の合意が必要となり、その署名・捺印が記された「決議書」が作成されている。その日付が一月八日となっていて、領収書は一月十日の日付で、金額は二回に分けて支払われ、残りは二月十日登記完了後に受領している。なお当時、八木

家所有の不動産売買の交渉役にのぞむ河野岩男は、八木亀三郎旧宅と同じ波止浜本町通りに居宅があった。

（注8）現在、旧宅を管理する藤高興産株式会社所蔵の「不動産登記簿」には、昭和十四年八月十日売買によって翌十五年十二月二十三日に所有権が合資会社藤高商店へ移転したと記される。また「土地台帳」には昭和十四年一月十日に亀三郎から良行へ相続され、同十五年十二月二十三日に売買したように記されている。藤高商店に売却された頃、波止浜船渠の石崎金久社長家族がここに賃貸契約で住んでいる。気に入れば購入を前提としていたが、一年間住んでみて断念したという。金久の子・重久氏によれば、広すぎて維持をするのが大変で、庭の管理は造船工にさせていたという。その後は、藤高家の親戚が昭和二十～三十年代に借家として使用し、一部の部屋が茶道・ピアノ教室にも貸し出されている。離れについては、昭和六十年頃まで入れ替わりで五世帯の住人のいたことが分かっている。

（注9）昭和六十一（一九八六）年五月十二日に、千菊（当時七八才）が藤高雅子に宛てた手紙の中で記す。千菊の住所は東京都渋谷区神宮前の某マンション。なお、昭和十四年に波止浜の屋敷を売却した一方で、楢原良一郎は同十五年三月に山口県周南市光井《みつい》（現、光市）の土地を購入している。

（注10）解散関係資料に含まれる「所有有価証券」のメモ書きには、太平洋漁業株式会社（三五〇〇株）・日魯漁業株式会社（一六八株）・日本鉱業株式会社（五〇株）・日本鉱業新株式（一五〇株）とあり、当期中に太平洋漁業の八六〇株（四三〇〇円）を売却している。当期末現在高三〇〇八株（一六万〇五六五円）で、配当金二万〇四六一円二三銭と記される。

（注11）礼状には「心ばかりの物　森花江（ママ）のところよりお送り致します」とある。それ以前、株式会社藤高では森英恵デザインのタオルを製織したことがあり、そのことを知っての粋な計らいだとすれば、千菊の細やかな心遣いを感じることができる。

八木亀三郎　略年譜

元号	西暦	出来事
文久3	1863	12月、波止浜の商家「升屋」6代目友蔵と後妻米子《よね》の長男として誕生する。
明治10	1877	升屋を養子・八木常吉が継いだことで、14歳で分家する。当時の升屋の生業は製塩業と海運業で、波止浜に塩田を1軒所有した。
明治11	1878	升屋所有の神社丸が、山口県下関と東京日本橋の廻船問屋と取引する。
明治14	1881	7月、矢野嘉吉（矢野本家）次女のヨシヱと結婚する。
明治15	1882	1月、父・友蔵より屋敷と塩田の譲渡を受ける。9月、長女の房廼が誕生する。
明治17	1884	10月、父・友蔵が62歳で亡くなり、波止浜の瑞光寺に葬られる。
明治18	1885	10月、長男の實通が誕生。升屋の通字が「實」で、亀三郎は實福を称した。
明治20	1887	3月、キリスト教（プロテスタント系）の洗礼を受け、翌21年7月の波止浜教会設立に尽力する。やがて、ヨシヱ・房廼・實通らも入信する。
明治23	1890	波止浜村村会議員と波止浜村区会議員に当選する。
明治24	1891	波止浜有志と結成した洪成社で、朝鮮元山へ食塩・雑穀等の輸出を行う。
明治25	1892	朝鮮・ロシア沿海州を視察。ウラジオストクへ食塩等の輸出を行う。

明治26	1893	ロシア沿海州ニコライエフスク（尼港）で買魚事業を始め、塩蔵サケ・マスを函館港へ輸入する。尼港の代理店業務は島田元太郎が担う。
明治28	1895	1月、波止浜塩産合名会社の社長に就任する。
明治30	1897	波止浜村長に就任する（在任期間／同年1月～31年3月）。越智郡会議員（30年）や愛媛県会議員（31年）にも当選する。
		11月、農商務省水産諮問会（神戸市）で、東アジアの食塩販売に詳しい有識者として答弁する。
明治32	1899	1月、今治商業銀行（伊予銀行の前身の一つ）の頭取に就任する。
明治35	1902	5月、波止浜船渠株式会社（現、新来島波止浜どっく）の設立に際して、監査役に就任。後、取締役にも就任する。
		12月、愛媛県塩同業組合の組合長に就任する。
明治36	1903	ロシア沿海州のクインスト・アルベルス商会会計主任（ドイツ人）が八木商店に来訪し、長女の房廼が通訳を務める。
明治37	1904	日露戦争に際し、波止浜報効勤倹会の幹事長に就任する。戦時中、亀三郎からの慰問袋や励ましに対して、地元出征兵士から軍事郵便が届く。
		八木商店所有の樺太丸を陸軍が日露戦争で傭船する（37年7月～38年6月）。

明治39	1906	8月、長女の房廼が、波止浜の矢野政栄三男の通重と結婚。通重は八木家の婿養子となる。
明治40	1907	8月、長男の實通が矢野通保妹（嘉太郎次女）の幾野と結婚。後、實通は大正6年3月に内田友政次女の松枝と再婚。
		9月、八木通重・房廼に長女・千菊が誕生する。
明治42	1909	2月、長女の房廼が、産後に体調を崩して亡くなる（男児も夭折）。後に夫・通重は後妻を迎えて八木分家を立て、千菊は亀三郎の養女となる。
大正元	1912	今治瓦斯株式会社（現、四国ガス㈱）の設立に尽力し、代表取締役に就任する。
大正5	1916	長男の實通とともに南洋貿易（蘭領セレベス島メナド港）を始めるも、大正7年頃に中止する。※實通が『爪哇とセレベス』（東京進省堂）を出版。
		予讃鉄道会社の創立委員会委員長に就任するも（大正3年から同社設立に尽力）、翌6年に鉄道院（後の国鉄）へ権利を譲り、同社を解散する。
大正6	1917	愛媛県一の高額納税者（一万五六八九円一五銭）となり、翌年の「愛媛県貴族院多額納税者議員互選名簿」に記載される。

大正7	1918	8月、波止浜本町通りに店舗・住宅を新築（大工棟梁・津川喜一郎）。
		12月、八木商店を改組し株式会社八木本店を設立する。
		今治中学校の移転改築費2000円（6月）、波止浜小学校の建築費5660円（8月）、南樺太の恵須取尋常小学校新築費400円（12月）を寄付。シベリア出兵に絡み、極東緩衝国樹立を企図する島田元太郎に資金援助する。
大正9	1920	尼港事件で、ニコライエフスクの漁場が損害を被る。この代替地として、北樺太西海岸タムラオ第3号・第4号漁場の譲渡を受ける（大正11年より経営）。
大正11	1922	3月、南樺太の名好郡恵須取村に3699坪の土地を購入する。
大正13	1924	5月、大型蟹工船「樺太丸」（2831総トン）を仕立て、カムチャッカ半島西海岸へ出漁。わが国の母船式蟹漁業の先駆けとなる（許可申請は實通名義）。
		5月、母・米子が86歳で亡くなる（米子は川之江町の村地延晴の次女）。
大正14	1925	ソビエト政府の方針で、タムラオの漁業経営が禁止となり損害を被る。
大正15	1926	11月、水産功労者として観菊御会（天皇主催の菊花観賞会／新宿御苑）に夫婦で招かれる。同郷の日本画家・矢野橋村から祝いの便りが届く。
		大型蟹工船「美福丸」（2558総トン）を仕立て、大正13年から昭和2年までの蟹缶詰製造量で八木本店の蟹工船が日本一を誇る。

昭和2	1927	頭取を務める今治商業銀行が、昭和の金融恐慌で約7か月間休業。重役陣が私財を提供するなどして、日銀から特別融資を取り付ける。
		汽船「春海丸」（1800総トン）を使って、カムチャッカ半島西海岸で母船式鮭鱒漁業の試験操業を行い、一定の成果を得る（鮭鱒工船の先駆け）。
		同業5社6隻と企業合同し、昭和工船漁業株式会社を設立。同社は後、日本合同工船㈱に編入合併し、日本水産㈱に継承される。
昭和4	1929	八木本店の漁場送込船「豊国丸」（2343総トン）が、函館港からカムチャッカ半島東海岸（陸上缶詰工場建設）へ航行中、襟裳岬沖で沈没し死者がでる。
		八木本店の東京出張所を開設し、東京に自宅を設ける。
		千菊が楢原良一郎と結婚し、東京へ嫁ぐ。
		汽船「八郎丸」（2805総トン）が、カムチャッカ半島東海岸の工船蟹漁業で初めて事業化に成功する。
昭和5	1930	「八郎丸」と汽船「神武丸」（5168総トン）が、カムチャッカ半島東海岸へ出漁。神武丸は蟹漁の合間に母船式鮭鱒漁業に着業するも不成績に終わる。
		この年の不漁を受けて、八木本店の債務整理を実施。債権者が八木本店の水産事業（沖取漁業）を引き継ぎ、八木漁業株式会社を設立する。

和暦	西暦	出来事
昭和6	1931	2月、八木漁業会社と三菱商事が契約書と協定書を交わす。三菱商事が、鮭鱒の缶詰製品輸出（英国）を担う。6月、八木本店の本店を東京へ移転。
		この年の操業で八木漁業会社は不成績に終わり、11月に日魯漁業と八木漁業が合併し、太平洋漁業株式会社が設立される。
昭和8	1933	八木漁業株式会社を解散。7年の操業終了後に、八木漁業の持ち株を日魯漁業が買収。太平洋漁業は日魯の直系企業となる。
昭和9	1934	7月、八木實通が49歳で亡くなり、家業に専念するため今治商業銀行の頭取を辞任する。實通は東京の青山霊園に葬られる。
		朝鮮の外川鉱山で金鉱採掘に着手し（12年まで経営か）、温泉郡三津浜町で八木缶詰工場の建設に向けて用地を取得する（10年に完成か）。
		北千島の水産事業に進出し、幌筵島の柏原湾に缶詰工場を建設。10年度を迎える前に日魯系の幌筵水産会社へ譲渡する。
昭和13	1938	7月、東京渋谷の自宅で74歳で亡くなる。青山霊園に葬られ、墓守・遺産は千菊が嫁いだ楢原良一郎の家系が継承する。
		地元紙「伊予新報」は、亀三郎の訃報にふれ「伊予が生んだ実業界の巨人」と称える。亀三郎の死を受けて、八木本店を解散する。
昭和14	1939	今治市別宮でタオル工場を経営する合資会社藤高商店の藤高豊作が、波止浜の旧八木本店の店舗（私邸）を購入する。

◆補足資料（大正時代）

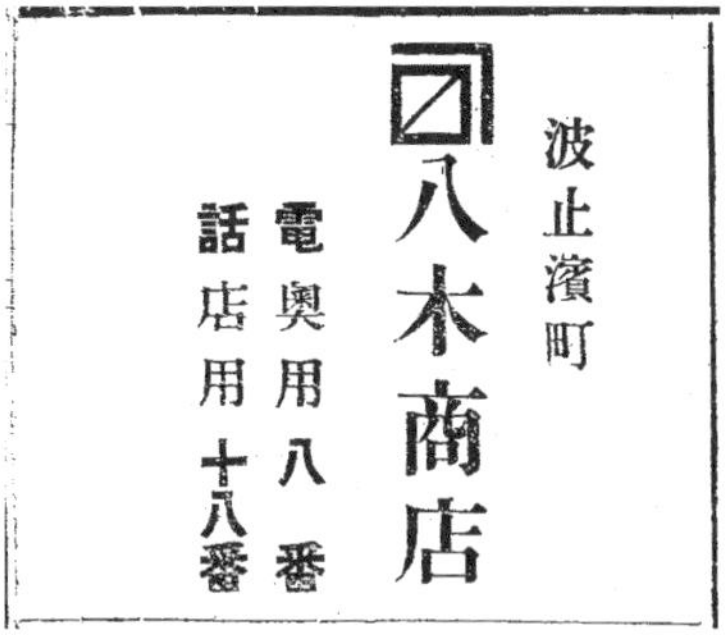

海南新聞の広告
－大正４（1915）年１月１日付－

『富の今治』（長谷川義一編、1915）
に掲載された広告

波止浜龍神社の玉垣
－大正８（1919）年４月築－

終　章

八木商店本店資料館が平成三十（二〇一八）年四月にオープンすると、私は同館ガイドとして常駐し、八木亀三郎の評伝執筆を再開することになりました。夏頃までには下書きを仕上げ、年内の出版を目論見ましたが、途中で急ぐのをやめました。

資料館は専用HPからの予約制で、入館料が公立博物館に比べると高いため、参観者は私の執筆作業を妨げない程度にやってきました（初年度の有料入館者数二七七名）。参観条件のハードルを高くしたことは、本当に見たい人だけに来て欲しいという館主・藤高豊文氏の思いがありました。地元住民でも興味関心のない人はやってきません。参観者の中には目の肥えた方もいて、私にとっては執筆の大きな助けともなりました。幼い頃に屋敷の庭に忍び込んで叱られたという七〇歳代の男性数名からは、丘陵の庭園が美しかったことや、祖父・叔父が語っていた亀三郎の武勇伝などを聴くことができました。しだいに、資料館が人を呼びよせているように感じ、お盆も休まず開館したところ、〝幼い頃からこの中を見てみたかった〟と、感慨にふける帰省中の年配女性たちもいました。そうした方々にとっては、亀三郎は郷土のヒーローであり、亀三郎邸は郷土が誇る歴史遺産の一つであったのです。それを肌で感じたことで、私は亀三郎の事績以外に、人柄や屋敷の魅力を調べる必要に迫られていったのです。

そこで、八木邸で母親が下女中をしていたというご高齢の女性を訪ねたり、昭和十〜二十年代に旧八木邸に住んだことのある方々を資料館へ招き、各部屋の用途などを聴き取りしました。また、知人を通じて、ベテランの大工棟梁や銘木屋の来館をうながし、使用されている建材を聴き取ったりもしました。〝贅《ぜい》を尽くす〟とはいかなるものか、建材の解説ができないと八木邸の魅力は引き立たず、ケヤキの玉杢《たまもく》やトチの虎杢《とらもく》、アカマツの床柱やサクラ板の上がり框《がまち》など、とても新鮮味のあるご教示をいただきました。

大洲市の臥龍山荘《がりゅうさんそう》、新居浜市の広瀬邸、山口県防府市の旧毛利氏本邸にも再訪問し、これまでとは違った視点から建物と庭の魅力を見つめ直すことにしました。すると、庭の管理を急ぐ必要のあることが判明し、猛暑が過ぎた辺りから、埋没した庭石や石畳を浮かび上がらせるべく、一人手作業で土を掘り返す肉体労働に精を出すことになります。厄介だったのは、その腐葉土に雑草の根が縦横無尽に張り巡らされていたことで、それを退治しないことには庭の魅力が引き立ちませんでした。やがて来館者の感想も、「庭が広いですね」から「庭がきれいですね」に変わっていくのが感じられました。石が個性を輝き始めると、亀三郎が実は石が好きだったのではと感じるようにもなりました。すると、一九〇〇点余りの資料の中から、伊予国分寺住職が同寺境内に埋没していた奈良時代の礎石を、亀三郎にお譲りしたいという葉書が目に留まります。亀三郎が本当に所望したのは現在〝国指定史跡〟になっている七重塔の礎石ですが、それはさすがにお譲りできないので、一〇年ほど前に施設を建て替えた際に出土した石を今治商業銀行へお届けするとのことでした。その石が、もしかすると八木邸の庭石になっているのかも知れません。庭いじりの作業を通して、私は亀三郎と語り合うことができました。

少し余裕が出てきたところで、地元北郷中学校の生徒七〇名ほどに無料開放し、総合学習の一環で館内ガイドを行ったところ、大きな反響がありました。まさに、地元にありながら異空間の世界がそこにはあり、ガイドのフィルターを通じて生徒たちは一〇〇年前の郷土のヒーローに思いを馳せることができたのです。

当初、本稿の章立ては第五章の予定でしたが、書き進めながら〝タイトルに見合った人物像に迫りきれていない〟もどかしさに悩むことになります。私は小説家ではないので、想像で文章は書けません。自らが足で稼いだ情報と八木本店旧蔵資料が一番のよりどころとなります。週末に何度も愛媛県立図書館（松山市）へ通っては、新聞のマイクロフィルム検索に明け暮れました。原稿も終盤に近づくと、残された一九〇〇点余りの資料が、誰かの意思で保存整理されていたことに気づきます。矢野克太郎が八木本店の清算を終えた後は、楢原家がこれを継承することになりますが、何よりこの資料に特別な思いを抱いていたのが千菊だったのでしょう。それゆえに、四人の息子たちは捨てきれなかったのだと思います。昨年六月に、ある匿名の方から資料館に電話があり、千菊の最後の息子さんが昨年亡くなられたこと、また残されていた一部の資料の行方について情報を寄せられました。

第六章に入ってからは、それまで見過ごしていた資料が芋づる式に絡み合うようになり、半年間かけて作成した資料目録が躍動し始めます。資料は確かに選別され、意図的に残されていたのです。それを解明すれば、八木家・八木本店の実像に近づくことができました。くずし字で解読が困難な資料は、その都度スマートフォンで該当箇所を撮影し、親友の寺川仁氏へメールで送信。中世文書のスペシャリストの手を借りないと、近代資料といえども中味の把握にはつながりませんでした。ボランティアでサポートいただいた寺川氏には、この場を借りて感謝の意を表するしだいです。

執筆作業を進めながら楽しくなってきたのは第四章からでした。それまでの章に比べて、節ごとの文量も増えていき、そのことは参考となる文献・資料の豊富さを物語っていました。蟹工船の事績が亀三郎の魅力と感じていましたが、実際に現場で指揮をとっていたのは實通や三浦玄三でした。特に八木本店は船員を厚遇し、彼らと一体となって事業は進められていったのです。しかし業界は企業合同へと動き、時代の荒波に八木本店は呑み込まれていきます。北洋漁業の開拓は国益にもつながるため、各自がプライドを持って、国境の狭間で社運を賭けた戦いに挑み続けることになります。わが国の母船式蟹漁業・鮭鱒漁業において、その先駆者に八木父子の名は刻まれますが、やがて競争に敗れて〝カニはニッスイ〟〝サケはニチロ〟に集約され、八木を中心軸に据えた業界史を描く難しさに直面します。その点は、『蟹缶詰発達史』『日魯漁業経営史』『日本水産百年史』『函館市史』などが大いに参考となり、『蟹工船興亡史』の著者・宇佐美昇三氏からも何かとご教示をいただいたしだいです。

残念ながら、八木家直系子孫からの聴き取りは実現しませんでした。そうした中で気になっていたのが、『漁り工る北洋』に樺太丸や八木一族の写真を提供した〝八木明の存在〟でした。升八木家〝新宅〟を称する八木家が今でも波止浜にありますが、そこが八木明の兄・薫明の子孫宅だったのです。

第六章⑥を書きながら、地元での八木家親戚筋への聴き取りを検討していたところ、チャンスの神様が微笑みます。ふだん利用しない隣地区の郵便局を訪ねた際、郵便局長さんが私の顔を見るなり歩み寄ってきて、「私は明の孫で、母が明の娘である」ことを告げてきたのです。それが昨年末のことでした。訊けば、明は日本水産株式会社の総務課長を最後に退社し、その後は同社の子会社社長を務めることになります。妻も地元今治出身で、八木本店函館出張所勤務以降は函館暮らしが続いたことで、子供たちは函館育ちでした。昭和四十（一九六五）年発行『県外愛媛県人の事業と名鑑』には、函館作業株式会社取締役の肩書で略歴が紹介されています。それを読んで私の目に留まったのは、〝八木氏は波止浜の名門の出だけに温和の人情家である〟という一文でした。それこそが八木亀三郎から受け継いだ精神であり、明や船員たちが八木本店解散後も、わが国の水産業発展のために貢献したことが目に浮かぶようでした。その後、年が明けて明ご長男の八木弥五郎氏と連絡を取り合い、かつて明が撮影・所蔵していた北洋漁業関係・八木一族の写真掲載について快諾をいただきます。

〝この屋敷には一体誰が住んでいるのだろう？〟と、小学生の頃から抱いた疑問に、この二年間は真正面から解明に取り組んできたわけですが、過去に自らが家業の海運業にたずさわった経験が決して無駄ではなかったと感じました。家業は経営の失敗・円高不況・取引先の不運なども重なって解散に追い込まれましたが、そうした事務処理の苦悩や信頼関係の崩れた人間模様を知るからこそ、八木亀三郎の生涯に私は魅了されました。

日本最大の海事都市を標榜する今治市にあって、おそらく最初に大型汽船を所有した今治人は八木亀三郎なのでしょう。彼は地元海運業界におけるパイオニアでもあり、従業員・取引会社・顧客・郷土を大切にするという企業精神は、現代を生きる私たちに未来への指針を示してくれることでしょう。彼の生きざまや八木邸の魅力を知って、郷土に誇りをもつ市民が増えることを願ってやみません。

最後になりましたが、本著執筆の機会をお与え下さり、資料の蒐集と旧宅の資料館整備にご尽力下さった藤高豊文氏、またこれを支える藤高グループ各社・社員様に御礼申し上げます。来館し、各種ご教示いただいた皆様方、過去に拙著三冊を出版し、今回も出版・販売をご支援下さる創風社出版の大早友章・直美氏、調整役にご尽力いただいたハラプレックスの難波敬一郎氏にも感謝申し上げます。

令和元年五月

大成　経凡

【著者プロフィール】

大成　経凡（おおなる　つねひろ）

昭和48（1973）年、現在の今治市波方町に生まれる。

愛媛県立今治西高校、東北福祉大学社会教育学科卒業。

今治市内の公立中学校社会科講師、私立高校の地歴・公民科講師・進学塾講師などを経験。

家業の海運会社に10年ほど従事し、内航貨物船の当直部員を短期間経験。

愛媛県の「しまなみ水軍浪漫のみち文化財調査事業」や「近代化遺産調査事業」に調査員としてかかわる。今治のご当地検定「いまばり博士検定」（今治商工会議所）の公式ガイドブック監修や検定問題作成にかかわる。今治市宮窪町を拠点に活動するNPO法人「能島の里」理事を務め、同団体は第1回地域再生大賞で優秀賞を受賞（2011年）。わが国の青少年文化の礎を築いた久留島武彦の研究活動などで、第49回久留島武彦文化賞受賞（2009年）。著書『今治発！地域史研究家ケイボンがゆく』で第29回愛媛出版文化賞奨励賞を受賞（2014年）。主な著書に『近世今治物語』（2000年）、『しまなみ海道の近代化遺産』（2002年）、『今治発！地域史研究家ケイボンがゆく』（2013年）〈いずれも創風社出版〉、『近見ぶらぶら歩き』（2016年、しまなみ海道周辺を守り育てる会）などがある。

■創風社出版・大成経凡の本

(価格は税別)

近世今治（いまはる）物語

風ブックスNo.8

近世の今治にもドラマがあった！高虎が築いた今治城の築城思想に迫り、寛永年間以降、松平（久松）の時代となるも決して松山藩のおまけではなかった今治藩独自の文化を追う。藤堂父子に始まる近世今治の幕開けから幕末までを通史で描く、今治の歴史。

一三〇〇円

しまなみ海道の近代化遺産
―足跡に咲く花を訪ねて―

瀬戸内しまなみ海道。そこには特徴ある風土を背景に、個性的な産業が生み出されてきた。唐箕・除虫菊・タバコ・みかん・石灰・鉄道・灯台・造船・瓦・塩田・要塞…。様々な産業遺跡が近代を拓いた「しまなみ」の歴史を語る。それらの丹念な調査をとおし、先人達の業績とそこに秘められた人々の歩みを明らかにする。

一八〇〇円

今治発！

地域史研究家ケイボンがゆく

海賊の足跡・見て触れる近代化遺産・謎に満ちた石文化…。地域史研究でわが町の魅力再発見！地域の歴史は面白い！瀬戸内の、愛媛の、今治の、そして自分の足下の、秘められた歴史の数々。その魅力を伝えたい！をライフワークに奔走する、地域史研究家ケイボン（経凡）の日々。

一三〇〇円

正 誤 表

【口絵】1 枚目　八木一族と八
〈誤〉右隣に八木ヨシコ
〈誤〉千菊が嫁ぐ昭和４

【255 頁】本文
〈誤〉その代理として千

【258 頁】掲載写真キャプショ
〈誤〉洋髪女性が千菊

【259 頁】本文
〈誤〉藤高豊文代表　一

伊予が生んだ実業界の巨人
八木亀三郎
～北洋漁業に名を刻む蟹工船の先駆者～

2019 年 6 月　発行　　定価＊本体 1800 円＋税

企　画　藤高興産株式会社
〒 794-0026 愛媛県今治市別宮町 3-5-16
TEL.0898-32-5100

著　者　大成　経凡
発行者　大早　友章
発行所　創風社出版
〒 791-8068 愛媛県松山市みどりヶ丘 9-8
TEL.089-953-3153　FAX.089-953-3103

印　刷　株式会社ハラプレックス
〒 799-1594 愛媛県今治市喜田村 1 丁目 2-1
TEL.0898-48-5511

協　力　八木商店本店資料館
〒 799-2112 愛媛県今治市波止浜 2 丁目 406-1
TEL.0898-41-5101

 ISBN 978-4-86037-276-7